早读过了

杨早 著

商务印书馆
The Commercial Press

2017年·北京

图书在版编目(CIP)数据

早读过了/杨早著.—北京:商务印书馆,2017
ISBN 978-7-100-12969-5

Ⅰ.①早… Ⅱ.①杨… Ⅲ.①书评—中国—现代—选集 Ⅳ.①G236

中国版本图书馆 CIP 数据核字(2017)第 035828 号

权利保留,侵权必究。

早读过了

杨早 著

商 务 印 书 馆 出 版
(北京王府井大街36号 邮政编码100710)
商 务 印 书 馆 发 行
北 京 冠 中 印 刷 厂 印 刷
ISBN 978-7-100-12969-5

| 2017年4月第1版 | 开本 787×1092 1/32 |
| 2017年4月北京第1次印刷 | 印张 16 3/4 |

定价:54.00元

这个时代没有耐心,你一定得有啊

编完、校完《早读过了》,我突然发现,我好像丧失了我的拟想读者。

我本科二年级的任务是"八篇书评"。那时的拟想读者就是本科导师黄修己先生,只要导师同意通过就一切OK。题目似乎也是导师指定的,记得有《坟》,可现在完全想不起都写了些啥。

四年级的时候,毕业论文导师程文超先生有次要我写一篇张旻小说《校园爱情》(?)的书评,我请教他怎么写,程老师慷慨激昂地说了一番。后来交了稿,程老师说:你这篇书评啊,把我说的都写出来了,可是……没有你自己的看法啊。

毕业后在媒体工作。因为历史系的师姐李霞在《粤港信息日报》编书评版,我就开始给那儿写书评。集体宿舍楼,她就住我楼下，所以经常是叫我过去，给我一本书。我吭哧吭哧读，完了来一千字。这期间的拟想读者……我也不知道是谁，因为书评不像新闻或时评，读者正面或反面的意见都会来信或给编辑部打电话。书评会影响哪些人？我到现在也不清楚。反正评什么书也是编辑定的。

这期间，有一本书是自己读后有感想的，《吕著中国通史》。因为不是新书，报纸书评版比较难发。我就壮起胆投给了《读书》，居然在"短长书"栏目登了出来。那时《读书》的地位非同小可，我被同事和同学逼着各请了一顿饭。

还有一次，我给《苏菲的世界》写的书评，发在《粤港信息日报》上，过了一阵，却发现被人剪破拼贴，也发在了《读书》的"短长书"里。追究了一下，无果。不过，说明我的书评还是有人看的。

1998年来北京读研，正逢《中国图书商报·书评周刊》创办，主编是现在凡客的CEO，陈年，到处拉人写稿。我被师兄师姐介绍认识，可能还算手快吧，就被划拉进固定书评作者队伍里。那时《书评周刊》有一个制度很好，固定书评作者，每人每月可以报销200元书费。这就让穷学生有了底气去关注新书，比加200元稿费得劲儿。发在《书评周刊》上的书评，以《余兮余兮奈若何》影响较大，这跟余秋雨先生的火热市场地位有关吧。

读书期间的另一类书评,是学术类书籍评论。这些书是摆明了的小众,所以拟想读者不外是学界同行。好在治学偏历史,还不至于新名词乱飞。

毕业之后,写书评其实已经是一件有些疲惫的事。我这个人,不爱做跟别人一模一样的事,也不爱做重复自己的事。在没有找到新的写作动力之前,除了出版社的编辑朋友约稿实在推不掉,反倒是偏爱给媒体写一些短书评,一二百字,一条微博的量,有点寸铁杀人的意味,其实也是训练自己用最少的文字点准评论对象的穴位。

又过了些年,发现自己又可以写比较长的书评了。纸媒受版面的限制,特别偏爱千字文。但是千字的书评,如果想全面一点,就很容易写得"板",又要介绍内容,又要梳理谱系,还要独抒己见,往往自己都有话没说完就画句号的感觉。而且我这个人看书喜欢看细节,从细节进入一本书的世界,所以慢慢摸索出另一种写书评的方法,以问题而非书本作为切入点,将书本中的述论,与自己对时事、社会、历史的思考融入其中,感觉这样更能做到"随脚出入",行止自然。

2011年与邱小石、绿茶一道创办"阅读邻居"读书会,荐书是其中非常非常重要的一环。因为是同好相聚,不假外物，用邱小石的话，"想咋个就咋个"。荐书评书，都不为发表，就更加自由了。对一本书的推荐与评论，有可能经历三个阶段：

（一）在DIAO计划（这是一个盲荐图书的计划）的微刊里，写个千把字的推荐语，随便写，就是写自己最感兴趣的点，反正读者书已到手，重要的不是"要不要读"而是"怎么读"。

（二）如果这本书被选成了读书会的主题书，我就会在读书会上有一个长篇的话痨式发言。有现场速记，每次都是发言的时候很爽，整理的时候痛不欲生，但有好多"砸挂"式的快乐，逮到什么说什么，经常是回应其他书友的疑问与评论，针对性很强。

（三）如果还有未竟之言，或问题重要，也会将发言记录再加工改写成一篇长书评，再在媒体上发表。整个过程，因为都是自动自发，没有逼迫感，完全没有此前"为赋新词强说愁"的痛苦，想咋个就咋个。写书评二十年，近几年算是最舒服最手顺的啦。

2001年曾经出版过一本书评集《纸墨勾当》，收罗了自本科毕业到研究生毕业这六年的书评。《早读过了》从那个时点出发，又是十五年，各个时段的文字都有。我很难说清，整本书的拟想读者该是什么样的人。要说这书是我的阅读小史，也不尽然，大多数篇什还是外向的，期待与别人分享，而非内心的隐秘生活。我只能说，读书评书这些年，越来越体悟陈寅恪先生"读书不肯为人忙"的词意，读书而不能跟自己的生活、自己的思考结合起来，就会始终像个整理功课的学生，或接受订单的匠人。学生或匠人并非不好，但最大的乐趣，肯定在书、人、事、思的有机混同之中。

从此我不再知道自己拟想读者是谁，清楚的段落，是我想清楚了，模糊的部分，是我还在想，或在想如何说。"尽心思索，戮力表达"就是我的唯一旨趣。

你看，我花了廿年的时光，才慢慢摸索到一点读书评书的窍门。难怪我最近一直宣传"读书是一件反人性的事"，不过，征服生命中的一些难关，也是畅美难言的享受。《早读过了》里各篇长短不一，文风也有些跳跃，都是横冲瞎撞的谜之征途。当成攻略，未必有效，看作测评，倒还靠谱。如果有那图省事的，非要我用一句话概括我的感受，我必须对赏脸读这本书的你，还有我自己，大声说一句：

"这个时代没有耐心，你一定得有啊！"

为了你面前的这本书，我要感谢商务印书馆，感谢最早提议出版、现在美国的刘雁女士，感谢本书责编大眼姑娘孙祎萌，我们从容淡定地合作了这本书。感谢与我合作过的所有书评媒体的编辑们，感谢邱小石，阮丛，绿茶，与阅读邻居的小伙伴们。

感谢我的父亲母亲，在我小的时候，几乎每个生日都会收到一本书作为礼物，父亲总在扉页上写："给杨早读。"不管我后来读了多少书，最初的阅读就是历久弥新，影响深远。

目录

争取不被当炮灰

书评和专业没有关系	2
每天阅读一小时	5
最畅销的书为什么绝不是最好的书	10
你之所谓读者,我之所谓炮灰	16
产业有自己的逻辑,我也有	22
编辑的自信力	27
冬天为啥有冰棍卖	38
2016,成立一个阅读共和国	50

没药还是解毒剂

好小说的三个特性	58
四年前我们所失去的	62
我唯一信任的当代作家	70
意义不仅仅在于成长	74
"说什么?"与"谁在说?"	88
网络文学有没有改变"文学"的定义	99
哈利魔法在中国	106
一剂完美的没药	116
知识女性最终都会质疑爱情	127
该叫它们小说,还是故事?	131
历史小说的壳,官场小说的核	135
农村大学生走上了欲望之路	140
上半截"爱国",下半截"个人"	145
足够类型,未够游戏	149
旧书新读:武侠三变	155

去奇乃得真民国

去奇乃得真民国	160
我们什么时候变成了龙的传人？	162
老中国幻影显形	170
当大门口站着陌生人	183
珠江口外，那艘蓝旗船	186
如果世上只有英文	191
一切只为了抵达最底层	199
洪业的故事：儒生变成基督徒	208
辛亥：不战的革命最难得	213
物质技术改变了文学生活	218
通俗不易，写史更难	229
便恁地在意兴亡沧桑	235
左史右图说晚清	240
"以旧带新"的新闻画史	245
《新青年》是《甲寅》的翻版	249

编辑角度看《良友》	253
报业如何成史	257
学问还可以这样表述	261
旧史新意 大题小做	265
第三套笔墨	270
晚明晚清的回忆	273
他们带回的德国	276
那些中国的好人	279

大家都来读经典

一只改邪归正的猴	284
二十年前读红楼	288
一个不折不扣的另类	292
救救《背影》	296
倘若我来选鲁迅……	299
"真孔子"与"真老子"	305
吴福辉"暗算"现代文学史	311
跨语际,不是翻译是重构	314
相对论对"文傻"也是有用的	318
昆明大学生跑警报耽误了多少节课	324
武戏文唱的《古金兵器谱》	327
施耐庵罗贯中吴承恩你们这帮路痴	331
损出一片新天地	335
苏北是个语言迷	339
为什么是纳兰?	343

人人家里都有史

人人家里都有史	350
十年日记 百科全书	362
《四明别墅对照记》之落生	367
匪兵、拾荒者与解梦师	373
怎样让孩子认知恐怖主义	378
闲笔未让丹青妙	386
香港那个欧阳	390
十年辛苦说《话题》	394
2007,四姊妹来到大陆	404
革命与生活的"相关"与"无关"	406
彼时尚不耻以日为师	409
昔别君未婚,儿女忽成行	413
用小说法,而以记史	421

好书恨多贪过眼

A~Z	430

书评和专业没有关系

照道理说，我是学中文的。这个专业读书是最杂的，世事洞明皆学问，人情练达即文章，什么书都可读，该读。读了书，再顺手写篇书评，这不是"搂草打兔子——捎带脚儿"吗？道理是这样，但世上很多事都不是按道理安排的。

业余写书评，最好的流程是这样的：想读一本书——读完有感——写之——发表。这里面会有尚未成型的思想，一星半点的灵光，借着书评表达出来，实际上是一篇比较齐整的读书札记。可是在专业化的时代，这种书评做法未免奢侈。专业书大多是不宜写报刊书评的，非专业的呢，报刊希望能多评新书，而新书里有几本是你想看的呢？若是值得一读的，倒还可以用"逼着自己读书"来推搪，可是许多时候并非如此。本来是书评因读书而起，现在变作读书由书评而设，好好的自由恋爱，变成了包办婚姻。

过多写作非专业的书评，肯定会影响专业写作。一是因为书评写作的成本太高，一个认真的书评者，总要尊重所评的书，这就意味着不能随便地读书，本是轻松的书，抱着写书评的念头去读，也会读出考试必读书的滋味，一本书一旦变成"必读书"，立即就面目可憎起来。马克·吐温说有些英国绅士每天下午四点驾着马车在海德公园跑两个小时，你要每天给他八个先令，他就不干了，因为娱乐变成了工作。二来，书评要赶时间，有些关节处未免弄不清楚，只好趋避腾挪，煞有介事地哄过读者便罢。只是长此以往，再写论文，碰到要"扎硬寨，打死仗"的时候，还会不会如此这般，天晓得。

金岳霖应沈从文之请，给学生讲"小说与逻辑"，他的结论是："小说与逻辑没有关系！"问他为什么搞逻辑？"好玩！"（汪曾祺《金岳霖》）如果有人问我"书评和专业"，我也会说"书评和专业没有关系"——当然，书评指的是报刊上应时的书评。那么为什么我还写书评？这下我有一大堆理由，编辑情面难却呀，作者夙曾相识呀，自己沽名钓誉呀，学人卖文买书呀，反正都是私心杂念，与读书和专业都无关。

为读者计，老是看这样的书评也不是办法。书评是为书和读者之间"搭桥"的，据说最好的书评是让读者忘了书评，直接去读该书。可是只要书评作者不职业化，你就没法用专业标准去衡量一篇书评的好坏。这就像最近的"黑哨事件"，人家裁判自己有专业，业余帮忙吹吹，你怎么好意思、有理由把人家绳之以法？我们平时修电器，吃馆子，谈买卖，最常用的批评就是："太不职业了！"职业者，professional 也。首先得这个人是职业的，咱们才能用行业标准来要求他。

每天阅读一小时

◉非成不闹

"我有每天阅读一小时的习惯……"VCR里的男嘉宾吐出这句话,24盏灯全灭。

"为什么?"主持人也很迷惑,"23号?"

"现在都市人生活那么紧张,时间那么稀缺,你每天有一小时阅读,不能拿来陪我逛逛街?不能陪我看场电影?我认为男嘉宾挺自私的。"

"呃……10号?"

"高科技时代,吸收信息的方式多种多样,可以利用碎片化时间了解资讯,自我充电,微博,地铁或商厦里的电视看板,开车时听广播,社交媒体上的分享……为什么还要专门拿一小时来阅读?男嘉宾太落伍了!"

"7号,你本身是女博士,为什么也要反对阅读一小时?"

"我自己每天的阅读时间是四到五小时,男嘉宾每天才阅读一小时。我觉得我跟他知识吸取路径与体量太不均衡,我们不合适。"

◉职场我最大

"你每天阅读吗?"老板们饶有兴趣地围猎求职者。

"我……以前读的……工作后没时间……"

"怎么能这样?"某CEO几乎是拍案而起,"我一天十几个会,每个星期飞两次美国,可是我都能坚持每天阅读一小时!不管是在飞机上还是赶往会场的轿车里,我总是捧着一本书的呀。年轻人!今天的充电是为了明天的成功!"

主持人:"某总很好地为我们阐释了成功的秘诀……求职者应该可以从中得到很大的教益。"

◉交换人生

"连续加班三十小时后,我只想睡觉……"

"别这样,我们事前制订的计划里,是要每天阅读一小时的!而且这不是您的成功秘诀吗?"

"可是现在我不是交换过普通白领的一周吗?没想到这家公司这么爱加班……还那么多变态的任务……可以不阅读吗?"

"不行不行,我们没法向观众交代……"

"那,给我本漫画吧……网络小说?励志书?天哪,我的眼皮睁不开了……"

◉中国嚎声音

"海燕！高尔基。在苍茫的大海上……"

"I want you！"导师转过身来。"谈谈你对阅读的看法吧。"

"我爸爸一直鼓励我，要坚持阅读，书籍是人类最宝贵的财富，看到书就该像饥饿的人看到面包一样……一定要把自己看到的大声读出来，不怕别人笑话，不怕风吹雨打……我就怀着对爸爸深深的爱，走上这个舞台的，可惜，他已经听不到我朗诵的《海燕》了……"

全场泪流满面。

◉百家酱坛

主讲人："关于阅读，有人说要硬读，不管读不读得懂，读不读得下去，一定要每天坚持阅读一小时，读得越多，涉足的领域越广，你的自我提升就越快。

也有人说要悦读，从阅读中获得愉悦是最大的目的，最重要的是保持阅读的习惯，这也是为什么浅阅读大行其道的原因。

其实，阅读无所谓软硬，它只与心情相关，与幸福相连……"

◉新闻早知道

记者:"您幸福吗?"

杨早:"我姓杨……哦哦,你是CCV的,啊,我想想……不幸福!"

记者:"为什么呢?"

杨早:"原因很多……最近的一个原因是,我好久没阅读了。"

记者:"是吗?可是我看您一直笔耕不辍……"

杨早:"是啊,光开车不加油车受得了吗?损发动机啊!"

记者:"阅读对您而言,意味着什么?"

杨早:"当然是打开又一个未知的世界。你想想,有人正在拥有两个、三个、四个……好多个世界,我却一直受限在自己现实的世界里,能幸福吗?"

记者:"哦,是这样……那请问什么样的未知世界才是值得去探索的呢?"

杨早:"只要你自己有兴趣的世界。"

记者:"阅读是不是真的可以提升素质,开发潜能,实现自我价值?"

杨早:"请问提升素质开发潜能实现自我价值是等于幸福?"

记者:"这个……不一定吧。"

杨早:"那你说的这个我不在乎。阅读能让我直接感受到幸福。"

记者:"再问最后一个问题:应该怎样选择阅读什么?"

杨早:"小伙子你搞过装修没有?搞过?那就好办了……你装修房子,风格、颜色、质感一定是你自己喜欢的……哦,对对,是你老婆喜欢的……这些是你……你们,知道,且能把握的。但这些材料是优还是劣,是不是环保,对人体是否有害,就不是你们能深知的啦……当然,可以靠鼻子闻,要保险一点,是不是还是要请专业评测机构来测测?如果测出来质量不达标的话,你下次还会不会用这家公司?你会不会推荐朋友用这家公司?你会不会上小区论坛去投诉这家公司……都会是吧?好,拿你对待装修的态度对待阅读,万事 OK。"

最畅销的书为什么绝不是最好的书

资本总在寻求利润,这无可厚非,但利润之外,资本还需要名声,而且不是一般的知名度,它们还向社会索取美誉,如果斩获不够多,它们就用力诋毁那些不肯为它们的产品叫好的人。

我看到一篇叫《好书榜不能歧视畅销书》的新闻报道(!)(《北京青年报》2014年1月8日)。按说除了大是大非,新闻报道不该用这种价值判别过于明显的标题,就算用,也该遮遮掩掩地加上引号(管它是不是采访对象说的)。然而竟用了。该文将几部去年的畅销书未能称雄多个好书榜的现象称为"歧视",又说书榜的评选人"自动屏蔽"了这些畅销书,因为书评人对畅销书有着"惯性的敌意"。接着,该报道揭示出了客观的真相:

> 但是,在过去的一年当中,我们看到平行线正在合流。口碑好、销量又好的图书陆续涌现,《邓小平时代》《文学回忆录》《看见》,这几本书在

豆瓣网友评分几乎都逼近9分，最高的《文学回忆录》达到9.2分。群众的眼睛是雪亮的，专家只是还固守着所谓的"界"。

出版当然是需要专业性，但也应该鼓励"跨界"的作品。好书和畅销书不完全是"绝缘体"。"打破边界，追求自由"这大概是目前图书出版界最需要思考的地方。在内容的创意上，相比影视，图书依然是最具原创力的领域，但可开发的潜力仍然巨大。除了专业领域的深耕细作，在大众书市场上一定要打破既有的格局，自由重组。

我在微博上将这篇报道称为"撒娇"，是的，它想说的就是："老娘这么招人待见被万千粉丝奉为女神你居然敢不鸟我不给奖？！"更进一步的潜台词是：专家们抱残守缺，固守所谓的"界"，不利于打破边界追求自由，会伤害图书的原创力与可开发潜力，记住，我们是"大众书市场"的宠儿，不是只属于你们所谓的专业领域！

何其熟悉的语调。当盛大文学向传统文学宣战，当冯小刚向金马奖叫板，当郭敬明向影评人竖中指，他们都是这一套逻辑，我们票房高，我们粉丝多，所以我们是 winner，你们不管说什么，都是loser。

我不打算就这篇撒娇报道中的几本"口碑好、销量又好"的图书进行个案讨论，那将陷入无止境的口水战，萝卜炒青菜，各人心中爱。我又不是哪个好书榜的评委，犯不着替专家们找具体的去取理由。我只想论证一下：最畅销的书为什么绝不是最好的书。

书跟电影不一样。评选全年最好的十部电影，想完全避开畅销之作，或许只有在中国大陆可以做到。原因是电影的每一个镜头都是钱，效果是钱堆出来的，完成度是时间与钱共同打造的，一开机几十几百人的嚼裹，场租，道具，交通……更不要说很多好创意好剧本连开机的钱都找不到。朱延平在参加某届金马奖颁奖时讲过一个冷笑话：别人问他为什么总拿不到金马奖，他反问：你知道十年前台湾一年拍多少片？500部，那年我拍了5部。今年台湾一年拍了多少？50部，我还是拍了5部。总有一年台湾全年才拍5部，我还是拍5部……

你懂的，这个逻辑没有错。我们不能指望只花了80万的《小武》成为常态，何况十部最佳都是《小武》，未免画面太难看。但出书的成本就低多了，一个普通人像我，发个狠，两三年也能攒下出版一本书的钱。出版界内容更为多元，发展潜力更大,北青的报道倒是没有说错。也正因为这样,"最畅销"便与"最好"绝缘了。

人类的精神生活发展至今,其高度已经远远超过了一个人一生可以抵达的境界。这导致专业分工愈来愈细密,真正的"通人"越来越少——简直可以说没有,如果某人啥都敢谈,他一定啥都不精。在一本书的范围内,如果作者的目标是抵达某种高度,他一定没有办法,也没有篇幅让对这个领域白纸一张的读者都能读懂,都能产生共鸣。

反过来,如果作者的目标是尽可能广泛的传播,那他必然要牺牲思索与言说的高度。这就像我们搞个大众比赛,要求每个登山者用一张照片证明自己爬过珠穆朗玛峰。能爬到接近峰顶处拍照的人肯定少,他们只会交出绝高处的风景。而最多的照片,肯定是跟大本营的合影,因为大家都能爬到那里。

先说明,我理解的"好书"是那些为人类的知识大厦添砖加瓦的著述。它们要突破既有规范的天花板,站在先行者肩上,让后来者畏惧叹服。确定了这一前提,我想来想去,要出现"最畅销的书"与"最好的书"重合的情形,只有三种可能:

（一）所有书的买者、读者只剩下好书榜的评委（大概也就是五十到一百人）。这在精英垄断时代出现过，比如只有教士或巫师识字的时候。

（二）社会的知识水平呈倒金字塔状，80%以上的人都是饱学之士，人均年读书量四五百本，没有两个以上博士学位都不能进六环。

（三）出现了特殊事件。据说萨特的《存在与虚无》在"二战"期间的巴黎曾十分畅销，因为战时钢铁都用来造军火，天平用的砝码奇缺，有人发现《存在与虚无》正好一公斤重，于是家庭主妇人手一册萨特。和平年代，主席总理在地铁上读某本书也能制造类似景象。

除去这些可能，在一个信息过剩的大众文化时代，我想不出有任何常态，可以让一本书能同时达到高度与广度（说的是广泛接受度）的极致。

中国人一向比较迷信群体的威力。所以"老妪能解""便不识字，亦知是天生好言语"的神话流传至今。这在上古中古或许是可能的，我们现在看唐诗，只是简单地写蝴蝶，写花，写雨，确实好，但再好的馍也不能嚼二遍，再好的女人也不能老夸成花，在已经如此复杂而高耸的知识传统中写作，想老少咸宜雅俗共赏，还想得好书奖，天津话说：您可真哏！

我很喜欢一句俗语叫"针无两头利"——好处哪能都让你占完？其实市场的认可，已是极大的褒奖，它实实在在地提供着继续前行的动力与资源。好书榜算什么呢？跟许多电影奖差不多，只是一份安慰与支持，还有"得奖衰三年"的魔咒。然而人之道，损不足以奉有余，所以畅销书还在索要：好书榜不要歧视我们！何必呢——

要想爽，自己办个奖！

你之所谓读者,我之所谓炮灰
——民主就是这样被滥用的

萧红 2014 年会很热闹。主要该是拜许鞍华导演、汤唯主演的《黄金时代》所赐。1 月 22 日是萧红逝世 72 周年,选择此时推出一本新的萧红传记,不可不谓商业上明智之举。

只是书就像水果,有时不必吃也知道是坏的。这本萧红的新传记名为《此生注定爱就是痛》,马上——就让人联想到去年白落梅那本林徽因传记神作《你若安好便是晴天》。再一看简介,它要阐述的是"性格即悲剧",萧红一生的悲苦源于她自己的性格。

继林徽因之后,小清新向又一位女作家张开了它的獠牙,你能听到这只食尸兽上下槽牙摩擦的吱吱声。我说这本书是"跟风卖嗲"实在太轻,应当悬想萧红泉下有知,"必为厉鬼以击其脑"。

然而就是这轻轻的损评,也还有人大不同意。自然那论调熟得发烂:"卖嗲"并不是原则问题,白落梅亦不坏的,因为"读者买账呀"……我等着这人说出"为人民服务"五个字,没等到。

她又说：不是让你去迎合，但知识分子应该尊重读者，于丹让人亲近经典啊，白落梅也让人了解现代文学啊，也有积极意义不是吗？

我问：谁是读者？是掏钱的人么？一千个掏钱的人，比一百个拒绝掏钱的人，更值得知识分子尊重是么？

一千个掏钱的人，比无论多少不肯掏钱的人，都值得卖这货的商人尊重：大小是衣食父母呢。

最近电信诈骗业风生水起，汤唯不幸成了该行业新的代言人。对于诈骗从业者，上当的人，比不肯上当的人，更值得尊重，对不对？

那些要求受骗者"配合国家机关调查"的，有没有宣扬爱国主义与公民义务？那些吓唬老年人"不转账你的卡会被锁死"的，算不算进行个人财产的普法教育？那些操南方口音冒充旧友出车祸找你借钱的，是不是在考验你为了朋友两肋插刀？那些发短信说"爸妈我嫖娼被抓速汇8000元给张警官"的，难道不是会让你警醒子女教育问题？它们有没有积极意义？

那怎么一样？你说，骗子造成了人民群众财产损失。哦，那么，印一本坏书卖给读者，损亏其金钱，浪费其时间，虚耗其心力，斫丧其趣味，又怎么说呢？

还是不一样嘛，你不服气地嘀咕。受骗上当的只是少数人，于丹和白落梅的书可是有上百万的销量……而且我身边的谁，谁，谁，读了还很觉得不错哩。

假如咱们是在台湾地区选领导人，是的，于丹正，白落梅副，迨无异义，我屁都不敢放，因为我相信在政治领域，人民的选择值得尊重。可是当下咱们是在说读书吧？那就不能讲民主喽。

政治者，管理众人之事。理论上每一个体都是平等的，在表决时应该尽可能尊重每个人的平等权利。读书者，人类智慧之流布传承。必须尊重经历千百年形成的智慧考量体系，它由爱智者共同维护，而不由庸众投票决定。

一个反智的社会，才会将政治领域的普遍民主法则，商业领域的拜金主义，滥施于读书这样的智识场域。抱怨好书榜歧视畅销书，大谈畅销书的积极意义，看上去是尊重商业规律，鼓励民主选择，其实是拔高一种标准，来压制其他标准。

一本书卖出了一百万册，只能说明有一百万名读者选择了它，出版商挣到了一百万本书的利润。除此之外，是否好书，有无意义，亮点何在，缺失谓何，都需要重新考量。如果仅只"买的人多"这一条，就成为了一本书拒绝批评的护身符，还美其名曰"用数据说话"，那可真是夏虫不可以语冰了。

夏虫不可以语冰,是因为夏虫没见过冰。倘是明明懂得智识领域有独立的价值高下,却揣着明白装糊涂,只肯拿销量说事,还大言不惭地蛊惑夏虫们,让他们吞嚼着狗屎,却自以为那就是舌尖上的中国,那只能用川话国语双重的"造孽"来形容了:他们好造孽,你们造的孽。

直说了吧,你之所谓"读者",我之所谓"炮灰"。什么是炮灰?并不是所有的牺牲者都是炮灰;参加无意义的战争,承担无意义的牺牲,用生命换不来一点社会进步与民众福祉,这样的牺牲品,就叫炮灰。一本书制造了一百万炮灰,好光彩吗?这跟"特大诈骗案,超百万人上当"有什么区别?

你眼珠转动,在想词儿。你是不是想说:一个能骗倒一百万人的骗局,必然也是有技术含量的?错。看过一篇报道,分析当下的电信诈骗为何手段如此低劣——因为它都是连环扣,如果一个人进行到第三第四步,他突然猛醒,退出骗局,那么骗子之前投入的诈骗成本就颗粒无收了!因此骗子会用异常拙劣的手法如"你的电话已被锁定""你的银行卡涉及一个特大诈骗案"作为开局,连这种手法都无法识破,也不懂得求证的人,才是他们真正的目标,基本不会在后续的进程中回过味儿来。没见那些哭着喊着要汇款的成年人,执拗顽强得逼银行断掉ATM机的电源?

一个人读了于丹或白落梅,内心获得了——我不敢学张晓舟说"卑贱的满足",只能说"低劣的满足"。这事本身没有错,也不一定要被嘲笑。有谁完全不需要低劣的满足呢?不去说看AV、当大V这种违反公序良俗的勾当,就算像我这样,拿着手机每天玩五盘连连看或斗地主,又何尝不是低劣的满足?这是民主社会的好处,没人能逼着你高级,没人能阻止你享受低级趣味。

但这不意味着因为很多人安于低劣的满足,这满足就变得高雅了。人是很复杂的动物,他们有浅层的欲望需要满足,但又不甘于只满足浅层的欲望,这种复杂便是人类社会精神领域一直能追求更高更深,而不是永远沉溺于酒神狂欢的动力所在。一个现代人习得智慧的结果,并非就此放弃所有的浅层欲望,而是能够辨认出自身的满足哪些是低劣的,哪些是高级的,进而用理性控制欲望,就像我每天玩连连看和斗地主,但从来不去买任何道具,又好像看着《非诚勿扰》感怀身世轻抛珠泪,但心里明白那只是一出连续剧。

其实,说于丹或白落梅提供的是"低劣的满足",多少有点侮辱敬业的苍井空和史玉柱们。摆明我要靠你的浅层欲望挣钱,那是你情我愿,不是骗局。骗局是以次充好,明明就是矮穷矬,偏要冒充高大上,欺负人没见过好的。学富五车,仍免不了喜欢动作片,梁启超也爱搓麻将;你见过熟读《论语》的人喜欢于丹吗?你见过研究文学史的人喜欢《你若安好便是晴天》吗?学好数理化,走遍天下都不怕,知道啥是实在啥是吹,才能不被当炮灰。

产业有自己的逻辑，我也有

每当我撰文痛损于丹老师或郭敬明学弟时，都似乎听见周边一些当编辑的朋友内心轻轻的不以为然——今年图书订货会期间，我还听其中一位感慨：现在都没有《于丹论语心得》那样的超级畅销书了哇，真让人不提气！

换个圈子，类似的思路亦然。比如你批评张艺谋这些年的电影真难看，一定会有"影评人"或院线经理牙疼般吸着凉气，然后说：《英雄》开创了中国大片的先河，将观众拉回了影院，中国电影票房破百亿破二百亿，张艺谋功不可没……

再换个圈子。网络文学研讨会时，网络小说作者们总是很骄傲地表示他们才是真正的"为人民服务"：我们每天与读者互动，他们要什么我们给什么……是的，如果将网络小说阅读计算在内，中国人的平均年阅读量将不再是丢人的四点几本，达到世界第一亦未可知哩。

产业有它自己的逻辑。不知道是不是应该不管三七二十一，猛抓用户痛点，先把盘子做大，然后再在竞争中提升质量？陈可辛当年是这么评论《英雄》的："所有通向健康的道路都是不健康的。"然后他自己就去拍了从《投名状》到《中国合伙人》的一批合资电影，被誉为港导北漂中的成功者。

虽然我还没有看到"质量提升"这一环节，但可以姑且承认这种产业逻辑有某种可能的合理性——毕竟出版、电影、网络文学都有商品属性，不像搞人文基础研究的，摆明是赔钱货，现在盘子是越来越大，课题是越来越多，总体质量倒越来越差——我的问题是：我可不可以不管上述行当的产业逻辑，只考较产品的智慧含量与艺术水准？

产业有它自己的逻辑，我也有。如果我不打算正职或兼职担任出版人、影视策划、网络写手，我为什么要理会这个产业该如何发展，要不要曲线救国？我为什么要摆出一副"大家都不容易"的面孔，来原谅那些让我不顺眼甚至恶心的文化制品？我能不能坚持我自己的去取标准，而不去管那东西是不是代表了行业的发展方向，有没有抓痛点戳兴奋点涨百分点？

有人主张就是应该"笑贫不笑娼"，因为贫穷代表你是loser，性产业倒是满足民众需求，扩大消费内需，提高GDP值的良方。我不想摆出简单粗暴的道德面孔来反驳这种说法

（这太像有些女作家热衷于攻击前辈的手段），我只说说我的选择：两者我都先不笑，而是要问问具体什么情况。贫，若是好吃懒做志大才疏想屌丝逆袭却只会心理逆反，那笑笑倒也没啥，要是愿意为自己的追求爱好或精神高洁情愿付出贫穷作代价，敬他三分又何妨？娼，也要看娼得有没有品敬不敬业有没有开拓精神创新意识，要是像韦太夫人春花那样，当婊子也不用心，一首十八摸唱了十来年不换（并非讽刺耳光乐队），那还是可以或冷嘲或热讽一通的。

你看，这里出现了一个分寸的问题。我并不想用博士的标准去要求性工作者，不会因为她们读《文化苦旅》就鄙视之，而是试图在这一行业的"历史脉络"中去讨论所谓的"水准"（中国娼妓史大有意味，现在也是礼崩乐坏）；同样，中国虽有"安贫乐道"的传统，但我并不认为该主张"越穷越光荣"，而是重点在于"安"与"乐道"，一个真正安贫乐道的人，如何可以说他是 loser？但是也犯不着说贫富之别只在于调适自己的内心是不？不谈个案，不讲语境，一切集体命名如"穷人""富人""精英""俗人""官员""群众"，都是在不着边际地耍流氓。

更要流氓的做法是在"讨论与评价"他们家的玄关那儿先挖一个坑，比如"中国人用中国货""保护民族工业"之类。这一来还用讨论吗？还用评价吗？价值高下已经确定了嘛。多年前在论坛上跟人讨论，我放过一句豪言：即使中国电影十年没有任何产出，也不影响我的精神生活。我真不在乎一个文化制品上是不是打着 Made in China。这话或许不够"政治正确"，但我就是这么想的。倘若中国的出版业萎缩，中国的电影业崩溃，中国网络文学全灭，我个人确实不会受太大的影响，我们已经有足足的经典，够把我安放得妥妥的。

还记得《英雄》公映之后，在北大上戴锦华老师的电影批评课。她说："我是主张保护民族电影工业的，但看了《英雄》，我觉得，这样的民族电影，不保护也罢。"学生们都鼓掌，我也在其中，批评知识分子就得有这股劲儿嘛，千人之诺诺，不若一士之谔谔。

从业者有自己的考量，批评者有自己的标准，这是好的生态环境。批评者不能去要求从业者忧道不忧贫，只要叫好不要叫座，为了艺术甘于贫困；反过来，从业者也不能拿行业发展的逻辑来压制批评者，动辄说他们不顾大局不爱国。每一个发言者，都摆明卒马，有自己的立场，有自己的标准，这才有对话与讨论的可能。不然就像现在这样，互相瞧不上，又喜欢搞阴谋论，如张天师所言，最后就剩下一个个盒子：红色文化、盗版集团、羡慕嫉妒恨、影评人、反智主义、砖家叫兽……

　　王小波写过一篇《艺术与关怀弱势群体》，其中说"我以为科学和艺术的正途不仅不是去关怀弱势群体，而且应当去冒犯强势群体。使最强的人都感到受了冒犯，那才叫作成就"。正统的艺术批评，正是在衡量这种冒犯强势群体的"成就"有无与多少。但是我可以帮王小波补一句：科学与艺术不必去关怀弱势群体，但是商业可以去关怀他们，也有必要。弱势群体就像儿童，他们一开始只能冲冲奶粉，而不是享受一大块奶油煎松茸。只是，不能明明只是普通奶粉，你非要说里面掺了松茸，或者说，因为奶粉销量大，卖奶粉的就瞧不起卖松茸的——这在饮食界是绝不可能发生的事，但是在文化领域，这种事天天都在上演。

编辑的自信力

你不可能讨好所有人

张立宪(老六)在南大的演讲《编辑的执行力》,基本是读库团队做《城南旧事》(插图珍藏版)的编辑报告。这篇报告打动了不少人,朋友圈里微博上挺多人转的。也打动了我,因为昨天我在淘宝下单买了一本。

今天书送到了。确实不坏,读库又一次做出了有水准的读物。颜色、纸张、装帧,都让人满意,字体与大小我不是很喜欢,考虑到《民国了》经常被中老年读者投诉字太小,这样的大字也有其好处,如果能用更"民国"一点的字体,可能更够味儿。不过那个需要特制,按照民国时商务、中华、开明的字模重新做一套字,也不知道现在是不是有了。

还附赠了有声书 CD 和"九九消寒图"。"九九消寒图"据说是宫廷藏品,但没有我想象中印得精致。一是印刷效果不太理想,也小了点儿(说明文字完全可以放在背面),二是"九九消寒图"重点在"双钩描红",我们打小练字那样,用红线双钩描出字体,似乎在向主人呼喊:快来快来!快用墨汁将我的空白填满!这样一日一笔,难耐的数九寒冬便在填满全图的企望中一天天消去。说白了,"九九消寒图"就是下载"春暖"的进度条——清晰、有趣的进度条可以缓解使用者的等待焦虑。而今的成品,不知为何都是实体,完成度很高,让人并无提笔将它们完成的欲望。

总的来说,这一套书花费68元,绝不算贵,广东话叫"抵买",拿来送人也很合宜。不过我的主旨不是要说书本身,而是谈谈老六那篇编辑报告。

你不可能讨好所有人。对于《编辑的执行力》不满的声音,大抵出于说者自身的专业视点。比如有人批评读库趋易避难,专做经典忽视新创,实际上是偷懒;也有说读库坚持自营,光批评网店的盘剥,没有整合网店的强大资源,未免偏狭。我自己不搞出版,也不做营销,因此对上述批评无感,觉得有自己的选择、自己的坚持,也未尝不是一种特色,只要"所求即所得"就行了,不怕卖得慢,自售也未必不好,而且确实有利于治愈选择恐惧症;独沽一味,只做经典,总比捡到篮里都是菜,古人所谓灾梨祸枣要强。中国每年出的书委实太多,如果没有能力或兴趣沙里拣金,坚持向经典致敬也是一种建设。

既然别人的批评我会无感,我下面所说的,也一定会有大量听者不以为然。没关系,咱们明白"不满是催人向上的动力"就行了。

通观《编辑的执行力》,我最喜欢的话是"六天付清稿费"(作者本位嘛),最看不过眼的是所谓"校勘工作"。老六指出"《城南旧事》有三个版,一是最原始的版本,也是大陆常用的版本(简称'大陆通行版'),另外一个是台湾的单册版,还有一个就是分成三小册的台湾儿童版",而读库版在此三者的基础上择优而成,所以老六自认是"完善"的。

读库版《城南旧事》的校勘法

老六举了一个例子:

> 大陆通行版是最原始的版本:"我小心地拿着汤匙,轻慢轻慢地探进汤碗里。"林海音修订的时候改成了:"我小小心心地拿着汤匙,轻轻慢慢地探进汤碗里。"从语感上来说,后一句肯定比前一句要好一些。所以这时候,我们依照的就不是最原始的大陆通行版,而是台湾单册版。

看到这里我马上就想问:"为什么?为什么后一句'肯定'比前一句要好一些?"如果现场提出这个问题,老六的回答大概会是演讲中所说"有时候语感上很细微的感觉,确实很难说清楚",好,既然很难说清楚,你又希望读库版《城南旧事》是一个"完善"的本子,那编辑为什么要替读者做出选择?

老六又举了一个例子,也是林海音自己改的,将"没等我回答,她就又跑回横胡同了"改成了"没等我回答,她就又跑回去了",老六评点道"这种修改是有理由的。一个作家对自己作品的调整,可能永远在进行"。作家当然有权,也总是在调整自己的作品,但一个作家改自己的作品,有可能改好,也有可能改糟,更多的情况下,作家的改动好坏,人言人殊。而曾经有过的版本,并不因作者的废弃删改,而丧失其本身的价值。

即如老六举的这个例子,加不加"横胡同",大可玩味。老六说"有理由",也许是因为前文已有"忽然听见横胡同里咚咚咚有人跑步声",删去后文中的"横胡同",似乎更简洁。但我们要考虑到《城南旧事》是儿童视角,在儿童的语言世界里,重复、啰唆,本来就有着成人世界不具备的功能，比如一个孩子新学会了一个词，他会在一天之内不厌其烦地反复使用，或许是在巩固自己的印象与记忆。同样，如果小英子对"横胡同"感到新奇，或亲切，她在叙事时重复使用这个专有名词，就有她重复的道理。小说不是新闻报道，简洁在这里并不能成为唯一的权衡标准。

老六又说：

> 大家再看，三个版本中都有这么一句：
> 我端了一盆水，连晃连洒，泼了我自己一身水。
> 读库版：
> 我端了一盆水，连晃连洒，泼了我自己一身。
> 因为编到这里的时候，我也忍不住了。

看到这里我真的有点被吓着了：这是编辑化身作者的节奏吗？老六觉得"水"字重复了，就可以帮已逝的林海音删去，那如果我来出一本《红楼梦》，岂不是可以替曹雪芹将后四十回重写一遍？

老六的野心之大，真让人瞠目结舌：

> 其实书里还有很多我自己忍不住要改的地方，

但是都没有动手,因为作者已经去世了,尽量尊重作品的原貌。如果林海音女士在世的话,我想我一定会不断地登门拜访老太太,我们再做一个理想版本的《城南旧事》。

额上三条黑线,天空乌鸦飞过:幸好读库只致敬经典,作者多半早已仙逝,要是老六决定开发当代作品,他还不得住到莫言、贾平凹、陈忠实、刘震云家里去?俗话说文无第一,我也算是写字儿的,在我看来,上面四位哪位的语言都得大改特改。我也当过编辑或主编,收到稿子,改稿的冲动也是在胸腔中跳跃不止,可是我一般只敢小改说理的文字,因为怎样把一个观念说清楚说准确,多少有点标准。碰到叙事文字,那就只敢说喜欢不喜欢,谁的我都不敢动,轻巧、凝重、简洁、啰唆、节制、恣肆,那都叫风格。要是林海音先生在世,——按老六的意思改过,作者一栏该不该林海音与老六联署呢?

要说这也无伤大雅,我犯不着替林海音喊冤,轮到编辑敢这么对我的书,我再发飙不迟。但是我在前面说了,重要的是"所求即所得"。如果读库版《城南旧事》主打的是"林海音改定本"或"老六修订本",那我有何可说?只不过在装帧华美与版本好恶之间,作一权衡而已——说句实话,我看了《编辑的执行力》,还会下单订书,是因为关维兴的绘本确实惊艳,读库的印制又让人放心,更重要的是,《城南旧事》还"不够经典",所以瑕不掩瑜。如果印的是《呐喊》或《受戒》,还是这种编辑法,我怕就要敬谢么么哒了。

我心目中的理想版本

老六的"所求"是什么?

他在《编辑的执行力》后半段打了一个比方:

> 大家都看碟,应该知道DVD有一个著名的品牌"标准收藏版"(The Criterion Collection),品质很高,把影史上的经典作品按照他们的出版理念重新出版。一张"标准收藏版"的DVD会包含什么内容呢?他们首先会对影片做全新的修复,第二,收入不同的版本,原始版、公映版、导演剪辑版什么的,还加很多的花絮,评论声轨、幕后访谈、导演访谈,当年拍摄时的各种其他资料,预告片、删除片段、照片,还有小游戏,甚至还会印一本书来

诠释这部作品。我们不妨想一下,"标准收藏版"的理念,完全可以用在对一本书的编辑中。

这段话说得何其正确!可是,让我们想象一下,CC版(标准收藏版)会不会将"原始版、公映版、导演剪辑版",只选出一种保留下来?而且组成全片的镜头,上一个可能来自公映版,下一个却是出于导演剪辑版?CC版的主持者会不会登门拜访导演,希望他另拍、另剪某些段落,好让CC版更为"理想"?

不会。我看过的CC版,大致做法是选择一个版本作为主版本,而将其他版本不同的段落单独放在特辑之中。至于其他的材料,自然是能收多少收多少。

如果真的是将"标准收藏版"的理念用于读库版《城南旧事》,那编辑团队要做的事情还要多得多,他们得收集林海音有关北平的其他文字,关于《城南旧事》的各种评论与研究,对作品、作家的采访与报道(包括文字与视频),还有吴贻弓的那部同名影片,还有曹治仪编辑的,中国电影出版社1985年出版的《城南旧事——从小说到电影》那本542页的书,也该一并收入"读库版"。

显然,这样做,未免悬的过高,看来"标准收藏版用于一本书的编辑"还只是一种理想。那么,回到校勘上来,应该怎样完成《城南旧事》的校勘?

首先,要选择一种版本作为底本。校勘现代作品与校勘古籍不同,后者在长期流传过程中,出现很多鲁鱼亥豕的讹误,找到最准确的那个字那句话,是校勘古籍的重要目的。而现代作品的版本比较清晰,需要校勘的,主要是作品不同版本、不同时期的改动,这些改动可能出自作者之手,也可能出自胆大妄为的编辑笔下,选择底本,要么选择初版本,要么选择作家自己最认可的版本。不管选择哪种,都得是同一种版本,因为不同时期的版本,携带的信息全然不同,作者年龄、阅历、心境导致的状态不同,必然影响对同一件事、同一段文字的不同考量与表述。这还只是内因,如果碰上政治、商业等外因,比如老舍、曹禺对成名作的大幅删改,或香港出版商当年将王小波的《黄金时代》改名《王二风流史》,大陆出版商将《唐人故事》改名为《唐人秘传故事》,作品的面目则相异更甚,因此校勘不能搞成百衲本,看上去好像去芜存菁,取精弃糟,其实是破坏了作品历史的完整性。

其次,各版本中的异同,通过脚注或尾注的形式呈现出来。搞过文学研究的人都知道,"汇校本"永远是最理想的版本,也是最值得收藏的版本。普通读者或许满足于让编辑越俎代庖，帮他们择出一种版本，甚至拼出一种版本，但是既标明"收藏本"，就该尽可能容纳最大的信息量，让后人可以比较不同时期作者的偏好、版本的异同，加上作者已逝的客观条件（不然他可能还会修改调整），这才有可能形成"标准收藏版"式的终极版本。否则，今天读库拼出了一版《城南旧事》，明天我也来依据各种版本拼出一版，口味跟老六不同，也宣称是"完善版本"，读库除了拿着版权合同跟我打官司，又有什么可以在版本价值上必胜的把握？

最后，无论如何，编辑不能改动作者的原文。哪怕某句话重复使用了三个"的"，你也只能在"的的的"下加一注曰：此处疑衍二"的"字。否则作者就是要加重表达怎么办？他有他的特殊用法怎么办？再版鲁迅的《野草》，难道能以简洁之名，将《秋夜》的开头改为"我的后园墙外有两株枣树"？

老六在《编辑的执行力》里提出：把一本书做对，有三个环节，分别是减轻读者"财力上的负担""视力上的负担""体力上的负担"，分别指向书不要太豪华太贵，让读者买不起；不要过度设计，搞得太花哨，干扰阅读体验；让读者拿到书有舒服、舒展的感觉。这些话，都是至理名言，值得全行业学习。不过，希望读库团队不要"编辑的执行力"

满格,"编辑的自信力"也爆棚,替读者"过度考虑",替他们减轻"脑力上的负担",也就抹杀掉了读者阅读"经典"时可能的见仁见智。要知情,要选择,买食品是这样,读书也是这样。

冬天为啥有冰棍卖

——2007年畅销书述评

我一向主张"热书冷读",因此畅销书被我读到时,一般都在风头浪尖过去之后。反过来说,如果我读到的时候,这些书仍然在榜上,在热卖,在盗版书摊上坚挺固守,它们应该可以称为真正的年度畅销书。

但是,也并非所有的畅销书都值得在此讨论。诸如郭敬明、韩寒、饶雪漫、安妮宝贝……之所以不讨论这些作者作品,原因有二:1)以上作者作品并非今年开始流行,他们的走红是十年为段落的文化现象;2)用娱乐圈喜欢的分类方式,以上诸位作者都属于"偶像派",分别受不同亚文化群体的拥戴,换句话说,不管他们写什么,都会有粉丝买账,而且出版业与唱片业近似,青少年群体的消费能力最强最冲动,但这种畅销的文化含量甚微。

同样的道理也适用于儿童书籍。且不说国内一红再红的郑渊洁杨红樱等等,单讲注定一出现就会雄冠全球销量排行榜的《哈利·波特》,即使此书的重大意义,有各路专家予以五花八门的阐述,就畅销本身而言,道理并不复杂。

以上诸例，适宜成为图书策划、推销学的经典案例，但不在本文讨论范围之内。本文关注的，是一些持久畅销，并引起较大争议，有可能影响社会精神生活，或反映精神生活流向的作品。根据以上原则，我遴选出四部书进行讨论，它们代表的，其实是四种不同的类型。

抚慰心灵，分享荣耀

《于丹〈论语〉心得》　相关图书：《丧家狗》

于丹这本书从年头热卖到年尾，关于她的争议也从未中辍。我从不赞成将问题提升到"中国文化存亡续绝"的高度来讨论这本书——从于丹紧接着推出《于丹〈庄子〉心得》及谈论昆曲的《游园惊梦》来看，她分明是一个掌握了传媒特性与大众心理的演说专家与通俗读本撰写者。我相信，只要观众需要，于丹可以讲述任何典籍，如同单田芳能够讲三国，也能讲曾国藩。

不妨从另一个角度来读《于丹〈论语〉心得》，即她应用何种策略重新阐释孔子和《论语》，以及这种策略何以会取得如斯成功。很明显，于丹口中与笔下的孔子与《论语》是被平面化的，所谓"《论语》告诉大家的东西，永远是最简单的",其实是"于丹告诉大家的《论语》,永远是最简单的",简单到一句话,"获取心灵快乐,适应日常秩序,找到个人坐标"。

这句宗旨,经由于丹对《论语》辞句生拉活扯的通俗化阐释,不断地强化、强化、再强化。它呼应的正是中国传统社会喜欢强调的自我心理调节方式:"知足者常乐","命里有时终须有,命里无时莫强求"。

当个人面对不合理的社会环境又无力改变时,调整自己的心理欲求无疑是唯一的出路。而今于丹进一步讲述"富人也有自己的苦恼""穷人不一定不如富人快乐"等道理,更加开出了一剂精神胜利的麻醉针。不能说这些布道没有它的功效,予受苦者暂时的抚慰与乐观,也是一种心理的疗救,但这种理论成为社会的主流思想,则无疑助长着犬儒主义的风行,也遮蔽了社会不公造成的伤害。

出于亲和力的考虑,于丹必须将孔子重塑成一位世故的、温和的长者,而《论语》也被去掉了所有的政治色彩与思想锐度,甚或连时代的意识限制也被刻意地重新定义。如著名的"女子小人难养论",于丹故意将"小人"说成"小孩子",旨在将孔子的形象进一步温和化、现代化。不像李零的《丧家狗》,直接指出孔子将"女子"和"小人"都看作宠物,所以才存在"不逊"和"怨"的问题,平等的士大夫之间怎么可能如此?李零还说,在那个时代,没有这样的大男子观点,才是咄咄怪事。知识分子接受一个大男子的孔子,毫无困难。然而,一般的观众和读者,会更喜欢一个现代化的男女平等的孔子。因为,只有将孔子和《论语》现代化,将之作为指导现代精神生活的"圣经",才拥有完整的合法性。在这一点上,读者与于丹,实际达成了一种合谋:抚慰心灵的同时,还能分享经典的荣耀。

于丹 VS 李零,展现出精英知识分子已经完全失去了启蒙权威。李零的《丧家狗》冒犯了同样争取现代合法性的新儒家(所谓"传统的创造性转化"),但大众全然不受这一攻防战的影响。相形之下,于丹让《论语》的转身何等轻灵,她仅仅抓住了"浴乎沂,风乎舞雩,咏而归"与现代休闲生活形式上的相似,便将孔子的"君子不器"解释为"储备心灵快乐的资源",再变成"跟庄子所说的独与天地精神共往来是如出一辙的"。儒道混一,兼顾现实,这样的解读,才最符合急功近利的现代人的要求。一切都似是而非,一切都为我所用,经典在当下,已非启蒙或批判的资源,而是健康生活的指南。人人皆可亲近经典,只需通过电视和于丹。

这种现象向知识分子提出这样的问题:"是否越多人知

晓经典，喜欢经典——无论以何种方式——就越赋予了经典新生命，就越弘扬了传统文化？"这个问题是提给知识分子自己的，不是提给于丹和她的读者们的。

将历史拉入当下

《明朝那些事儿》　相关图书：《易中天品三国》《黎东方说史系列》

《明朝那些事儿》是从天涯论坛发迹的。有经验的人都晓得，网络阅读是多么飘忽无定，鼠标移动的急躁程度绝不亚于遥控器按键。网文，尤其是讲述历史的网文，要抓住读者的眼球，殊属不易。因此我们可以理解《明朝那些事儿》为什么要采取如此"现代"的叙述方式，用网民的话形容就是："虽然一样是说史，但当年明月用的笔法，却不是以往那些史书笔法。而是一种充满了活力和生气，字字都欲跃然而出的鲜灵笔法，在他笔下，人物不再是一个刻板的名字和符号，而是一个个活生生的人，那些事件更是跌宕起伏，叫人读来欲罢不能……"

"鲜灵笔法"并不始自当年明月，黎东方当年讲断代史，用的是通俗白话，但涉及现实的并不多，记忆中比较出新的是柏杨的《中国人史纲》和《柏杨版资治通鉴》。小时候读到"国防部长兼陆军总司令福康安"这样的词语,会觉得新鲜有趣,柏杨在一段史事后的感慨,如"中国人太少特立独行"之类,也会让人很佩服。但后来就读到对柏杨史书的一些批评,同时自己多读些了书,对这种嚼饭哺人的讲史方式颇感困惑,因为我那时已充分认识到语境的重要,那种简约化的对接,固然引人入胜,却也会示人歧途,让人忽略历史演变的细微处。而且我越来越相信,历史的本相,就在众多琐碎而杂乱的细节之中,一以贯之的历史,过度阐释的历史,虽然可惊可叹,但也予人靠不住的感觉。

《易中天品三国》是同类著作,但更加不注重思想,更加强调与现实的勾连。易中天与《百家讲坛》的信念,大概与当年明月一致:"历史应该可以写得好看。"我不反对"好看",也不反对用自身的经验去理解历史人物与事件。可是,如此化约历史的"度"在哪里?在《易中天品三国》和《明朝那些事儿》的庞大销量前面,这仍然是一个问题。

对于读者而言,上述两书提供的是一条偷懒的道路,除了人名、年代和制度之外,历史基本上可以在自身的经验范围内得到一一对应与解释。没错,历史貌似是在不断重演,但历史如同K线图,已有的走势并不能预言未来的趋向。我个人的看法,理解历史的最佳途径是尽量回到历史,用翔实的史料、日常的细节与典型的事件,为自己构筑一幅当年的幻景,就像进入《金刚》里面的1930年代,连路人的脸型都截然不同。但是如今的取向不是这样,有许多人出手帮我们将历史拉入当下,让我们在笑谑与刺激之中轻松消费历史。

这里的差异,是姿态的差异。好的讲史者,应该是"演古人给大家看",真实是最高的要求,要演得须眉毕现,入木三分,又合情合理,就像胡金铨的《龙门客栈》,连风中都带着明朝的气味。如今的讲史者,则多半是"说古人给大家听",完全站在观众的立场上,三家村夫子讲故事,虽不至于说皇后午觉睡醒叫"拿个柿饼来",但也差得不远了。

我自己也是"改写历史"的叙述者,当然知道要保持学理上的严肃完整,又要照顾可读性,是多么难的事儿。而且大多数读者依然更关心那些其实与他们无关的史事,深宫争斗,政坛风云,花边艳闻……这些事迹更便于投射自我形象,满足窥视欲望,也可以解释为何今年"明朝"会成为热点,大家津津乐道于"宫廷那点事儿",而不关心去古未远、却已经断裂的老中国生活。

消费故事,人之常情,无可厚非,只莫要将"故事"认作"历史"。实际上,从宋元"讲史"到近代说评书,都取

"演古人"的姿态,虽有插科打诨,因为身份分明,不易淆乱,我倒觉得比而今的电视历史与网络历史,还强胜些。

当然不仅仅是悬疑

《鬼吹灯》 相关图书:《风声》

悬疑小说是最传统的类型小说之一。可是很多《鬼吹灯》的拥趸都不是悬疑小说的惯性读者。他们说,他们喜欢小说中的奇门遁甲、搬山卸岭一类的旧知识;他们说,他们迷恋叙事者源自红色年代的语式(为此还闹出了"抄袭"的传闻);他们说,他们震撼于现实生活与灵奇玄幻的穿越……说这些话的人,往往不屑于书中的蜘蛛精、黑眼蛇、尸香魔芋之类的吓人怪物,"这跟电脑游戏里每关都要打的老怪有什么不同"?

《鬼吹灯》遵循了畅销类型小说的写作模式:封闭空间的历险,同伴之间的互助与背叛,奇幻不可知的世界,步步为营的解谜过程。但与国外成功的类型小说相比,《鬼吹灯》上述方面的表现实在不算精彩,它的情节相当粗糙,知识表述支离破碎,杂乱无章,也根本无心对旅程、墓穴、深谷等等环境做细致的描摹——这或许是网络连载的特性决定的。

作者甚至没有心机构思一个真正的大谜（像《哈利·波特》那样），而是匆匆地跳出来交待前因，用一个又一个小谜将情节努力向前推进。这样一部小说，本来应当存于网络亡于网络。

由此可见，《鬼吹灯》空前的成功传播，由网上走到网下，变身年度畅销书，在于它整合了许多不同的资源，提供给不同类型读者以不同的想象空间。盗墓事业的神秘，当然会激发大多数人的好奇心，但成功的叙事语调与另类知识提供了更多的增值。

与此相类的是麦家的《风声》。不一样的是它们的传播途径。麦家的《暗算》2003年出版后声息不大，借助电视剧的热播才进入畅销书的行列。而电视剧的拍法，恰恰是虚化"解密"的专业知识特质，而强调战争时期的紧张、惊险，从而夸大解密工作的迫切感、神秘感、纪律感，以及这种职业与日常生活的分裂与冲突。《风声》继承《暗算》对"杀人游戏"的钟爱与模仿，同样提供封闭空间中的猜测与博弈，甚至加入了前后颠覆的写法，以期翻出新意。可惜的是，《风声》仍未达到成功悬疑小说的精密程度，叙事中的漏洞时时可见，而对人性描画的深度甚至比不上《暗算》。这样看来，《风声》的热销或许只是借《暗算》之势的上位，无法增加作者的声誉。

《鬼吹灯》也面临着同样的处境。作品一部一部往下写，似乎无穷无尽，但桥段反复使用，审美疲劳指日可待。中国类型小说点滴积攒的人气与市场，也可能转眼之间挥霍一空。

一切为了说服读者

《货币战争》　相关图书：《华尔街史》

我于金融史是门外汉。但显然《货币战争》已经不是简单的通俗金融史。在目睹这本书雄踞财经图书排行榜首位多周之后，某报书评版愤愤而无奈地将它列入"不读"的行列，评语是："这个'悬疑小说'版金融史大片横空出世，让很多从不读悬疑小说的读者都开始揪心于金融史的'阴谋论'……愿金融史的读者老老实实去看金融史，愿读悬疑小说的读者继续去看悬疑小说。"

《货币战争》对以罗斯柴尔德为中心的西方金融史做了重新提纲挈领的读解，其大刀阔斧包打天下的劲头，确实有几分像《达·芬奇密码》的圣杯传奇。有许多评论说《货币战争》的史料来自别有用心的抄袭与拼贴，但缺乏专业知识的公众对此是没有识别力的。《货币战争》没有《达·芬奇密码》悬疑惊险的外壳,却提供给外行读者另一种刺激——与其说它是财经版《达·芬奇密码》,我更同意将之称为文字版的《大国崛起》,其赤裸裸的"阴谋论"和民族主义观点,又让人想起久违的《中国可以说不》。

《货币战争》明显不是单一作者(如当年明月和天下霸唱)的即兴之作,也不是于丹那样去政治化的经典再解读。相反,它动用了工作团队的集体力量,精心设计,谋划周详,用化约的历史线索与明快的结论、耸听的辞句不断刺激民族国家意识那根敏感的神经。

公众对历史的复杂与暧昧缺乏耐心,尤其对那些过于专业化的分析——那需要"高等常识"才能理解。动物有保存记忆以确定行动方式的本能,人类更有回溯过往并宏观掌握历史的冲动,因此最受读者欢迎的理论,永远是简洁的,貌似解释力强大的。而强调现时的危机感,唤起读者自我保护的欲望,更是让他们对作者所言深信不疑的不二法门。《货币战争》精明地抓住了这一规律,它从纷繁复杂的金融史中抽取了鲜为人道的一条线索,一种观点,为倍感新鲜的读者树立了新的万恶之源——罗斯柴尔德家族,并让他们相信,中国正是这个恶魔下一个进攻的目标。一切语句都在为这种说服工作助威,问题是,你不可能不遗余力地推销一张无比简单的历史纲要表的同时,还能顾及历史知识的专业与谨慎。

小时候被问过:"冬天还有冰棍卖,是因为有人买才有人卖,还是有人卖才有人买?"是啊,那些将经典平面化、将历史简约化、将知识碎片化的畅销书,是因为对读者有吸引力才畅销?还是因为畅销,才对读者构成吸引力?人性总是趋易避难,传播总是删繁就简,作者与评论者,时而交欢,时而反目,唯一的标准,是否就是那些暧昧难明的"读者"?如果仔细了解,会发现"读者"并非媒体呈现的那样单一,有时候阅读的单一,只是源于信息的单一——其他书籍,无论好坏,根本无法进入公众的视野。阅读,原本是为了抵御人性深处的软弱与卑微,如今反转过来,阅读只是为了证明我们的内心,理应软弱,理应卑微。

2016，成立一个阅读共和国

1

1979年9月，我不到六岁，开始上学。2005年，拿到博士学位。刨去中间工作了三年。我一共读了23年书。

如果你只准我用一句话说说感想。我想说：宝宝烦死上课了！

满堂灌的大课教学，来自西方。大工业化的产物，多快省。我们习焉不察，以为天经地义。

其实获得自学能力后，听绝大多数老师上课，都不如自己在图书馆看书。

最有用的，反而是几门讨论课。发言好难，各种准备各种忐忑，还怕被老师看出破绽。

但发完一次言，再把发言写成课程论文。留在脑中心中的，永远不会还给老师。

中国传统的书院，古希腊的学园，大抵是这样的形式。老师打了一个比方：

小鱼跟着大鱼游，游来游去变大鱼。

我不敢说自己是大鱼,但至少是"跟过大鱼游的小鱼"。

2

2011年底,绿茶说,我们搞个读书会吧。

我说,好啊。但有一条,不能是讲座式的。每个参加的人,都要读书,都要发言。

他们俩都无异议。阅读邻居就这样搞了五年。

过了两年,邱小石说,我以前整过一事儿,叫DIAO计划,客户盲买,一个书包,里面有十本新书一本旧书。买定离手,可以吐槽,不能反悔。

那我们也来玩嘛,不要十本那么多。一期三本就好。就玩了一年。

第二年,说,咱们升个级,加点什么。

DIAO计划的精髓,是"购买者对选书者的信任",选书者回报这份信任,光选书不够,还该把为什么要读这书,怎么读,告诉他们。

于是有了DIAO包微刊,三人各自阐述选书理由。

第三年,刚玩完耍朋友。于是拉上胡同,说你来参加,给每个DIAO包配本旧书。

旧书交给胡同。新书再三本,量太大价也高,改两本。

三本变两本，仨人谁来荐？都荐，然后PK，三士选两桃。PK内容发在微刊上，桃子没有了，桃子的气息还在纸上。

3

第四年来了。胡同有了新方向，不能参加啦。

我提过，胡同的布衣书局每天有旧书拍卖，要不我们每天去拍几本旧书，放DIAO包？

邱小石看着我，不说话。我自己想了想时间和精力成本。放弃了。

难道我们要回到第二年那种一人一本吗？又或是简单地三士选两桃，每期DIAO包两本新书？

重复的人生最没意思。当年我选择媒体，后来又逃回校园，都是这个理由。

我们想把读书的方法带给其他人。现在线下的阅读邻居基本上做到了，人人都看书，人人都发言。线上的DIAO计划，还是单向的啦。我们选书，收到书的人，读不读，怎么读，没有下文。

难道DIAO计划是单纯卖书的吗？卖50份书，还挣不到一壶醋钱。

得改。一是要让DIAO友有反馈的渠道，光建个群没人说话也白瞎。二是怎么把线下的阅读邻居和线上的DIAO计划整合起来。让这事儿也变成一个大小鱼儿一起游的池子。

来，头脑风暴吧骚年们。

4

不谈过程，单说结论。DIAO 4.0的流程是这样的：

（1）绿茶每到月底，会提出一个书单，列出他认为最值得推荐的十本书，并一句话推荐每本书，放在一旁备用（理由：资深书媒从业者绿茶，自称书单狗，人称书单狂魔。他的阅读特点是"广"，每年过眼的书，比我们过眼的妹纸都多）。

（2）杨早和邱小石，可以在绿茶的十本书里，也可以选一本自己最近读了觉得"碉堡"的书，写出1000字左右的推荐语（理由：杨早和邱小石的读书旨趣不同，但瞧不上的书都差不多，所谓饭点不同尿点同。邱小石对世界充满好奇，阅读特点是"趣"，什么开脑洞就读什么，偏好建筑与科技，可以补大多数单学科病患者的短；杨早的阅读特点是"深"（洞婆说的），可以介绍一些普通人认为比较难的人文书，当然，光推荐不讲解也是耍流氓）。

（3）绿茶需要在自己推荐的十本书里圈出三本（与石

早不得重复），与石早推荐的两本书，合成"阅读邻居月度五书"，放在一旁备用。

（4）DIAO计划购买者们（简称DIAO友），收到DIAO包后有半个月的阅读时间（包括读DIAO里的两本石早荐书，及绿茶推荐的三种新书）。然后，DIAO友在群里投票，在这五本书里，决选出下一期阅读邻居的主题书（前几个月没有被选中的月度五书也可以参加投票，以防遗珠），总之，最多DIAO友想读什么，就读什么。

（5）阅读邻居进行过程中，有专门的DIAO群时段，会有现场图片及声音直播，也接受不能到场的DIAO友，关于主题书的评论与提问。

（6）阅读邻居的公号2016年实行主编负责制，石早茶轮流。当期主编可以自己设计各种方式与DIAO友互动，包括但不限于征稿，答问，抽奖等等。

（7）待到年末，DIAO有十期，阅读邻居也有十期，月度五书全部合体，五十本年度五书候选者就此诞生。DIAO友和特邀评委再次进行网络与现场投票，选出年度五书（这是阅读邻居的保留项目了）。

（8）设计这个方案，不是要用投票决定权来忽悠各位购买DIAO，出发点只是基于人性：自己有投入有付出的，会更珍惜也更爱参与，收获也更大。金钱如此，时间精力亦复如此。

（9）整个阅读邻居，仍然未忘初心，宗旨是"阅读需要分享"，目标是"最小成本，最大快乐"。

倘若把前几年的阅读邻居，视为孤悬北京五环外的一个阅读部落，DIAO 计划，是这个部落跟外界沟通交流的榷市，就是农贸市场。2016，应该是合并网上网下，开疆拓土的一年。各位，请举起手来，成立我们自己的阅读共和国。

没药远是解毒剂

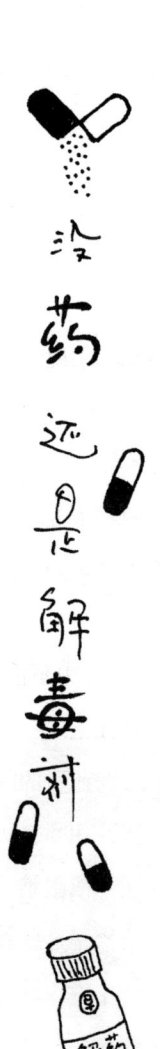

好小说的三个特性

要弄清楚"好小说为何",首先需要解决的是"好小说何为"的问题。众所周知,小说起源于讲故事,但好的小说不能满足于讲一个故事,否则它就会被电影电视 FLASH 甚至连环画所取代,因为不能提供直接的视觉感受,读者的获取成本相对较高。小说的叙事方式与其他艺术种类的区别,就是小说存在的理由。不能区别于电影电视等等的小说,就是坏的小说,没有存在的价值。

M.昆德拉的小说《生命中不能承受之轻》被改编成同名电影,由朱莉叶·比诺什主演。中文片名被译为《布拉格之恋》。这种也许是出于商业目的的篡改却恰好反映了电影对小说的抽离和简化。影片相当忠实地保留了原著的情节和对话,它摒弃的是它无法(或很难)表达的作者对书中人物关系的描述和思辨。但恰恰是这些叙述,而不是情节,把这本小说与无数庸俗的言情小说区分开来。昆德拉用了六分之一的篇幅,讨论情人之间对一些词的误解,完全置情节发展于不顾。这是小说家特有的,让时间停滞的权力。这种叙述方式使在电影里显得单薄和乏味的一场爱情变得复杂和有趣起来。每个读者都可以从托马斯、特丽莎、萨宾娜和弗朗茨身上找到情感的共鸣。并不是每一位小说家都像昆德拉那样具备对共性进行抽象描述的能力——也没有必要都具备。但有一点是毋庸置疑的,好的小说要有自己独特的地方,不仅区别于其他艺术种类,也区别于其他小说。

想标示出好小说的特性当然是一件徒劳而可笑的事。别人可以轻而易举地提到另外一些小说,它们在你划定的范围以外,但无疑属于好的小说。当然我也可以拒绝承认不符合我的条件的小说是好小说,但那就等于宣称自己是一个抬杠分子,或是教条主义者。事实上,有些评论家就是这么干的。

我认为好的小说有三个特性。这三个特性是必要的,但不是充分的。任何小说,有其中之一,也许就可以称为好小说。但这种可能性基本上是理论上的,因为很难有一本小说仅仅拥有这些特性其中之一。我觉得这些特性相依相连,好的小说必须三方面都在水准线之上。区别只是在于,该小说在三个方面中哪一样更为突出,或者说,哪一样体现了该小说的独特。

第一,好的小说必须富于想象力。虚构是小说的特质之一。小说家天生有着修正生活的本能。《发条橙》的作者伯吉斯曾经提醒那些擅自将他的小说改得更"符合现实"的美国出版商,小说本来就不是为了描写"现实生活中理应发生的事情"而诞生的。小说作者应该有权蔑视现实可能性的桎梏。不知道是不是伍尔芙,曾经提到:小说和散文之间只隔着一层薄薄的篱笆。而想象力的存在,也许正是这道薄薄的篱笆。但我所谓的想象力并不只是指虚构的能力,还包括叙述进程中对情节和场景细微的想象,以及对叙述对象的局部进行畸形的放大。有时小说犹如超现实主义的绘画,会提供读者在日常生活中不可能注意的细节和思索。

第二,好的小说应该有着合理的叙述。沈从文先生在西南联大教习作课的时候曾有言:小说要"贴着人物来写"。事实上,没有小说是无人物的。最前卫的小说也需要一个叙事者,也同样有它的叙事视角和叙事态度。而"贴"着人物,就是要求小说的叙述是合理的,这种要求与要求小说符合生活真实与否是两码事,它要求人物的性格符合内在的逻辑,要求叙事风格有一种潜在的目的性,而不是"两个聪明脑袋打架"。梁启超的小说《新中国未来记》以议论为小说,早期鸳蝴派的作家喜欢"聚珍",一人写一段地创作连载小说,在清末民初的小说里可以别树一格,但都算不上好小说。

第三,好的小说必须有好的语言。汪曾祺的说法是:"写小说就是写语言。"沈从文在教小说习作课时，总是强调要先"车零件"，事实上主要就是练习语言的选择和叙述的节奏。这是所有写作的基本功，也是小说作者最无法藏拙的地方。没有好语言的小说也有可能借助情节或对话使人着迷，但无法获得长久的认同。

之所以认为这三种特性并不充分。是因为有这样一类小说存在：它的语言不坏，叙述也合理，也不能指责它缺乏想象力。但它不能提供任何新鲜的东西。随着小说历史的延续，这样的状况日趋严重。许多国内极有才华的小说家，仍然不能为我们提供满意的小说，很大原因就在于此。王小波说：好的小说会让读者喜欢，让写小说的人害怕。就是因为小说拒绝复制和效仿。那些已经阅读了大量人类历史上出现的好小说的读者，组成了对小说作者的严厉的陪审团，如果新的小说不能从语言，想象，或任何一方面，让他们感到惊奇，就意味该作者未能走出前辈的阴影，也就不会在小说史上占据一席之地，纵然他们算得同辈中的佼佼者。这是一个令人气沮的事实。到了小说艺术高度发达的现代，不甘心做一个小说工匠，妄图以自己的形象出现在小说的名人堂中，需要比前辈们高得多的天赋和机遇。有鉴于此，我不明白为什么还有那么多的人在写小说。

四年前我们所失去的

上海的那个陈村写过一篇《想到王小波》，劈头就是："那个叫王小波的人终于死了。"周泽雄在《书屋》上的文章也有类似的感慨：谢天谢地，王小波死了，我们终于可以放心大胆地赞美他了。他们的意思是说，王小波的笔头很厉害，他活着的时候，谁也不知道什么时候就会戳到自己身上来。现在他死了，就可以站在他的射程之外，怎么夸都没有危险啦。

这大概是王小波的同代人的感受。奇怪的是，和我一辈的人说起王小波，没有一个是这样立论的，看来是我们的年轻拯救了我们，东汉时董卓大掠洛阳，凡比车轮高的汉子一律杀掉，我们就像那些没有车轮高的娃娃，在王小波死后才长大成人，可以尽情地虚伪、矫情和无趣，避免了提心吊胆被射杀的命运。从这一点上说，我们也应该感谢王小波的死亡。

王小波无疑可以列入九十年代"文化英雄"的序列，和陈寅恪、顾准、海子一起被颂扬和被"断裂"。但我想，作为文化研究的个案分析,王小波是最好的"媒体食尸兽"的例子。媒体是公众意志的代言人和内容提供商,所以王小波和袁崇焕一样,是被民众分吃掉的。还记得马克·吐温的那篇小说吗?画家们为了生计,选出一个人"死掉",他的画立时炙手可热。文化市场就是这么回事儿。鲁迅有过一个很奇特的论述,他说阮籍、嵇康这样一帮名士不是憎恨礼教,而是太相信太热爱礼教,以至于看不惯司马氏借礼教来治天下的勾当,索性便非汤武薄周孔,变成一个个反礼教分子。现在声称喜欢王小波的人是那么多,所以我周围喜欢王小波的同志都又变成了沉默的大多数。

王小波已经死了四年。挑今天这个日子写文章来纪念他,一定有人说我太形式主义。我以为仪式还是不可以少的。没有了仪式,有些东西,包括尊敬和畏惧,就会在岁月的恬逸和物质的光辉中渐渐磨失。这样说是因为我自己意志薄弱,而且我不相信大多数人的意志比我坚强。

绝大多数的人都和我一样,在王小波生前只看到过他的随笔。我至今还记得老单向我说起在《中国青年》上看到《我是怎样做青年教育工作》时笑得合不拢嘴的样子。王小波的杂文是我最喜欢看的那种,他先向你讲一个故事,讲着讲着就把故事讲成了一个道理。他一直坚持用这种方法写作,从来不会一马平川地讲道理。王小波讲的故事分为两种：一种是他自己亲身经历的故事，一种是他听别人说的，或从书上看来的故事。我觉得前一种故事要好听得多，因为王小波自己从这些故事中得到了教益。后一种是要用故事引出要讲的道理，"做"的痕迹比较明显，比如《奸近杀》《极端体验》等篇。王蒙说王小波的优点是"太明白了"，其实明白固然不易，能够将自己明白的事儿准确而艺术地传达出来，这才是一个伟大作家的本色。相信没有人会错过《一只特立独行的猪》，在别人眼里只是一头桀骜不驯的丧家之猪，王小波却从中看见了生活的缝隙："除了这只猪，还没见过谁敢于如此无视对生活的设置。相反，我倒见过很多想要设置别人生活的人，还有对被设置的生活安之若素的人。"我再次引用这段大家如此熟悉的话，是因为我太喜欢和佩服它了。谁要是曾经企图用文字告诉别人一个道理，他就会明白，要将这样一个曲折的东西讲得如此凝练而明白，又和前面的文字配合得丝丝入扣，是一件多么困难的事。更加厉害的是，整篇文章只有这一句是属于议论性文字。对它的阐释和引申你都可以从对那只特立独行的猪的生活事迹中自然地得到。

这篇几近完美的文字还证明了一点：王小波的特长还是叙事，而不是议论。我不否认王小波的杂文比他的小说影响大,也更通俗易懂。但我反感那些将他的杂文置诸他的小说之上的论调。对于一个将毕生的心血奉献给小说的人,这种评价简直是一种侮辱。写杂文和写小说,于王小波,也有一个"觉世与传世"的矛盾。据说王小波给报刊写稿有生活压力的问题,虽然我们的时代就这个鸟样,从不善待她的优秀儿女,但还是让人有些扼腕。

当我即将提到王小波的小说时,朋友们,我的心中充满了敬佩和欣喜。王小波说过,好的小说让读者欢喜,让写小说的人害怕。我几乎没写过小说,即使写,也轮不到我来害怕这个一米八几的大汉——我永远不可能采取他那种方式写作,我也想不出现在中国有人在这样写作。那种方式需要奥威尔的反讽精神,卡尔维诺的想象力,杜拉斯的叙事感,和查良铮王道乾诸先生的汉语能力。熟悉王小波的人都知道,上述各位给了王小波多么深重的影响。选择向自己喜欢的作家模仿和挑战,是一条光荣的荆棘之路。王小波走上了这条路,并且坚持走过了长长的一段,直到他不支倒下,从未停止行进。他走得如此之远,以致当《黄金时代》《青铜时代》呈现在我们面前时,谁也不敢随意将他命名为某某的"传人"。王小波就是王小波,他是我们这个时代的小说大师。

在王小波之前,我不知道哪位作家曾将巴赫金所谓"狂欢节传统"引入中国。这种由拉伯雷、塞万提斯、薄伽丘所创立的小说传统本来就"非我族类",二十世纪的中国又习惯了沉重地思考和表达。照片上的王小波总是一脸苦相,但他的小说中却谑笑充盈。他自己说他的小说手法是黑色幽默,新时期以来还没有哪位作家这样自认和被指认。

在王小波早期的作品中(这些作品不少都发表过,却从未引人注意,其实在当时的文学情境中,这些篇什相当可观),他还保持着纯美的想象和色调。但是他那似乎是与生俱来的消解意识总是作怪,让他不肯干干脆脆地煸一把情。《绿毛水怪》设置了一个听者"我"来不断打断和质疑、嘲讽老陈的叙述,反而很好地滤清故事本身的荒诞不经,真正凸显的是妖妖那类人对庸常生活的反抗和决绝。《地久天长》描述的是乌托邦式的青春友谊和快乐,可是邢红、大许和"我"之间的三角设置显然不可能一直维持。让邢红落入死亡的俗套实在是作者的不得已,也可以看作是作者对小说"现实性"的妥协。这种不成熟到了《黄金时代》就荡然无存。《歌仙》对十全大补剂式传说的反讽显而易见,这篇小说带有鲁迅《故事新编》的意味——特别是《采薇》和《起死》。《假如这是真的》已经开始展开想象的翅膀,却最终归结成了南柯一梦,王小波此时还没有确立自己的写作风格。

由于种种原因，我决定不对王小波代表作《时代三部曲》作任何评论。因为我没有王小波那样的聪明和表达能力，他一定也会默许我的偷懒，甚至暗自庆幸没有被这样一个愚蠢而饶舌的读者继续糟蹋他的心血。我把这一块留给和王小波一样聪明的读者。我只想说：和这样一位伟大的小说家生活在同一时代，并能感知他所感知的大部分事物，是一件多么幸福的事。原本贫乏的生活也因此加添了光泽。

还有一点好像没有人提到过。那就是王小波对女性的态度。他在《我看女性主义》中曾对"长牙的女性主义者"微示不满。但他在小说里对女性表现出的尊敬和理解，是那些贴假胸毛的男小说家们或自轻自贱的女小说家们所无法比拟的。如果说《地久天长》中的邢红多少还有"被凝视"的嫌疑，《绿毛水怪》中的妖妖是多么地令凡夫俗子如我惊诧和赞叹。《万寿寺》中的红线，《红拂夜奔》中的红拂，是多么地敢作敢为和有趣。陈清扬出"斗争差"的勇气，小转铃面对生活的坚强，线条对"时间之刑"的抗争，都足以让书里的"我"和书外的"我"同感羞愧难当。即使是X海鹰，她在扮演那个时代的那种角色，也比别的人多了一些温情和旁逸斜出。王小波的小说中充满了对女性的赞美，但并不是依靠描摹男性的猥琐换取的。不管是哪部小说里的王二，都不失为一名好汉，至少他完成了对自己经历忠实的不加粉饰的记述。而且哪个王二都很善于从陈清扬、小转铃、线条那里汲取智慧和勇气。我觉得王小波对另外的性别（当然包括《似水柔情》里的同性恋甚至易装癖）采取的是一种健康的态度。而且这种态度很自然，不是勉强PS的结果。在北大听戴锦华的《女性文学研究》课，最后一课时她说："听这门课不要白听，女同学从今天起要对自己好一点，男同学要对你们身边的女性好一点。"我也希望看王小波小说的人能够学习这一态度，虽然指望小说有教化作用是一种太老土的想法。

姚勇在纪念文字里谈到他第一次看到拨号上网是他舅舅王小波给他演示的。他提问说：如果王小波活到一网打尽的今天会如何呢？是啊，如果王小波活到今天，起码他可以在虚拟空间让更多人分享他的小说艺术和睿智头脑。可是王小波也不会变成一个网络作家，他不会忍受快餐式的写作，更不能容忍讨好大多数人的姿态。

在对王小波的谩骂中，集中的有两点：（1）黄色；（2）反动。前者不值一提（只是有点可惜吴小如先生的令名），后者可以成立，正如张春桥所言："知识越多越反动"。要坚持知识者的良心和尊严，便不可能不保持反动的姿态。这个

"反动"当然不仅指对官方意识形态的消解,对于我们习以为常的生活各个方面的沉沦,真正的知识者会有着马虻一样的敏锐和尖刻。有时候批判者的话比赞美者更能切中要害,1997年夏,我听说某部门对王小波有了一个"定评":

"王小波这个人还不错,就是作品太具有颠覆性了。"

2001年4月11日深夜或12日凌晨

我唯一信任的当代作家

很少偏爱一位当代作家,原因是没有人让我全面信任。比如,我信任王安忆的文字,不信任她的史识;我信任莫言的奇想,不信任他的思想;我信任余华的布局,不信任他的格局;我信任王朔的聪慧,不信任他的品位。

或许这不是当代作家的问题,而是"同时代"造就的挑剔与冷静。从前林语堂在上海办《论语》与《人间世》,每有周作人的手稿,编辑部一班同事总是视若拱璧,你争我夺,只有林语堂本人在一边微笑,有人问,他说:我是同时代人。

如果说有一位例外,只能是王小波。

王小波去世十年,名下添了许多走狗,坟前多了几部回忆与评论,然而也有不少的苛评,如思想不深刻,文字太色情一类。据我看来,誉者毁者,多将他做一个符号来用,自由主义,反体制,反矫情,反无趣,这些都是很概念化的东西。每一面旗号下照例人头攒动,我也照例挑剔地冷眼旁观,忍住闲气阅读各色的文字。失望之余,每每重读王小波,也每每在暗夜的灯光圈里发出会心的微笑。

一位作家，倘有足够的才气与聪慧，自然会让读者欣赏、愉悦。但让我这样的专业读者信任、叹服，难度在于作者要在文字、结构、想象力、品味各项上，全面地超越读者。只须有一项落了下风，当然不失一方诸侯，却未免让人心中小觑一下子。这一下子并不打紧，不影响文学史上的位置，却无法得到我的信任与偏爱。

我对王小波的偏爱，不是因为他辞了公职，不是因为他英年早逝，不是因为他同情同性恋，当然更不是因为他自由主义。即使我对此人一无所知，只读他的作品，照样会对他怀有足够的敬意，甚至不相信他曾经生活于我经历过的时代。

按照王蒙的说法，真正复杂、美好的事物，永远无法说得小葱拌豆腐——一清二白。我的一位朋友则说，对于真心喜欢的，往往只剩了结结巴巴的赞美。我读王小波十余年，初时颇有雄心壮心写一两篇长论，从重述故事、"文革"记忆、未来想象等等角度讨论他的小说，一遍遍读下来，这种雄心便一点点地黯淡。有时只是想：好不好将他热爱、赞美的那些书籍，汇编成一大巨册？《变形记》《情人》《看不见的城市》《巨人传》《巴巴拉上校》……据说每个人一生中都在寻觅属于自己的那几部书，却很少有人真正知晓是哪几部。胡适鲁迅梁启超开国学入门书目，总是几十部上百部,他们学问太大,我们很难分清哪些书是他们最隐秘的灵魂之书。可是王小波,这个老好人,笑呵呵把他的选择公之于众,尤其是他那篇《我的文学师承》,说破了新文学运动以来一桩大秘密。我用这篇文章,将前贤的只言片语串连起来,如郁达夫说"中国小说是欧洲小说的分支",穆旦对中国传统语言的痛恨,格律新诗的全面溃败等等,一直延伸到王小波去世十年后,一个德国老头顾彬说出了"好的作家都是翻译家"。

这是一个作者能给读者的最大恩惠。他用自己的体验,得出简单的结论,却能让人借以看清被黑暗遮蔽的角落。我总在大量的阅读中苦苦寻觅这种思维之光,却一次次空手而返。十年以来,当代文学能给予我的,仍然只有王小波这盏小小的油灯。

陈丹青说,鲁迅的妙处,"什么事,都有大先生一句话在那里等着"。而鲁迅说,他所处的民国世界,与明末并无二致。我越来越相信,表面上,一切坚固的都已烟消云散,背地里,却总有一些秘密长存世间,一旦被说出,就不会被妄念动摇。但是,言说并不能让秘密不再是秘密。在《我看国学热》发表十多年后,咱们不是仍然举世如饮狂泉地粉丝于丹么?

十年了，王小波仍然在被阅读，被谈论，这让我又高兴又郁闷。高兴，因为独乐乐何如众乐乐，郁闷，是由于想不通：为何王小波那么稀少？而看不起王小波的诸君，又为何总是无法让我信任？

意义不仅仅在于成长

一、向王二致敬

在路内的文学乳汁中,最大的一罐无疑来自王小波。虽然他在《少年巴比伦》的开篇只是调侃性地提到了杜拉斯和马尔克斯。如果我需要在阅读路内这部"自传体"小说时脱帽致意,那只能是向着《革命时期的爱情》。二者的结构和元素是何等相似:疲惫因循的工厂、绝望的年轻人、悲剧性的喜感、无望的挣扎者、小丑似的压迫者,最重要的或许是被女性和文艺引导的青春。

自然,社会与生活决定了这些因素必将在一个青年工人的经历中浮现、串联,一个类似的例子是2006年何立伟发表的《像八九点钟的太阳》。但是我无法不去揣测王小波对路内的影响,理由首先可能是一些细节:武斗时期使用的"两头削尖的钢管"、姐姐情人白蓝——在《革命时期的爱情》中,王二少年时代的情人是一个"姓颜色的大学生",不知道她是姓黄、姓蓝还是姓洪。更重要的是,两篇小说有着语句与气质上的相似。

我在网上看到一篇对《少年巴比伦》的评论,大致是从"成长小说"的角度进入,它赞道:"(路内)竟然完全放弃了那些足以打动小说新手们心灵的题材,把父母亲辈的隐私放在一边,仔细刻画起那个时代给一个少年心灵的影响来。"在我看来,《少年巴比伦》的确是附着于"那个时代",但它的意义不仅仅在于成长。

让我们先来谈谈《少年巴比伦》和《革命时期的爱情》的不同。我觉得《革命时期的爱情》也许是王小波最成熟(不是最有想象力)的小说,我对该小说的评价是:

> 带有古典色彩的武斗回忆,与工厂政治体制中团支书帮教落后青年的现实故事缠杂在一起,描画出革命时期情爱的"双重性":死亡威胁与献身情怀共同激励下的萍水相逢,政治权力关系与另一种献身情怀结合产生的施虐/受虐,两者同样根源于对革命理想的追求与想象。王小波用复调叙述两个故事的方式,破解这一困扰二十世纪中国数代青年的巨大谜题,如此游刃有余,酣畅淋漓,在我看来,已得卡尔维诺《千年文学备忘录》中所说的"轻逸"

与"繁复"的三昧。(《狂欢传统及王小波与鲁迅及王朔之关系》)

《少年巴比伦》描写的是1993—1994年的国有企业,比起"文革"时期的工厂来,人物不再需要承担无处不在的革命氛围带来的压力。老鲁与胡得力大致是一路货色,但不再有X海鹰那样执掌生杀大权的团支部书记,而工厂内外,也已经有了不同的生活。

九十年代初,整个社会的精神生活,多少都有些失重的感觉。银根紧缩,苏东剧变,海湾战争……北京知识界传读着哈维尔的《无权者的权力》,即使这些自命启蒙精英的知识分子,也不知道将来的路在何方。

《少年巴比伦》不可能采取《革命时期的爱情》那样的复调叙事,除非路内敢于挑战对政治风波的书写,然而那一切并不是一个那么普遍和持久的运动,对于内地小城来说,它只是影影绰绰的冲击。相似的也许只是那种弥漫四周的重复与厌倦,而普通人甚至不知道这些情绪的根源,也许只有生活的散碎和纠结,是可以把握的。

因此,相比之下,《少年巴比伦》的叙事比较简单,关注青春的部分,远胜于对"权力关系"的刻画与书写。或许我可以说，《少年巴比伦》不像《革命时期的爱情》那么伟大，其老辣程度也不如前面提及的《像八九点钟的太阳》，但《少年巴比伦》却让人欣喜地看到了一种传承。

二、诗意与狂欢

虽然我总怀疑，路内笔下的工厂生活，会否有不少想象的成分——王小波强大的影响力也可能产生负面的效应：他的模仿者总是情不自禁地会学着用一种抽离而嘲讽的眼光看待世界，书写回忆，最终却让平淡无奇的生活变成了王小波式的反乌托邦。王小波式的反乌托邦必须配合背后的历史布景，否则只会变作为黑色而黑色的幽默——王小波自己的《黑铁时代》写来写去写不下去，或许也是这个原因，想象也需要历史与生活的支撑。不过，即使可能存在这样的问题，《少年巴比伦》却有着别的成就与价值。

一位叫"火中冰凌"的网民在天涯论坛上发表对《少年巴比伦》的阅读感受："起初你会感觉，这基本上是'王小波走狗们'的那一套腔调，有点黑色幽默，有点操蛋的人生逻辑，有点玩世不恭的活法，有点离奇的故事情节，但是你读下去，你会发现路小路的痞气语调和故事里包含着多么感伤的诗意，而这简直是消融在小说里的味精——诗意这东西在小说里，不是硬写出来的，而是自然淌出来的，含在整个人物命运的细节里。"他说得对，《少年巴比伦》真正能与王小波相通而又相异的地方，正在于"诗意的自然散发"。他说得又不对，如果只是"感伤的诗意"，那也就没什么精彩的啦。

王小波的大哥王小平，在去年发表了一篇悼念文字《艺术的内丹——小波十年祭》。王小平在文章开头说："我猜，人们之喜欢他，是因为他的那种独特的感受世界的方式。他就像一扇门，通过这扇门，可以进入世界的另一层面。"

如果用同一句话来评价《少年巴比伦》，我不会感到意外。小说里诗意充盈，又每每用狂欢的方式将叙述带离感伤的边缘。这种引而不发的饱满状态，是这种"独特的感受世界的方式"的最大价值。

中国现代文学史上有"诗化小说"这一路，据专家说，成就还比别的小说来得大。我想这与中国深厚的诗歌传统资源有关，意境的叙述和运用，很容易借助成型的字句达成诗意的泛化。可是如果诗化小说采用狂欢的路径呢？它会很好地中和感伤与晦涩，并且借此达成多重的指向，在诗意之外制造另类的陌生化快感。这可是中国文学里不曾有过的叙事方向。

现代文学里没有整部的这种作品。但在"小说散文化"的努力中，总屡屡碰见类似的因子。《故事新编》不去说他，含泪的小人，乌鸦炸酱面，庄子吹警笛，"我们都去死"，都是经典的细节。号称现代散文诗第一佳品的《野草》，居然也会有极为戏谑的《立论》，"这孩子，将来是会死的……"嘲讽中其实就有狂欢的气味。废名和冯至似乎确实没有这样的场面。可是在另一部诗化小说经典《呼兰河传》里，大水坑，买油麻花，大兔子用耳朵擦擦眼泪，那是小说中最吸引人的细节，不是吗？

诗意与狂欢的媾合，正如司马訏笔下的卓别林："他将糖块蘸着泪水抛给观众，观众吞下了糖块，却吐掉了泪水。"（《重庆客》）有些人看见诗意，有些人迷恋狂欢。同时拥有糖块和泪水的作品，我们如今至少拥有《革命时期的爱情》（还有《似水流年》）、《像八九点钟的太阳》和《少年巴比伦》。李弘的《棋盘园主义》充满狂欢的因子，却止于纯粹的狂欢。

"诗意与狂欢"系列之中，基本上又在凸现两个主题：成长、性爱。《像八九点钟的太阳》里，李小二是由猴子和薛军这样的同伴给予启蒙的,薛军与同事大姐的性爱经历,猴子对田报幕员柏拉图式的暗恋,三人一起去偷看女工洗澡的隐私,加上猴子借给李小二看的俄罗斯裸女,这一切构成了肉联厂封闭空间中的性爱世界,在朋友的挫折与受罚中,李小二度过了青春期最初的萌动。虽然他对徐元元的爱情无疾而终,却俨然在不甘与委屈中完成了他的成人礼。《革命时期的爱情》用武斗时期与"姓颜色的大学生"的缠绵开启王二的生理成长,而与X海鹰以革命/帮教名义进行的性虐恋,将革命与性爱的内涵同时抽空,两者混杂,调和出异常的荒诞与反讽,从而将工厂岁月演变成一段时代的缩影。

《少年巴比伦》没有《革命时期的爱情》那样繁复与越界,在路小路身上,作者多少寄托了一些自恋,白蓝的话:"小路,你自己知道吗?你和别的青工不一样。……你以后也许能去做点别的"预示着小路终将脱离无意义的工厂生活,而事实上,白蓝自己率先脱离了那种生活,从而完整地扮演了路小路的贝阿特丽切。

很多地方,《少年巴比伦》有点儿端着王小波的架子,甚至刻意想将日常生活往荒谬与狂欢上靠。难得的是,路内没有放任这种多少有点过度的抒写,他在关键细节上守住了写实的界限,没有将小说带出想入非非的危险境地。我喜欢

小路和白蓝初次做爱后的描写:

> 我对她说:"你不会酒醒了就不认账吧?"
> 她说:"我要认什么账?"
> 我不好意思地说:"我以后还想和你做爱。"

这段话充分展示了《少年巴比伦》的九十年代气味。何立伟的笔下不可能出现这样的场景,自我压抑和话语悬空是那个年代的特色。王小波透过放诞想象的叙事也不会有类似单向指义的对话。它的青涩,它的犹疑,展现出小路的稚嫩与白蓝姐姐的不可了解。性爱还不是理所当然,但也不再是公认禁忌,它只是男女之间的自愿约定。

《少年巴比伦》置身于"诗意与狂欢"系列之中,仍然有自己的熠熠光辉,就在于它贡献了一个真实、生动的"九十年代"。

三、张楚·七〇后·九十年代

按书中叙述推算,路小路高中毕业于1992年,那么,他的岁数与我相差无几,而作品携带的,正是1970—1975

年生人的时代记忆。

小说中两度出现了张楚的《姐姐》。路小路先听到了这首歌,然后买了这盒磁带送给白蓝,白蓝说"就那首《姐姐》好听"——这盒磁带就是1993年震动、改变了无数内地青年精神生活的《中国火》。《姐姐》在里面确实戛戛不群,震惊一时,而唐朝的《飞翔鸟》还没能引人注意。第二次是新千年,小路在宾馆中接到白蓝电话,再一次想起"很久前我也有过同样的姿态,注视着手指和香烟,坐在一个花坛边等待她,听着张楚的《姐姐》,一场雪即将来临"。从小说的布局来说,我宁愿小路再没有与白蓝重逢——既然不能像王二与陈清扬那样再度以性爱嘲弄岁月与规则,又何必添此蛇足?但是这一段描写是必要的,用《姐姐》构成了一种历时的呼应。

张楚和他的这首歌都非常重要。这个狗日的西安盲流,北师大的寄生虫,九十年代最好的行吟诗人。用他的歌为无比失落而又无能为力的内地青年们画像,其准确与典型,让七〇后生人决然接受了张楚对他们内心的俘获与重塑。不必烦劳百度搜索或千千静听,让我来默写这首《姐姐》:

这个冬天雪还不下

站在路上眼睛不眨

我的心跳还很温柔

你该表扬我说今天很听话

我的衣服有些大了

你说我看起来挺嘎

我知道我站在人群里

挺傻

我的爹他总在喝酒是个混球

在死之前他不会再伤心不再动拳头

他坐在楼梯上面已经苍老

已不是对手

感到要被欺骗之前

自己总是做不伟大

听不见他们说什么

只是想人要孤单容易尴尬

面对我前面的人群

我得穿过而且潇洒

我知道你在旁边看着

挺假

姐姐我看见你眼里的泪水
你想忘掉那侮辱你的男人到底是谁
他们告诉我女人很温柔很爱流泪
说这很美

哦姐姐，我想回家
牵着我的手啊　我有些困了
哦姐姐，我想回家
牵着我的手啊　你不要害怕

　　这首歌的重要，在于恰到好处地传递了小路面对白蓝那种依恋、怜惜（他随时准备为她去拍砖）而又无从把握她的困惑心情。白蓝替代了小路除了送礼已经无能为力的老爸，为他指引着规范着人生的方向。当地震来临的时候，小路置父母于不顾，发疯般地奔到白蓝身边，白蓝象征着他不同于"其他青工"的精神世界，抚慰他的苦痛与委屈，并且给了他成人般保护与交流的男性尊严。他们手牵着手的一刻，路小路便已破茧羽化。

张楚在 1994 年推出了他的个人专辑《孤独的人是可耻的》，也继续着他为九十年代素绘的使命。"上苍保佑吃完了饭的人民 / 上苍保佑粮食顺利通过人民 / 保佑工人 / 还有农民 / 小资产阶级 / 姑娘和民警 / 升官的升官 / 离婚的离婚 / 无所事事的人"（《上苍保佑吃完了饭的人民》）"想想邻居女儿听听收音机，看一看我的理想还埋在土里"（《蚂蚁蚂蚁》）"你说这城市挺脏 / 我觉得你挺有思想 / 你说我们的爱情不朽 / 我看着你 / 就信了"（《爱情》）"我目光慈祥 / 心不再想 / 让里面的东西慢慢死亡 / 我闭紧嘴唇 / 开始歌唱 / 这歌声无聊可是辉煌"（《厕所和床》）张楚用他的歌吟为九十年代初那些内心敏感羞涩、前途迷茫游离、感情张皇失措的年轻人代言，1994 年香港红磡"中国摇滚乐势力"演唱会上张楚的表现几乎是一种象征：他局促地坐在椅子上，不曾变换任何姿势，面无表情，他的歌唱跟乐队总是合不上拍。

事实上，其他世代的人是很难理解张楚的。1996 年，我供职的报社出过这么一件事：副刊上发了一篇抒情文字，题目就用了《孤独的人是可耻的》。第二天，这一版就上了评报栏。某总编给文章标题画了圈，注明："我们国家《婚姻法》规定结婚离婚自由，怎么能说孤独的人是可耻的？"

看了那圈红字,我觉得歌中的荒谬与错位确确实实在生活中到处发生。

六十年代人的代表作家之一陈染在同时期的《私人生活》里也以一种奇特的方式涉及了张楚:她用"一首流行歌曲"的题目作为某章的题目,可是却写成了"孤独的人是无耻的",一字之差,完全荡失了原题内向与无奈的意味,这种误读似乎也注明了:张楚是,且仅是这一代人的文化英雄。

如果我是编辑,我会建议路内删掉小说的"尾声",让整篇小说收束在"我爱她犹如爱这世上的一切鲜花和白云"。路内终于还是没有忍住,让小说最终停驻在伤感的驿站。或许这也是一种选择,但对于丰富全篇的意义没有帮助。化验室的小姑娘们夸奖说,小路的诗"很有李清照的韵味",也许正是在这种路向上,小说失去了成熟的节制。王小平在《艺术的内丹》里谈到他们兄弟审美取向的变化:

> 我不禁想起小时和小波一起读诗的时光。那时的趣味稚嫩,读到魏晋以前的东西,只觉单调鲁钝,像简陋的乐器奏出的曲调,乏善可陈。反而喜欢唐宋之后轻巧纤秾的诗句。如今几十年过去了,一切都打上了时间的烙印。再看当年喜欢过的秦观之辈,

但觉雕饰过甚,厚重不足,恰似微云衰草。而李清照绿肥红瘦之类,直如丫角戏语,比之曹孟德的沧桑之笔,高下立判。

黑格尔说:"一个人走不出自己的时代,犹如走不出自己的皮肤。"然而伟大的作品必须要超越时代的趣味。《少年巴比伦》已经在沉重的乡土题材与轻薄的都市书写之外,开创了自己的道路,承接了某种传统的余绪,或许路内和他的戴城,真会为新世纪文学单薄的颜面,增添几分荣光。

"说什么？"与"谁在说？"

许子东的博士论文《为了忘却的集体记忆——解读50篇文革小说》于2000年面世，之前国内评论界对此是有所期待的。作为八十年代著名评论家，许子东这些年游学海外，研究成果甚少为国内所知。本书又是使用西方的经典理论，对二十余年来一直是批评热点的"文革小说"进行解读，自然会引起多数读者的兴趣。

相较于国内评论界传统的划分如"知青小说""反思小说""伤痕小说"等等，将这50篇形形色色"自1977年至80年代末"的描述"文革"的小说，统称为"文革小说"，倒是反映了作者不一样的阅读视角。除了便于研究，作者对这些小说的命名还基于如下理由："对于年轻一代及后人和'外人'来说，所谓'文革'，首先是一个'故事'，一个由不同人所讲述的'故事'，一个内容情节大致相同格式细节却千变万化而且可以引出种种不同诠释的'故事'"，而小说又是"国人谈论、叙述文革的主要方式"。（导论，第2页）作者认为"'文革小说'在一定程度上兼有历史记载、政治研究、法律审判及新闻报道的某种功能，而且这些'故事'的写作与流通过程，也不可避免地受到历史、政治、法律、传媒乃至民众心理的微妙制约"（导论，第3页），因此这50篇"文革小说"（它们都曾获奖或畅销或引起很大反响），反映了中国人对"文革"的"集体记忆"，"体现记忆者群体在'文革'后想以'忘却'来'治疗''文革'心创，想以'叙述'来'逃避''文革'影响的特殊文化心理状态"。作者一开始就阐明了立场：他不关注这些小说是否反映了"文革"的"历史真实"，而只是探讨"文革"在不同的小说形式中是如何被叙述，也就是说，他关注的不是"神话讲述的年代"，而是"讲述神话的年代"。有了这样的理论预设，作者才有可能应用同一个模式对完全不同类型、风格的小说进行整合和分析。

本书的研究模式源自结构主义鼻祖普洛普（Vladimir Propp）在《民间故事形态学》（*Morphology of the Folktale*, 1928）一书中使用的研究方法。普洛普从100个俄罗斯民间故事中概括出31种功能和7种人物角色，本书则从50篇"文革小说"中概括出29个"情节功能"与4种基本叙事阶段，以及5种主要人物角色。作者通过这种研究模式力图要证明的，是"文革小说"中的故事，同样具有普洛普指出的俄罗斯民间故事的双重特征:"它既是多样态的,丰富多彩的,又是统一样态的,重复发生的"。这是本书研究的出发点,同时也为论文的写作设置了一个具有双重指向的终点:一方面,作者通过建构一个统一的"基本叙事模式",证明在"文革小说"的写作中确实存在一种对"文革"的"集体记忆","这些作品其实都在共同讲述一个有关'文化大革命'的'故事'";(第3页)另一方面,作者试图分析在共同的叙事模式下,不同身份和不同经历的作者是如何采取不同的姿态叙述"文革",并将这种叙述引向不同的结论。要完成第一个任务,作者必须努力消解"文革小说"呈现出的叙事的多样性;要完成第二个任务,则必须对这些作品的不同叙事倾向有一个明晰的划分和把握。简单说来,作者要解决的,是"文革小说""说什么"和"谁在说"两大问题。

关于"说什么",作者正是利用普洛普创建的分析模式对50篇"文革小说"进行整合式分析。普洛普的民间故事形态分析,作为叙事学的经典文本,早在80年代中期就被引介到中国,但是使用这种模式针对中国的文学实践进行大规模分析,在本书之前极为罕见,其主要原因在于很难寻找到一个俄罗斯民间故事式的合适对象:它必须拥有足够数量的文本,文本叙述必须具有通约性(即所有作者和读者在经验层面或想象层面上分享某种共同经历),文本阅读必须具有全民色彩。对"文革"的叙述恰恰可以满足以上三个条件:自"文革"结束以来,对其的叙述从未中断;"文革"作为一场"史无前例"的全民族共同体验的大灾难,在已知的时空内影响着中国的每一代人;"文革"结束很长一段时间文学担负的救赎和宣泄功能,导致了空前的也将是绝后的文学热潮。从这个意义上说,对"文革"的叙述确实存在一种类似民间故事(里面充满了先民经验和想象的历史烙印)的"集体记忆"。为了最大限度地划定这种"集体记忆"的边界,作者反复强调"叙述(sjuzet)结构"与"事序(fabula)结构"的区别,前者包括叙述技巧和叙事模式,是通过叙事才形成的"时序"和"关系";后者是指"造成主人公处境变化的事件的顺序"。前者关系到"谁在说",后者才是具体的"说什么"。作者将"叙述结构"留到第5章再具体讨论,前4章关注的是50篇"文革小说"共同的"事序结构",作者认为正是这种可以通约的事序,代表着中国人对"文革"的"集体记忆"。

本书前4章为我们提供了4个叙事阶段(灾难前的状况,灾难降临,拯救主题,反思与忏悔)和29种情节功能。作者将林林总总的"文革"叙事当作一个"大故事"予以剖析,试图让这些情节功能尽可能地覆盖选取篇目,并对其中的细微区别加以分疏。为了体现作者在分析的操作性和概括精度上作出的努力,将这4种叙事阶段和29种情节功能胪列如下:

一、初始情景:灾难之前的状况;

1. 灾难之前,女主人公善良美貌、生活幸福

2. 灾难之前,女主人公的感情生活不无缺憾

3. 男主人公在灾难之前有某种缺点或缺陷

4. 男主人公在灾难之前被认为犯有过失

5. 男主人公在灾难之前犯错而不自知

二、情景急转:主人公陷入某种灾难;

6. 主人公注意到"旁人奇怪的目光"

7. 主人公在大字报上看到自己的名字

8. 主人公为好友所背叛

9. 主人公参加某种会议

10. 女主人公和领导的关系受到怀疑

11. 主人公被抄家

12. 主人公获得某种罪名,受到某种处罚

13. 主人公为家人儿女所背叛

14. 主人公下乡、劳改

15. 主人公受伤

16. 主人公自杀

三、情景急转之后的意外发现：主人公忍受灾难并获得某种解救；

17. 男主人公忍受身体苦难，为民间女子所救

18. 男主人公忍受精神苦难，为知识女性所救

19. 女主人公在灾难中为知识男性所救，获得爱情

20. 男主人公在灾难中获智慧长者指引

21. 主人公在灾难中获亲人救援

22. 主人公在灾难中获上级救援

23. 主人公在灾难结束前病故或死于意外

四、结局：主人公脱离灾难，反思灾难中的是非恩怨，感谢苦难并拒绝忏悔。

24. 灾难之后，女主人公原先的感情缺憾得到弥补，生活更加幸福

25. 灾难之后，女主人公的敌人受到惩罚（有人对灾难负责）

26. 灾难之后，男主人公获更高官职，地位上升

27. 灾难之后，男主人公重游故地，感谢苦难

28. 灾难之后，男主人公反思"文革"中的是非恩怨，找不到具体的敌人

29.灾难之后,主人公反省自己在"文革"中的错误过失,但拒绝忏悔

对"文革"的叙述并非铁板一块,而是与"谁在写"的问题紧密相联,这是"集体记忆"与民间故事的最大区别。民间故事由于久远的流传和作者的匿名,叙事者身份几乎被完全抽空,而关于"文革"的集体记忆尚缺乏足够的时间积淀来消弭其中的叙事裂隙。同样一场"文革",对于老人和青年,官僚和民众,迫害者和受难者及旁观者,意义绝不相同。不同的小说家,作为不同社会群落的代言人,当然会有不同的叙述倾向。本书作者通过第5章"'文革小说'中的不同叙事模式"来解释各类文本中迥异的"文革"图景。他将"文革小说"中的叙事模式分为四类:(1)契合大众审美趣味与宣泄需求的"灾难故事";(2)体现"知识分子—干部"忧国情怀的"历史反省";(3)先锋派文学对"文革"的"荒诞叙述";(4)"红卫兵—知青"视角的"文革记忆"。由于叙事者身份的转移,不同身份的人物在情节功能中担任的5种主要角色(受难者、迫害者、旁观者、背叛者、援救者)也在发生互换,最明显的是先锋小说中"无错的迫害者"和"红卫兵—知青"视角下"迫害者和受难者混而为一"的复杂情形。而这四种叙事模式在审美趣味和情节设置上,也

都由来有自:"灾难故事"体现传统民间故事中"才子佳人,善恶报应"的情节模式;"历史反省"可以上溯到"五四"新文学的救世心态和启蒙意识;先锋派文学来自鲁迅以降的悲观主义批判精神和文体试验态度;"红卫兵—知青"视角则是另一种缺乏节制的浪漫青春挽歌,呼应的是创造社、郁达夫、巴金的煽情文风。正是基于这种传统与现实之间的巨大张力,"文革叙述"才会在一个大致统一的叙事模式下衍生出如此繁多的"故事新编",成为中国当代文学一个几乎取之不尽的叙事资源。

就研究模式而论,本书使用普洛普的结构主义分析方法,梳理50篇"文革小说"对"文革"的叙述,相当清晰地勾勒出对"文革"的"集体记忆"的轮廓,由此引致对民族深层心理的把握和反思,在中国小说叙事学方面称得上是创造性的探索。沿着这条道路,对现当代文学史上一些具有同样特质的文学现象,如"问题小说""革命加恋爱"小说、抗战小说、"改革文学""官场小说"等等,似乎都可以做类似的尝试。

不过,研究模式的有效并不等于操作过程、研究结论完全成立。正如作者自己开篇所说:"这些将被'抽样解读'的作品的选择与确定,直接关系到本书的研究是否可以成立,关系到研究成果的是否可靠。"（导论，第9页）本来，在普洛普研究方式中，将不同时段创作的作品放在"一个共时态的平面上去阅读"，是不可避免的前提，关键在于被选择的作品必须具有一种通约性。前面已经提到，这种研究方式之所以对"文革叙述"有效，是因为"文革叙述"具备了"类民间故事"的必要条件。用这些条件去衡量本书作者选择的50篇"文革小说"，我们会发现，有些小说并不适合用这种方式进行研究：主要是1985年以后发表的、带有先锋文学特征的小说，如《一九八六年》《玫瑰门》《马桥词典》等。这批小说不适合这种研究方式，不在于它们"充满变数的文学技巧"——而且，这批小说中的许多具体场景和细节，可以用于印证本书提出的叙事阶段和情节功能——而在于它们都不具备"类民间故事"的特质。

1985年以后，中国当代文学发生的一个巨大变化，就是"个人性"的日益凸现。洪子诚曾指出，"文革"后知识分子的"反思""自省"，往往将外部因素和个人表现相结合，关注的是"个人性格、心理、行为上的缺陷与历史事件的关系"。（洪子诚《作家的姿态与自我意识》，陕西人民教育出版社1991年版）这种情况在深受西方现代主义和个人主义影响的先锋派作家那里有了很大改变。先锋小说的作者不再自愿扮演某个社会群落代言人的角色,不再要求自我的创作兴趣与读者的阅读期待保持同步,这就导致小说叙事倾向与大众阅读心理的分离,也就意味着作者的独特视角可以因其"奇异"或"逆反"而具备自我价值。同时,文学热潮轰然退却,文学不再担当公众情绪唯一的表达渠道。在这种情形下,再将作家的个人体验和"集体记忆"强行勾连,无异胶柱鼓瑟。在这一时段,更能代表公众对"文革"的记忆和想象的,是流行于坊间的种种"秘史",它们对"文革"前后政治阴暗面的渲染和对权力体制的强调,才是"文革"为当下公众提供的最大想象空间。令本书作者大为感叹的"我不忏悔"的"红卫兵—知青"视角的长盛不衰,同样基于对主流话语的颠覆和对青春岁月的抒情想象。不过,这些社会现象中过浓的想象成分,已经将"文革叙述"大大地拉离了"集体记忆"的方向,而把"文革"变成了一种消费符号,一种对"非常时期"和"抒情时代"的虚构性向往。由此看来,本书作者也许应该将他研究的下限提得更早一些。

其实,作者并非没有意识到这种"集体记忆"的偏离,他的书名"为了忘却的集体记忆",指向的正是导致将"文革"消费符号化的"忘却":"于个人,以讲述灾难故事来疗治心创或坚持'我不忏悔';于国家,则将灾难叙述成'少数坏人迫害多数好人'而且最终'坏事变成好事'……"（第234页）这种价值倾向贯注在作者相当克制的叙述当中，正道出本书的写作意义所在：忘记过去意味着背叛。作为一本专业化程度颇高的论著，本书与现实的对接之处，其实就在对"集体记忆"的"忘却"特质的评判之中。

网络文学有没有改变"文学"的定义

亚文学的主流转型

"网络文学"这个词从诞生之后,就一直饱受质疑。很多人质疑的是"网络",说怎么能用载体来类分文学?那是不是还该有"报纸文学""期刊文学"?事实上,经过十多年的探索,已经可以判定:纸质阅读与电子阅读,确实有着可能改变阅读本质的差别。因此如果我们把"网络"的定义扩大化一点,除了个人电脑外,还包括平板电脑和手机等移动终端,那么这种阅读介质的变化,将培养出新的阅读规则与阅读习惯,反过来影响甚至决定了与之相匹配的网络文学的形状、走向与规模。

由此出发,我觉得更值得追问的是:网络文学这种新的体式,对于"文学"构成了怎样的冲击?是否改变了我们对文学的定义?

网络文学发展初期,大概还只是为广大草根作者提供一种另类的发表途径,其内容与之前的文学并无太大的差异,这也是当时于"网络文学"是否成立有很多质疑声音的原因。而当网络文学慢慢产业化之后,网络文学创作以它的低门槛、低成本和高风险的特点,创造出了一个巨大然而可见的写作金字塔。在网络文学的创作、传播与阅读中,所谓"文学"的定义其实已经在不断被扭曲和改写中。比如说《明朝那些事儿》或《贾志刚说春秋》,到底算是历史著作还是文学著作,边界会很模糊。但网络文学的读者并不在乎这个,并不在乎你是不是文学或何种文学,他只要不断的快感奖赏(就是"爽!"),他只要一个好看的故事。正是"故事",构成了网络文学的基础。这种情况下,对文学的定义、分类、分析,都可能因为网络文学的普泛化,变得边界很不清楚。这种情况将反过来冲击文学研究内部的学科构成与知识生产。

跟前几年比,网络文学正在发生变化,我把这种变化描述为:网络文学正处于从亚文化类型向主流文化转型的过程当中,这个阶段当中肯定会有很多纠结与暧昧。此前网络文学似乎拥有天然的批评免疫力,因为它的法则强调读者至上、市场至上,因此可以推导出故事至上、快感至上。借助这套法则,网络文学可以规避文学研究界对网络作品文学水准的评判和挑剔。

然而网络文学的危机也非常明显。在网络文学读者至上法则之下，作者面临着读者"穷凶极恶"的追索，即不管不顾地要求每日更新足够字数。这种读者与作者极端化的互动密切，对一个作者的影响有多大，是那些习惯于隐秘的私人写作与单向的媒体传播的作者不可想象的，也是中国文学生产从来没有碰到的处境。现在几乎每个类型的网络文学都有一个共同特点，就是作品越写越啰唆，因为要保时保量，不可能配合时间、心情、身体，去从事精密的思考与修改。啰唆很难解释为网络文学的风格，而只是一种策略，因为每天必须填够那么多字，才能赢得继续发表的权利。最近《盗墓笔记》作者南派三叔的退出，及多位底层写手的猝死，都印证着这种危机。

网络文学与纯文学孰强孰弱的问题一直在争议中。如果以市场、码洋、读者数为衡量标准，网络文学早已完胜。然而文化不是一个单纯量级的比较，网络文学需要提升，需要从中涌现出张恨水、金庸那样的提升类型文学的大师，而大师的出现，又基于有更高文学性追求的群体存在。否则，网络文学始终停留于亚文化的层面，而无法完成向主流文化的转型。

怎样讨论网络文学

网络文学要超越亚文化层面，需要寻找一套异于市场法则的解读范式。然而我们不能直接将纯文学研究方式直接移植过来，否则就会像以市场法则来衡量纯文学创作，根本不在同一语境，无法进行有效的讨论。讨论网络文学，需要寻找新的文学研究范式，才能凸显网络文学的特性与优长。只有在文本的特殊语境中进入讨论，讨论才是有效的。

在讨论网络文学的文学性时，需要充分考虑到网络文学的特性，它是一种面向大众、相对自由、低起点低门槛的文类。因此我们可能需要模糊掉某些惯常的文学性标准，比如说人物和语言，就不宜在讨论网络文学的时候过多地使用。

我在观察与讨论网络文学的时候，比较注重这些相对冗长的文本中呈现的多元性与创造力。结合阿菩的《山海经密码》来说，比较有意思的是他的想象力。想象力是我这两年比较关注的话题。中国人的想象力，自从先秦"以史代巫"之后，就一直受到压抑，想象力往往寄寓在鬼故事与武侠小说之中。加上最近几十年我们又不准讲鬼，这个想象力就变得更加单薄。目前来看，网络文学中的玄幻与穿越两大类型，是中国文学想象力的集中展示（相对来说科幻与侦探类型就比较孱弱）。

重新激发与展示中国的想象力，需要借助什么资源？有异域资源，比如英美的魔幻传奇如《魔戒》《冰与火之歌》

《哈利·波特》，还有日本的动漫。另一条路就是在中国的历史资源当中寻找。《山海经密码》虽然是根据"史经中的一句话"演义出来，但它自认是玄幻小说而非历史小说。从读者的评论来看，夸奖它的基本都会谈到《山海经密码》将中国历史与玄幻故事的结合，认为它在中国历史里面创造了一个玄幻空间。在这个意义上说，中国上古历史是对《山海经密码》的一种加持，有助于激发读者内心深处的文化记忆，历史背景的丰富对作品本身是一种补充与映照。

阿菩比较成功之处是在这一段历史当中，构建了一个自己的世界。这个世界不是历史的再现，因为上古历史暧昧难言，作者无法也不必拘泥于当时的器物、典章、制度、语言、风俗，相对比较摆脱历史的束缚，只是借助历史构造出一个非常繁复的世界。这个世界繁复到一定程度，是可以扩大写成多部头的系列长篇。从武侠小说的经验来看，温瑞安的小说跟梁羽生、金庸的不一样的地方正在于他的武侠世界从纵向向横向的突破。梁羽生的武侠世界是线性发展的，天山派一代传一代地写下去；金庸的武侠世界是片段式的介入朝代历史，中间有断续的勾连。而温瑞安的武侠世界基本是一个时段中的共时历史（集中于宋金交战的徽宗年间），但温瑞安笔下的江湖也与历史基本无关，只是用不同的作品去描绘这个创造出来的共时世界的一部分,从而极大地拓宽了表现广度与想象空间。《山海经密码》有这个潜质。

历史资源与故事的结合

不过,虽然阿菩使用了很多《山海经》里面的典故,但这些历史资源、经典符号,跟他的故事之间,仍然缺乏有机的结合和整合,上古的历史感能够激发出读者心中的共鸣和愉悦还远远不够。正如有评论指出的那样,假设把《山海经密码》中《山海经》的成分全部抽掉,或许这也会是一个受很多人欢迎的故事,但是加入了《山海经》的元素,并没有足够的加分,比如书里面的怪兽,如蛊雕,把它换成哥斯拉,故事也不受影响。又或是将故事的发生朝代放在春秋战国,也没关系。这说明故事背后的历史没有不可替代性,历史并没足以与小说之间形成有机的结合。

历史资源如何能与小说故事完成有机结合?中国古代小说里面引用《山海经》比较成功的是《镜花缘》,它也是借用《山海经》和唐代人物作为故事资源,但书中所写,其实反映的是清代人的社会思想,同时也利用对古事古人的幻想来超越时下的思想局限。因此这种历史型玄幻小说的方向，应该是将历史朝代、幻象世界和社会思想，三者做一个有机融合。《山海经密码》中的社会思想不是没有，如有莘不破与江离的辩论，谈及谁应该为盗贼的生命负责，而不是单纯的除之而后快，这就是有时代气息的思想介入上古世界。但是由于故事推进过于快捷和密集，类似的思考远远不够。

在以历史为背景的网络小说中，史观的问题也是我很关注的部分。由于网络小说的自由与作者的多元，其中的历史观往往粗糙而简单，但也能提出很多尖锐的问题，反映出当下社会价值观的波动。《山海经密码》中有很多关于亲情、爱情的描写，其中蕴涵的价值观是比较现代的。但它并未碰触史观的部分。而像仍在连载的《将夜》《宋时归》之类的穿越小说，史观的抒发比较强烈与明显。限于篇幅，不详加讨论，这里只需要指出：如何成功地通过故事与人物去传达作者史观，而不是停留于热血与YY（意淫）层面，同样是网络文学与历史资源结合过程中需要挑战的难题。

哈利魔法在中国

"那一刻我非常、非常震惊，"剑桥大学社会学系主任 J.汤普森教授向我讲述他 2005 年在纽约目睹的景象时，用了异常的强调语气。那是《哈利·波特与火焰杯》纽约首映的前夜。"数以万计的纽约儿童带着帐篷通宵在影院外排队，只是为了看一部几乎是图解小说的电影。"汤普森教授研究出版业与意识形态多年，却从没看到过像这样魔法一般的情景。

跟全球累计 3.25 亿册的销量相比，"哈利·波特系列"中文版（尤其是大陆中文版）的销售数字多少有些暧昧不清。2000 年人民文学出版社推出该系列前三册，之后的一年里，这套书从未登上开卷公司的"小说销售排行榜"，那时呼风唤雨的头名状元还是痞子蔡的《第一次亲密接触》。为什么？他们将哈利·波特放到了"儿童小说类"。

也是那年，一位韩国同学代表一家电台咨询我："《哈利·波特》在中国是否算是畅销书？大概卖了多少册？"

"当然算。据人文社自己公布,大约35万册。"

"天哪!在中国35万册就算畅销吗?在韩国,至少要1000万哪!"

可怜的韩国人对中国的盗版市场一无所知。不过,从前三部的总共35万册,到《哈利·波特与死亡圣徒》中文版印数定为超过100万,可以大概看出这套书七年来"文火慢炖"的势头。

比数字更能说明问题的是见闻。还是那年的暑假,我会见了一位旧日朋友。从早上见面,到晚饭后分手,整整一天,她女儿正眼都没有看任何人一下。无论是吃饭、乘车,还是走路、小憩,这位11岁的小姑娘一直牢牢地抓住一本《哈利·波特与魔法石》,头一直埋在书页间,以至于这孩子长什么模样,我如今全无印象。

让我们试着来分析一下,哈利·波特和他的伙伴赫敏、罗恩,他的敌人伏地魔,他的老师邓布利多,使用了什么种类的魔法?让他们能够跨越从大西洋到太平洋长达十小时的飞行距离,风一样地刮过中国每一座都市,占据孩子们的心灵,洗劫父母们的钱袋?

当然,以下只是我个人的理解。

成长小说的又一次胜利?

我记得在哈利·波特刚开始走进千家万户时,一位评论家写道:"不管怎么说,哈利·波特让我们的孩子又开始看书了。"事实上,关注哈利·波特绝不只是小朋友们,都市的青年男女们同样捧着这个小巫师的传奇废寝忘食。

那一年,当前三册《哈利·波特》出现在一位朋友手上时,我惊讶地发现,多年不见的对小说的追捧又再现了:朋友们排着队借阅,看完第一册,又借不到第二册的,宁愿先看第三册;书的封皮在传递与多次翻阅中迅速变旧……这幅景象,只有金庸小说刚刚传进大陆时可堪比拟。

说真的,金庸小说跟哈利·波特系列相似之处甚多,有学者早已指出:金庸小说的主要架构全是经典的"成长故事"。而《哈利·波特》的坩埚里同样投放了"在历险中成长"这样一剂畅销书百试不爽的灵药。

它的配制方案如下:一个(或一群)起点低下但资质不凡的主人公,一个正邪对立的世界,一次次阻挠主人公成长的危机,一次次机智英勇的化解以及由此带来的经验和财富。最后是登顶(如果不想写了)或升级(如果还有续集)。

来看看金庸与J.K.罗琳异曲同工的妙笔吧:哈利·波

特从幼年的灭门惨祸中得到了荣誉和名声，可是他却是一个不会魔法的类麻瓜（让人想起可怜的郭靖与胡斐），他被好心的长辈送进了最好的魔法学校霍格沃茨（袁崇焕的儿子袁承志被送入第一名门华山派），他在那儿学习一切高深的魔法，并不断触犯那里的规矩（杨过在全真教的日子），邪恶势力包围着他，一次又一次给他以致命的威胁。而这个过程中，"寻找父亲"一直是个时隐时现的音符——有一种对《西游记》的有趣解读：孙悟空、唐僧、如来佛祖分别对应子、母、父的角色。西天取经实际是"寻父"的历程，而唐僧的紧箍咒犹如母亲的管束与叮咛，是迫使顽皮的孩子回归社会规范的教鞭——父亲的缺失是一种宿命的注定，只有当儿子成为他心目中父亲那样的英雄，这个宿命才能得到解脱。所以孙悟空一定会成为斗战胜佛，郭靖也必然死保大宋。杨过也许是个例外，他没有一个伟大的父亲，不过他的精神之父是郭靖，杨过虽然没有死守襄阳，但是他击毙了蒙哥大汗，延缓了襄阳的灭亡，同样成为万人景仰的"侠之大者"。哈利·波特将成为一个伟大的巫师，是全球读者意料之中的快事，但他们仍然愿意让罗琳一部部地来印证这个预言。

不过，金庸与罗琳那样的聪明人，决不肯落入大团圆的俗窠。熟悉乔峰与杨过故事如我，一早就猜到罗琳不会让光明成为全系列的唯一色调。杀死其中一个主角（即便不是波特本人），甚至最终也不让正义完全战胜邪恶，正好让小说中心思想靠上"哲学主题"的桅杆，以自别于好莱坞善恶有报的肤浅。何况，罗琳还那么偏好英伦式的阴郁情调。

被低估了的文本元素

"开卷小说排行榜"拒绝将"哈利·波特系列"列入，不是完全没有道理的。当年我们排队传阅金庸，是因为来源稀少与消费力薄弱。2001年的成人借阅者（包括我在内）很难再用以上理由作为借口，他们宁愿等候也不肯自购的心态背后，是将这几本书看作了单纯的快餐文学，认为它们没有购买和保存的价值。

无论如何这是一种低估。而这种低估，被跟进的美国电影版发扬光大。当不知就里的读者目睹或听闻全球儿童对哈利·波特电影的狂热之后，他们更认为这套小说是纯粹的儿童读物，而完全丧失尝试阅读的兴趣。

不同的语言环境可能也是"哈利·波特系列"被低估的原因之一。我曾与一位在伦敦留学的朋友聊过这个话题。他读过"哈利·波特系列"的英文本，也和英国朋友讨论过这套小说的文笔。他说，罗琳的笔调是典型的英式风格，冷俏，幽默，沉重中透出一种轻松的叙述姿态，让人想起简·奥斯汀。语言问题我无力专门研究，只是稍微比较过大陆与台湾两种中文译本。相形之下，台湾彭倩文的译本确实比马爱农等的译本波俏，也贴近年轻人生活一些。以人名为例，小霸王马尔福的姓"Draco"大陆译为"德拉科"，台湾译为"跩哥"，格兰芬多学院魁地奇队长 Wood，大陆译本中规中矩地译作"伍德"，台湾则译为"木透"，考虑到原文有一处是用 Wood 的原义"木头"开玩笑，后一种译法传达的东西更多些。

顺便提一下，有人奇怪彼得·杰克逊的《指环王》三部曲对《魔戒》中译本的销售帮助不大，就中原由，大陆译本也不能辞其咎，集体翻译的弊病就不说了，译者们似乎是彻头彻尾按儿童小说的思路去对待翻译的。每一处的"精灵"都被译成了"小精灵"——想想奥兰多·布鲁姆是一个"小精灵"？

《魔戒》毫无疑问是英国文学中的经典，许多大型连锁书店如黑井，会为托尔金的这部小说设立专柜。而《哈利·波特》会成为另一部《魔戒》吗？——当我问汤普森教授，英国社会如何看待这两部小说的区别时，他耸耸肩："也许（两者的区别)就是2200万的销量。"我想他的意思也许是,《魔戒》已经是经典级的"长销书",而《哈利·波特》吓人的销量后面,也许还隐藏着商业社会的某种规则。

常听到国内有人说:"一部儿童小说,让一个下岗女工变成了世界第二富婆!"如果认真关注一下《哈利·波特》中包含的文本元素,会发现这一现象不只"下岗女工""儿童小说"那么简单。J. K. 罗琳毕业于爱丁堡大学,苏格兰首府可是著名的鬼都,从建筑风格到街道传说,无不浸染着阴森森的鬼气,城堡里有着各种各样的鬼魂扮演者游荡,教堂里义卖摊上满是手工缝制的男女巫师,还有蜚声欧洲的夏日万灵狂欢……更不用说罗琳深受托尔金的影响,对远古的北欧神话一直情有独钟。

更重要的一点是,《哈利·波特》的写作地点,最初是牛津的一间酒吧。在我看来,《哈利·波特》最吸引人的情节,与其说是哈利与伏地魔的斗争,不如说是哈利及其同伴对学校制度的抗争,以及各学院之间的竞赛,还有每一次升上新年级的新鲜与有趣。这一切,都可以在牛津这座英国最古老的大学城中寻到对应的现象。时至今日,英国仍然是全世界学制最严格的国家之一,牛津与剑桥的规矩之大,更是无与伦比,连草坪都分为公众草坪、学院成员专用草坪、院士专用草坪等等。而对规范的反抗，从来都是引人入胜的大好题材。香港学制沿袭英国，香港文化产品中多有对其揶揄嘲讽之作（如周星驰《逃学威龙》系列），再联系到韩寒《三重门》之类作品走红一时，全球的新世代，在抗议与消解学校管束这一议题上，似乎从西到东自然形成了一条"传感链"。

幻想匮乏与奇幻热潮

自然，中国绝大多数"哈迷"绝非出于对英伦风情的兴趣，才对哈利·波特的世界如此着迷。台湾出版人詹宏志曾指出："畅销书的内容议题或作者的行为，一定要有某一部分符合社会大众的某种压抑或情绪出口，才可能有大规模的阅读现象发生。"一本畅销不衰的小说背后，必然潜伏着社会阅读心理的某种动向。

如前所说，既然畅销小说的结构秘诀已经昭然若揭，为什么不会人人皆为金庸或罗琳呢？这样问，未免太小看畅销写作这门行当了。在畅销小说中，情节，唯有情节，永远是最重要的。人物必须附着于情节，就像工笔仕女必须画出眼中的一点灵光。所有的文章作法和写作教程都没法教你如何编造完美的情节。小学生都能模仿出似模似样的古龙笔法，但大多数人一辈子都写不出《楚留香》《陆小凤》那么好看的故事。关键在于想象力，好的情节需要无比丰富的想象力。

我认为，排除其他种种因素，《哈利·波特》在中国的风行，暗示着中国文学幻想成分的严重匮乏。

王德威曾多次撰文论述科幻、侦探一类的想象性文体在"五四"后如何被压抑。如果说上述文体尚属舶来，"五四"新文学最大的缺失，或许是在科学主义的主导下，鬼神世界在文学想象中的消亡。自此，中国作家的想象只能在已知的经验世界里打滚，对于少年儿童，对于那些童心未泯的成人，这意味着剥夺了他们依据现实寄托幻想的阅读权利，而这，原本是他们的至爱。

虽然我们还有《西游记》，还有《封神演义》，还有《聊斋志异》与大量的明清笔记，但时代与语言的限制，已让那些狐鬼妖神与大众读者渐行渐远。

在这种背景下，新生代作家纷纷掀起"奇幻""魔幻"等热潮，其来源有日本动漫、中华玄学和少量的西方文本，但是，大部分作品想象与笔力都离幻想文学的上品境界差之甚远。

即便中国独有的被称为"成年人童话"的武侠小说，虽然有人打出了"新武侠"的旗号,内容之苍白、常识之贫乏,尚不能望以现实为基础的新派武侠(即武侠文学的新文学化)大家金、古、梁、温之项背,更不用说以想象丰赡奇崛著称的还珠楼主了。

综之,《哈利·波特》红透全球十年,并非中国特有,说明它自身的魔力确乎已经超越国家、地域、人种的限制。只是放在中国大陆文学与出版的语境里,更让人觉出了触目惊心,毕竟我们没有丹·布朗、斯蒂芬·金,甚至没有张系国与黄易。"哈利·波特在中国",更值得创作者与出版人反思与讨论,或许像汤普森教授说的那样:"如果有一天我们能想通《哈利·波特》如此畅销的原因,也许我们就能掌握出版本身的秘密。"

一剂完美的没药
——《追风筝的人》及相关讨论

我是写《色，戒》讨论综述时，听闻了有这样的讨论，这才促使我去读这本畅销了半年之久的美国小说。至于我为什么要提到这个时间，下文再讲。

看完岳雯的阅读札记与陈福民的回应，突然想起在1999年的一次文化研究国际会议上，1976年出生的滕威问了诸位老师一个问题：老师们都有着天生的精英立场，批判起大众文化来顺理成章，毫无障碍，可是我们这些大众文化喂养长大、与大众文化有着割不断的血缘关系的一代人，怎么办？我们用什么建立我们的批评立场？

八年后，在岳雯与陈福民的讨论中，这个问题又重新回到我们面前。然而形势发生了逆转：当八〇年代出生的年轻批评家对《追风筝的人》的大众文化属性举起批判的屠刀时，秉持精英立场的老师一辈却选择了柔性的相对主义姿态，与反躬自省的解读方式。

文本:完美的电影剧本

毋庸讳言,《追风筝的人》是一部"复合定制"的流行小说。流行小说(popular fiction)的最大特性就是"可复制性",即它会提供类型化的模式,以便最大限度地从这种类型的流行中获取收益。而好的流行小说,不会只采用一种类型小说的模式,它们总是杂糅各色元素,以多面的形象建立自身的普适性。《达·芬奇密码》如是,《哈利·波特》如是,《追风筝的人》亦如是。

《追风筝的人》的基本模式是"忠诚—背叛—忏悔—救赎",这一模式构成全书的基本框架,并在阿米尔与哈桑、父亲与哈桑、阿米尔与哈桑儿子索拉博之间反复上演。读完全书,你会发现,作者在前几章设下的伏笔,与小说的结局一一对应:复杂的家庭关系,预言式的承诺与报复,签名树的确立与重现,风筝的失去与重获等等。像"重新成为好人的路""为你,千千万万遍"这种路标式的指示句,是为了防止粗心的读者忽略作者的苦心。这种标准的戏剧式结构(如果开幕时墙上挂了一杆枪,闭幕前一定会打响),在叙述艺术上可能饱受诟病,却是一部流行小说所必需的形制。

在此之外,是一个"离乡—重返"的主题,本书因为这一主题对应战火纷飞的阿富汗而倍受关注。正如岳雯指出的，关于阿富汗的叙述是标准的西方眼光，但也正如陈福民指出的，作为读者的我们，无从判断这一叙述的真伪，我们只能揣想它是否遮蔽了某些面相，妖魔化了某些场景，却无法证实或证伪。对此的处理方式，只能是"悬置"。

作为一部流行小说，如此单面的设置，也是一种必然。且不说此书的拟想读者必然首先是西方英语世界，即便为了小说叙事的成立，绝对的善恶方也是无法挪移的。没有巨大的外在的"恶"，无法解释主人公阿米尔会为了潜在的嫉妒驱逐自己的童年玩伴；而没有巨大的"善"（父辈的人格魅力），更无法解释成年后的阿米尔会舍弃安逸的生活，舍身重返苦难之地阿富汗。总之，借助时事新闻与政治话语中的苦难叙事背景，作者成功地将"阿富汗"的历史、地域元素融合在小说叙事之中。

在阅读《追风筝的人》时，我总是情不自禁地想：这是多好的一个电影剧本啊！事实上，这部小说在出版半年后便由派拉蒙了望公司飞速地拍摄成电影，导演马克·福斯特甚至因此片获得了好莱坞电影奖的"年度导演奖"，该片也被列为竞争2007年奥斯卡奖的热门。

我们知道，完成经典小说向视觉艺术的转换，是非常艰难的工作,往往要耗费编剧大量的时间与脑力。而《追风筝的人》显然并非如此,几乎每一个阅读《追风筝的人》的读者,都能在脑海里清晰地浮现一帧帧生动的画面,因为小说的叙述语言几乎没有任何浪费,全部指向了情节的推动与主题的呈现。这一阅读感受在《追风筝的人》的片花中再次得到印证:画面与我的想象几乎重合!借用刘震云的说法:这本身就是一部向影视艺术"学习"的小说。

我想,无需对《追风筝的人》做更多的文本细读,我们可以回想一下一部经典的流行小说《基度山伯爵》,就知道两部书有多少元素是重合的:正义/非正义的较量;陷害、背叛与袖手旁观;主人公的成长史;离乡后的重返;伤害后的忏悔及救赎;父辈的训诫与情人的感动……《追风筝的人》比起前辈的巨著来,实则更为简单易读,更为主题鲜明。

还可以用来比较的是玛赞·莎塔碧的《我在伊朗长大》。同为站在家国之外描写一个被西方视为"流氓国家"的祖国,《我在伊朗长大》有着繁多的细节和波澜跌宕的内心描写(如上帝与马克思对作者灵魂的争夺),而这些元素在2007年戛纳电影节获奖的同名影片中,被大大简化,引人注目的只有"反抗暴政"与"伊朗身份认同"两大元素。与之相比,

《追风筝的人》改编成电影,失去的肯定没有那么多。

立场:批判的自我映射

我在开篇提到撰写电影《色,戒》讨论综述,是因为我发现:大部分对《色,戒》的评论,都指向批评者自己内心的脆弱与敏感区域。

这样说,不免有诛心之嫌。但从言说本身推断,确乎可以明确看出言说者的意指何在。就《追风筝的人》讨论而言,岳雯的不满,来自于她对此书过高的阅读期待,以及对大众文化的理论预设与意识形态警惕;而陈福民的辩护,也不是简单地为《追风筝的人》辩护,而是针对当下中国文学的批评困境。

我并非故作持平地各打五十大板,且藉此摆出"别个无不偏激唯我中庸"的嘴脸。在仔细阅读了小说文本与两位学者的文章后,我认为我能够理解这两种评论姿态的合理性及其指向。其中引申出的问题,远远超越了对一本流行小说的解读。

岳雯交代,她与《追风筝的人》的遭遇,发生在她追寻"2007年最棒的小说"的过程之中。这就决定她对这部小说有着怎样的阅读期待与衡量标准。所谓"文字的鳞爪是我借以栖身,抵挡虚无的异质空间",实质上是选择了一条与消费主义语境背反的寻找家园之路,试图以伟大文学精神与文本现实构筑的象牙之塔,来抵御世俗社会的庸常、虚妄与无趣。

然而不幸的是,这部小说提供的是一种与上述理想基本相悖的阅读趣味。《追风筝的人》并不冒犯无数文学经典弘扬的善良、忠贞、宽恕等等美德,它只是将它们"最大公约数化"了。小说控诉的"恶",如欺压弱小、性虐待儿童、饥馑、匮乏,都是人类社会几乎公认的罪名。《追风筝的人》的问题恰恰在于,它将这些普世价值揑合在一起,从而让整部小说在道德认知与叙事所指方面无懈可击——无懈可击,恰恰意味着平面化,意味着随波逐流,意味着它完全没有为人类认识外部世界与内部世界,贡献哪怕一丁点儿新意。对于有丰富小说阅读经验的读者而言,这当然是一部缺乏震撼力的小说。

不过,当陈福民提及这部小说"严厉的内省气质",并指出"中国文学似乎从来都缺乏这种气质。或许也只有鲁迅在《狂人日记》《在酒楼上》等作品中流露过"时,我将之理解为一种抽离语境之后的借用。如果不是运用"雅/俗"的价值等级判别,我得说,一部好的流行小说,必须负载由

"纯文学"开创并厘定的追寻终极价值("绝对善")的使命(虽然是一种简约的平面化),以满足阅读者内心感动向善的需求。通常,我们允许"纯文学"在道德方面探索与质疑,甚至将"恶之花"凸显与放大,但流行小说则不被允许冒犯善恶的普世标准。

在中国,这个问题被放大了,恰恰是因为自鲁迅之后,中国小说对生活终极价值的探索问求,受到瞬息万千的社会变动与"文学工具论"政治要求严重的压抑。现实主义成为标杆与方向之后,很少有作家在小说中对人的内心进行追问与反思,作家通常是道德的、俯视的、上帝式的,这是一个共同的问题,无论是郭茅巴老,还是钱锺书张爱玲,莫不如此,"过于聪明"的中国作家,往往不敢或不愿面对自己的内心,左右可以在主义与趣味之中择一而从,讨得生活。路翎与萧红或许是两个异数,但他们缺乏抵达更深处的能力;沈从文或许是一种希望,但他的搁笔延续了中国文学缺少"严厉的内省气质"的宿命。

方法:阅读的谱系区分

陈福民在回应岳雯时,着重强调了"方法"。他究竟要说的是什么呢？肯定不是研究路径或理论框架。那么，是清理内心的阅读姿态？还是"文学世界观的构成问题"？因为弄不清这一点，我只好先说说我对阅读的看法。

由于历史的原因，"雅/俗"界线一度被全然泯灭。正如中国电影不曾建立过分级制一样，中国小说，从作者到评论者，都很少有划分领域的意识。这就造成了很多评论的错位，这背后当然是阅读期待的错位。

当他们批评金庸小说怪力乱神的时候，当他们批判王朔是"痞子文学"的时候，当他们说韩寒郭敬明尚未进入文坛的时候……错位就这样一直延续。一位朋友说，从美国的经验出发，将王朔当作一位文学家实在很荒谬，因为他一直致力于写作流行小说。事实上，《我的千岁寒》之所以大败，就是这位流行小说圣手试图向纯文学领域进军而不被接受；反过来，完全可以划入流行小说行列的《兄弟》，却在评论家们愤怒的声讨中被放大成一个文化现象。我觉得，如果区分不清，乱点鸳鸯的话，中国很难存在有效的文学批评。

孟繁华质问说，为什么只有乡村题材的小说大放异彩？我对此的答案是：因为目前评论界习用的批评方法，只对乡村题材、现实主义的写作方式有效，这反过来会刺激这一写作群体的创作与发表。这种形式上的繁荣从"打工文学"的发展可以看得更清楚：哪怕不存在有效的批评，而只是"发展打工文学"的需要，这一题材的作品就源源不断，这一领域的作家就层出不穷。

雅/俗文学发展了上千年，各自都形成了迥异的创作规范与阅读法则。如果不将作品放到适当的谱系中加以审视，难免方圆凿枘，胶柱鼓瑟。比如说，我以前猛烈批评过余秋雨的《文化苦旅》，现在想来，应该将他划入通俗文化读物，就不至于产生那么大愤怒——愤怒的根源，其实是余秋雨自己的一派昏话，什么在文化里安身立命，寻找中国文化的源流之类。再比如说，《色，戒》本来应该是一部边缘的文艺小众片，属于《午夜守门人》或《所多玛120天》那种即使在小众中也会引发伦理争议与审美分歧的影片。偏偏它借助政府投资、大片体制、李安声名、色情刺激等等一系列附加因素，莫名其妙变身为商业大片，引发了一系列误读与过度诠释。话题越说越大，最后不外落到"动机与效果"上。而动机与效果，均不应当由文本负责。在《色，戒》的讨论会上，这一点我和陈福民都有共识。

鉴于此，我不得不冒着乡愿中庸调和等一大堆骂名指出，"陈岳之争"，就《追风筝的人》本身而言，是大抵无效的。它是一部严格遵循流行小说创作法则创作出来的作品，并加入了作者自己的独特身份与异域经历，从而使它的成功可以被计算，被度量，被预估，被复制。同时，它的确可以为许多读者提供心灵的震动与慰藉，说是滋润他们的灵魂，亦不为过。按照吕微的"意义标准"说：意义不在于一种解释是否合乎真相，而在于这种解释是否能为社会发展带来"善"的结果。《追风筝的人》关于阿富汗的描述是否为真并不重要，重要的是它为人性对"善"的向往提供了一条坦途。虽然，那肯定不是岳雯想要的。

反过来，我们不应该将《追风筝的人》提供的这种"善"视为独一无二的文学创造。本雅明在《机械复制的艺术时代》中提出了"韵味"（aura，或译"灵韵"或"氛围"）这一概念，他对"韵味"的解释是："在一定距离之外但感觉上如此贴近之物的独一无二的显现"，并指出"在对艺术作品的机械复制时代凋谢的东西就是艺术品的韵味"。但是，这种复制，并非没有它的存在合法性，"由于它使复制品能为接受者在其自身的环境中去加以欣赏，因而它就赋予了所复制的对象以现实的活力"。如果阅读者能像陈福民那样，从《追风筝的人》照见了中国文学的薄弱与苍白，它本身就具有了超越一般流行畅销的意义。

总之，《追风筝的人》就像一剂完美配制的没药，这种中东出产的剂散,既是一种香料,也是一味药物。他们平常将它洒在屋中各处,以取悦妇女与客人;在需要的时候,例如基督就刑之前,他们将它与酒调和,饮下,可以暂时止住剧烈的疼痛。

知识女性最终都会质疑爱情

我带着些许厌倦翻开徐坤的《春天的二十二个夜晚》。这种厌倦来自于它肩扛的布老虎丛书牌号和书前的简介。布老虎是一个以煽情为己任的图书品牌,而本书简介中的关键字如下:一个女人,三个男人,不能忍受孤独和寂寞,互相睡来睡去,同居,做爱,真心,伤害,包裹,社会现象,期待,渴求。每一个词都指向都市言情剧的模式。不过,徐坤以前给我的印象不坏,我还记得《狗日的足球》《行者妩媚》。因此,我有理由期待徐坤不会把自己降到那么低的程度。

小说主角毛榛是一位作家,同时在读文学博士。在短短一年内(其实就是"二十二个夜晚"),她的身边换了三个男人。丈夫陈米松因为撰写论著过分疲劳离家出走并提出离婚;著名电视导演庞大固埃是她的第一个情人,帮助毛榛面对离婚后的失落,毛榛离开他是因为这个人对感情的游戏态度;之后她赌气般地与儒商汪新荃 AA 制同居,在小说的结尾她还是决定要离开他。很明显,这三个男人代表了生活的三种向度:陈米松代表国家机关人员和学者的生活,庞大固埃是文艺圈和娱乐圈的典型人物；汪新荃则象征着正在将自己高雅化小资化的商场生涯。而毛榛，一个上世纪八九十年代凭自己的努力在北京立稳脚跟的女人，就在这几个生活向度之间完成了她二十一世纪的都市历险。

"每一部小说都是作者的假面舞会。"这句话用来形容徐坤这部新作真是恰当不过。小说里充盈着作者和她周遭生活的气味，足以被同样生活于这个首都的读者体会和共鸣。这种真实感让这部小说迥别于浮泛的滥情之作。

小说的前半部语调平静。作者用抒情的笔调追怀着自己八九十年代对北京的向往和徜徉其中的乐趣。一对东北毕业的大学生，想方设法先后进了北京，在两地分居、筒子楼、楼道油烟、公共厕所中建筑着自己的梦想，正是八十年代"混在北京"的典型写照。平凡的生活中也有可爱的情趣，西三旗的独自闲逛，学院路上的高校舞会，白洋淀社调的精英荟萃，包括单身汉们的周末麻将，都洋溢着一种平和的、稳健的气氛。进入九十年代，北京的生活变得丰富多彩，人们的追求也开始有所区别。酒吧和外语学校占据了像毛榛这样的知识女性的生活，前者制造休闲情调，后者助推上进欲望。至少在精神上，毛榛几乎已经获得了她曾经梦寐以求的一切，加上美满的家庭（初恋成功＋共同奋斗，正是当年的完美婚姻模式），她是一个快乐而满足的女人。

丈夫的出走打断了这一切。几乎是一夜之间，毛榛变成了一个不幸的失婚女人。这种不幸反而将她推离了之前的生活，推动她向着变动不居的都市世俗生活坠落。庞大固埃的双重身份掩饰了这种世俗化的趋向：他是备受欢迎的电视导演，但又是一个出色的诗人（这个角色太理想化了），并且通晓浪漫的各种技法，他为毛榛打开了另一扇北京生活的门。毛榛把这个人当作药，是因为她承受不了突然从理想生活向现世的坠落，但是服这味药的前提是她必须将两个人的关系想象成一种纯洁的指向婚姻的爱情,而不是纯粹的情欲游戏。庞大固埃的花心滥情打破了毛榛的迷梦。她带着寻找替代和报复的双重心态搬进了汪新荃的家。为了维护自己再经不起打击的尊严，毛榛采取了AA制式的同居方式，"同居，就是睡觉不签约"。可是，又一次的失败早已注定，八十年代长大成人的毛榛博士，唉，怎么能够真正适应这种界限分明的新人类生活方式？汪新荃前情人谭小丽的出现只不过是个借口，习惯于投入感情的中年女子毛榛到底经受不起把人当药的新鲜尝试，她决定与汪新荃分手，就此放弃她根本不适应的世俗生活，因为她必须"守住一些东西"，毛榛的结论是："病人和病人之间是不能互相救治的。他们都应该期待一个健康的人来救治他们自己。她也必须学会耐心等待一个健康的人来救治帮助自己。"

其实，毛榛的感情历险表面上包裹着都市情欲的味道，内质却还是对爱情的不懈追索。那些似乎心满意足的知识女性，在都市生活中却不期然地处于弱势地位。她们无力制止身边男人的滥情和背叛，又没法真正将自己扔进奔涌的欲望洪流。她们的心中，充满了对生活的质疑和愤怒，徐坤在"题记"里发泄着这种情绪："总有一个酒吧里汇聚着人／总有一个单身女人家里半敞着门／我们的爱情哪里去了？"

这依然是一个很适合改编成都市言情剧的故事。但是我喜欢的，是其中对北京生活的描写，它们是如此地真实动人，即使你不喜欢那个追寻爱情的故事，这仍然是一本值得一读的小说。

该叫它们小说,还是故事?

王跃文的新作《梅次故事》和《亡魂鸟》看得我很郁闷。有一个以前思考过的问题又隐隐浮上心头:新文学的文类划分是不是到了该重新命名的时候了?

小说、散文、诗歌、戏剧四大分类一向是定论,《中国新文学大系》出版之前是否已经如此我不知道,之后肯定就已泰山不移。这四种文学体式的定义都来自西方,它们要处理中国的具体情况,又要维持内涵的自足性,就只能摒弃掉牺牲掉一些东西。倒霉的是通俗小说和旧体诗(当然还有已没有多少人作的文言美文和南调传奇)。也就是说,这些东西不被当作小说和诗歌,甚至不被当作是文学。在"新文学"的称谓不知不觉地被"现代文学"替换掉之后,这种排挤更是被掩盖得天衣无缝。

可是现今不同往时,你不能不承认《梅次故事》和《亡魂鸟》是文学,既然是文学,它们该属于哪个门类?当然是小说。可是,它们和我们习见的另一些小说是多么的不同啊。比如说,将《梅次故事》和卡尔维诺的《寒冬夜行人》摆在一起，其差别不见得小于它和一本诗集的距离。如果用英语来指称，《寒冬夜行人》是标准的 NOVEL（小说），而《梅次故事》就真的是一本 STORY（故事）。

说王跃文的书是"故事"，并没有贬低它们的意思。"小说"和"故事"的区分，只是在于承载功能的不同。讲述动人的故事，本来就是中国小说的传统。从宋元话本到明清小说，都以情节推动和白描叙述为特征。如果像胡适那样，用西方文学理论的眼光去看中国小说，就会得出"《儒林外史》结构太松散""《红楼梦》因为没有一个 PLOT 所以不是好小说"之类的结论。从这个意义上说，王跃文的书也可以称为"小说"，因为它们继承了这样一个传统。不过，既然我们几十年来都是用"小说"来代指西方格式的虚构性作品，还是区别清楚，把王跃文式的小说称为"故事"的好。

故事的特点，是叙述全由一个个的事件组成，环环相扣，<u>丝丝</u>相连。根据这个特点，很容易寻找到《梅次故事》和老祖宗《官场现形记》之间的渊源。它们的区别在于，《官场现形记》是站在局外人的立场讽骂交加，希望本书能给日益腐败的官场"一个殷鉴"；《梅次故事》则有很强烈的代入感，朱怀镜必须在官场中敷衍折冲、媚上和下的无奈处境，被解释为只有这样，他才能留在有利的位置上，为老百姓真正做点事。曾经在谈歌、刘醒龙的小说反复强调的"分享艰难",又一次巧妙地重现在王跃文笔下。王跃文让朱怀镜处处体会到居高临下的成就感,却又不断滋生出违心行事的悲剧感,将这些行为是否合理合法的辨析,转换成主人公感情的挫折和诉求,并且使这个年轻的高级领导既拥有勃勃的野心,又在关键时刻保持经济廉洁和感情自律。实际上是提供了一个圆滑处世通晓官场手段又能为民做主奉公守法的"好官"范本。这样,《梅次故事》就拥有了官场小说的双重功能:既揭开了普通民众渴盼探知的官场内幕,又为愤慨官场黑暗的读者提供了心灵抚慰。

如果说《梅次故事》这样的套路是王跃文的拿手好戏,那么《亡魂鸟》简直就是王在挑战自己。作者自述,这本书的起因是对青春恋情的怀缅和对与官场有染的"奇女子"的痛惜。这是一些能够创作"小说"的动机,可是王跃文的故事写法推翻了他的初衷。他甚至尝试采用复调的写法来设置一种时空交替的效果,以摆脱单线推进的叙述模式。可是没有用,整部小说仍然是一个个事件的联结,我的阅读感受是,就像是一部笔记的时尚改写版。看起来,陆陀是一个叙述者,维娜是另一个叙述者,两种叙述的纠缠在复杂性上让王跃文的单线故事体发生较大的变异。但王跃文没有舍弃他钟爱的全知视角,依然是代书中人物表达他们的所思所想。这减轻了读者思考的负担(这恰恰是"讲故事"必需的方式),但也取消了读者想象的空间。要命的是,在我看来,《亡魂鸟》的诸般故事实在缺乏笔记体小说应有的新鲜和奇异。尤其是最后的车祸,等于是将一桶灾难彻底地泼到了女主角头上。这种苦情戏的写法让人想起《食神》中周星驰吃那碗杂碎面。"失败,失败……失败中的失败!"

历史小说的壳,官场小说的核

王跃文的转型?

《大清相国》据说是王跃文杀入历史创作的"转型之作"。小说写的是顺、康之际的名臣陈廷敬,从莘莘学子历经宦途坎坷,终于成为康熙朝谋国重臣的历程。版权页上的图书定位是"长篇历史小说"。长篇、历史、小说,"长篇"没得说,48万字。"历史"就存疑,终于还就是"小说"比较靠谱。

王跃文是"官场小说的一面旗帜",而今却换个码头讨生活,总让人疑心他整了容换了头面,葫芦里卖的还是旧药。四十八万字一一过眼,预见果然不谬。何以证之?我在2001年,曾为王跃文的《梅次故事》写过一篇书评,其中一些断语,完全可以移作《大清相国》的评论,如:

"朱怀镜必须在官场中敷衍折冲、媚上和下的无奈处境,被解释为只有这样,他才能留在有利的位置上,为老百姓真正做点事。"

"王跃文让朱怀镜处处体会到居高临下的成就感,却又不断滋生出违心行事的悲剧感,将这些行为是否合理合法的辨析,转换成主人公感情的挫折和诉求……实际上是提供了一个圆滑处世通晓官场手段又能为民做主奉公守法的'好官'范本。"

"这样,《梅次故事》就拥有了官场小说的双重功能:既揭开了普通民众渴盼探知的官场内幕,又为愤慨官场黑暗的读者提供了心灵抚慰。"

只需将"朱怀镜"换成"陈廷敬",便与《大清相国》若合符节。这充分说明,这部小说的内核仍然是王跃文驾轻就熟的"官场模式"。

然而且慢,官场小说的核,历史小说的壳,一鱼两吃,世上哪来那么便宜的事?《大清相国》必然会遭遇"戏说历史"的质疑。

何必非要学历史

听过一位史学家当面质问王跃文:你写此书,用了多少时间看史料?王跃文老实答:一年多,基本史料都看了,但二手居多。史学家曰:能多看两三年就好了。

不能说王跃文没在史料上下功夫,一年多时间,能读完陈廷敬作品、《清史编年》康熙朝、《清史稿》相关传记,已经颇不容易。再有两三年工夫,最多不过将有关档案看一遍,但是典章、制度、称谓、名物、场所、景致……这些组成"氛围"的东西,没有基础的人,十年工夫也未必摸得清。

偏偏历史小说,人物可以虚构,性格可以重塑,心态也可以悬想,这些硬伤却万万犯不得,因为它们会将读者从"真实想象"中抽离出去,从而将苦心营造的阅读氛围毁于一旦。这便是历史小说的难写之处(金庸武侠为他人不可及,这是很重要的一点)。如果你非要说:我的历史小说就是写给没文化的人看的,反正他们也看不出任何"硬伤"。如此不负责任地抬杠,何不干脆归顺"玄幻"阵营?

然而,要真让有志于历史创作的小说家都去下十年苦功,俟河之清,人寿几何?我看就没有这个必要了吧。但是小说家和出版商应该依照西方惯例,请一位研究该时段的学者,为书稿把关,虽然会增大前期投入,却也能增加作品的美誉度,仔细算算,还是划得来的。

官场小说一脉相传

"有没有官场文学"一直是当代批评界争论不休的命题。我的看法是:王跃文为代表的官场小说,与李伯元、吴趼人为代表的晚清谴责小说一脉相传,如前所说,既满足了读者的窥隐心理,又抚慰了受众的愤慨之情。只要官僚体制存在,潜规则不废,这种文学样式一定存续不绝。

鲁迅在《中国小说史略》里批评谴责小说"辞气浮露,笔无藏锋",这句话移来评论如今的官场小说,也算贴切。《大清相国》里的人物,其实都算单面,无非是利益驱动,陈廷敬、明珠、索额图,加上一个伺机而动的高士其。在他们斗法的过程中,史称英明有清第一的康熙,反而显得耳软心活有如唐僧。叙写历史人物尽可自出机杼,但这样的康熙,明显是为呈现忠奸斗法惨烈而牺牲掉的角色,其作用大致相当于传统戏台上的"昏王"。

另外一点,《大清相国》也很像晚清谴责小说,即笔触虽及于朝廷上下,《官场现形记》却是写佐杂小吏远精彩于方面大员,《大清相国》则是写具体事务颇见精神,写经国大计虚头巴脑,明显是作者兴趣不在于宏观的历史思考,而在于"世态人情"的刻画。

应当指出,王跃文的官场小说,包括《大清相国》,对于前人的谴责小说有超越之处。鲁迅在《小说史大略》(《中国小说史略》前身)里比较《官场现形记》等小说与"真正的讽刺小说"《儒林外史》区别时,指出谴责小说"共同忾悔之心少"。李伯元自诩《官场现形记》是一部"官场教科书",意即此书可以匡正人心,话里话外,都是把自己先摘出来的。小说作者不去体会书中人物的内心甘苦,只是一味讽时骂世,痛快是痛快,深度却有限。

《大清相国》能够设身处地体会陈廷敬的难处:为什么明明知道山东巡抚枉法徇私,仍然不能参他,只能保他?这就涉及法家所谓"势""术""权"等政治思想了。参,不但是不能救济山东灾荒,反而会把自己赔进去;保,虽然不能逞快于一时,却可以达到自己想要救民水火的目的。两相权衡,陈廷敬选择后者。这样的举动从儒教道德评判来说,近于"自污",确实不是一般的"清官""能吏"可以做到的。《红楼梦》里借宝二爷之口批判的"文死谏"的"直臣",也是断不肯自污的。陈廷敬能为百姓承担生前身后骂名,确可称为大勇。

而中国传统政治运作的复杂暧昧之处,就在这些地方,陈廷敬超越不了,几百年后的中国社会,仍然超越不了。《大清相国》对此没有评判,似乎是对陈廷敬寄予同情。一部官场小说数十万言,不仅仅与读者一起宣泄痛骂,而能留下这么一个让人掩卷三思的问题,总算不白费了读者的眼力与工夫。

农村大学生走上了欲望之路

"官场小说"一词起自南亭亭长李伯元的《官场现形记》。当年此书风行天下,紧跟着以"官场"命名的书足足有一百多部。鲁迅独取其中《官场现形记》《二十年目睹之怪现状》《老残游记》《孽海花》,命名为"谴责小说"。这种用来替代类型化分类的共性描述,对于当时的官场小说来说基本适用,因为"谴责"是这些小说的共同姿态。而且这种谴责从某种角度来说是作为消费对象提供给身在"洋场"的读者的。按照鲁迅的说法,就是"中国之谴责小说有通病,即作者虽亦时人之一,而本身决不在谴责之中。倘置身局内,则大抵为善士,犹他书中之英雄;若在书外,则当然为旁观者,更与所叙弊恶不相涉",于是"嘻笑怒骂之情多,而共同忏悔之心少,文意不真挚,感人之力亦遂微矣"。鲁迅持精英主义文学观,对此大不以为然。实际上这正是官场小说能够一纸风行的重要因素。作者置身谴责之外,读者理所当然也就不会因主人公而产生替代想象,"第有谴责之心,初无痛切之感",反倒可以从阅读中获得一种道德优势,所以这些小说虽然"辞气浮露,笔无藏锋,甚且过甚其辞",有些甚至就是官场笑话的集锦,仍然能满足当时对满清官场异常失望又无力拯救的广大读者的阅读期待。

官场小说重新作为一种类型小说登上中国文坛,不过是这十余年的事情。粗分一下,我们见过的官场小说大致有三类:一类以张平的《天网》《抉择》《十面埋伏》为代表,对官场的叙述是为了"揭露黑暗,昭示正义",因此笔锋饱含感情,也很容易激进读者的道德义愤;一类以刘震云的系列单位小说(《一地鸡毛》《单位》《官人》)为代表,用自然主义的手法叙述机关里一地鸡毛的琐碎事件,背后包含一种犬儒主义的和光同尘的理想,折射着知识分子身在官场却缺乏交际技能和关系资源的恐慌与无奈。还有一类,近三四年才比较多见,如刘醒龙的《秋风醉了》《挑担茶叶上北京》《分享艰难》,谈歌的《大厂》,更近的有《国画》《羊的门》。这类小说的作者对官场的种种异象怪态,没有道德层面的批判,也比较少外在的想象和猎奇的色彩。他们的姿态比较低调,通常将自己放在主人公的同等地位,从平视的角度来抒写这些小官吏们的荣辱沉浮,苦辣酸甜。他们中的大多数人自己在机关干过,深知在那样一种环境"形势比人强"的艰难和偶然。在这里人性不是突变的,而是一步步随着现实地位的变迁和野心的膨胀而走向扭曲。他们笔下的主人公一般不是处级县级以上的大官（不像张平等动辄写到省委），是因为他们能切实把握住这些数目众多而又野心勃勃患得患失的小官吏的心态——这通常也是一个作家自身生活经验决定的。胡适曾经感慨李伯元不能专心去写那些他熟悉的"佐杂小吏"，是《官场现形记》水平参差的重要原因。现在的官场小说作者，比他们的前辈要聪明得多。

我新近读到的此类小说中较佳者是《欲望之路》，一个农村大学生向上爬的奋斗故事。

按照当时的常规，邓一群大学毕业的出路是回县城机械厂去当一个普通技术员。可是他凭借不屈不挠的努力和不择手段的做法，留在了省机械工业厅，开始了他的上升之路。他为了留城而向同乡的退休高官下跪，又为了打通关系违心地与高官的遗孀上床，他不喜欢肖如玉，却千方百计要娶她，因为她是高干子女，可以帮他铺平官场道路，这桩婚姻还可以冲淡他身上的农村色彩。邓一群对于小保姆葛素芹和乡村医生叶嫒嫒的态度，可以被指责为玩弄女性，但是这种道德声讨毫无意义，邓一群并没有利用职权去诱骗她们，他只是为了上升的野心不敢将她们真正纳入自己的生活。作者强调两位女性的无悔无怨，又表明邓一群的不乏真诚，无非是想表明在官场这样一个庞大的绞肉机中，人是怎样因为欲望而丧失了原本质朴善良的心性的。邓一群是爱他母亲的，但是因为他母亲实在太不适合他在都市的新生活了，他拒绝再让母亲到城里来，以免失礼于他依傍的岳家，而邓母也十分配合地安居在乡下，邓的兄弟姐妹则将鸡犬升天的希望寄托在他一人身上，这又赋予邓一群在官场上的不择手段忍辱含耻某种基于亲情的合法性。所谓"欲望之路"，实际上是一条堕落之路（按照官场外的看法），然而这些欲望并不是自明的邪恶，基于"农村/贫穷/被歧视"等基点而激发的欲望，反而可以使读者对邓一群有一份无奈的同情。相对于单纯的道德化批判和自怜式的"分享艰难"，这种写作路向包含更丰富的歧义，似乎能够更好地呈现官场复杂的"原生态"。

如果要为邓一群寻找"精神兄弟"，于连和拉斯蒂涅是恰当的选择。不过，和王朝复辟时代巴黎的外省青年相比，邓一群显得过于早熟了，他的向上心态似乎从毕业时起就没有变过，逐渐成熟的只是他的技巧。邓一群如何从未涉世事的农家子变成"打进巴黎"的小官吏，被作者放进了叙事的"前史"。用福斯特的说法，邓一群是一个性格从头至尾没什么变化的"扁平人物"。这在很大程度上简化了叙事，因为人物已经固定，读者面对的只是一个个接踵而来的事件和人物地位的变化。这不是《欲望之路》这一部小说的毛病。在思想姿态有了巨大变化的同时，这类小说比起晚清的官场小说来，人物塑造和叙事上几乎没有太多的进展。尤其主人公生命中的情人和朋友，符号化倾向极其明显。尽管在官场小说的序列里，《欲望之路》之类的作品能给我们带来相当多的新鲜感，可是从小说的角度审读，我们始终难于将之归入好小说的行列。

上半截"爱国",下半截"个人"

"反腐小说"现在蔚为大观,卖得也好。其原因我想得很简单:腐败过程是很刺激的,反腐行动是很紧张的,反腐结果是很解气的。一部反腐小说能写成这个样子,兼具抚慰人心和娱乐大众两大功能,想不好卖都难啊。

在老那的《生死海关》里,以上要素全有,尤其他写的是南方,写的是海关。南方海关是什么地方?日进斗金,肥得流油,这些词都难以形容其间有多大的利税空间,交易余地。你只要看书中所写:南村海关走私骗税案发以后,专案组让海关成员自首,受贿五十万以下都可以回去上班!这么大的利益面前,会有多少人铤而走险,以生命作赌注,保卫他们的腐败果实,也可想而知。用"生死"两字加诸"海关"之前,决非虚言,这简直就是为故事的惊险万状跌宕起伏峰回路转水落石出打了十足兑现的保票。

就读者期待和市场销量而言,这已经足够了。不过我还要提到的是这部书的另一面——也许和畅销、消遣无关的一面:它的个人主义趣味。

孙立诚这个人,既不是清正廉明刚直不阿的传统清官形象,也不是热衷名利世情通透的向上分子。事实上,他一直在盘算着调离海关这个别人求之不得的风水宝地。所以,他对待工作也就有些吊儿郎当得过且过。这太能让人理解了,一个不安心本职工作的青年还能怎么样呢?至于他与众多女同志的暧昧关系,看作都市时尚的直写亦可,看作作者添加的情色调料亦可,反正这样的人,这样的生活,在那个繁华得有些疲惫的都市中并不鲜见。

只是造化弄人,相对淡泊的孙居然得到了南村海关这个最大的肥缺。以下的篇章,就自然而然地转入了惊心动魄的腐败曝光和反腐败斗争。因为孙立诚的位置,腐败分子几乎动用了他所有的社会关系对他进行围攻。与读者对一个反腐英雄的期望相反,孙立诚稍微挣扎了一下就"同流合污"了。他对属下的胡作非为睁一只眼闭一只眼,还亲自带郝杰上京搞掂了让这个奸商大发其财的垃圾处理批文。孙唯一洁身自好的表示就是只让商人们埋单,决不收钱,用他的话说,出了事也只是"负个领导责任"。我们在后面看到,这一策略十分奏效,它让孙不仅没有随程忠应一起倒掉,反而在反腐败中大显身手,成为南州海关关长的候选人。这种写法当然不如《抉择》中的李高成那样满足痛恨腐败的读者的道德激情,可是据我对社会粗浅的观察,《生死海关》的叙述更为可信。当腐败是一个避无可避的大环境时,个人就不可能活在真空中,要么离开,要么毁灭,要么妥协。孙立诚的小小腐败反而让这个人物有了更高的可信度。

不管是不是出于抚慰读者的写作心态,作者给予了孙立诚的道德瑕疵一个很好的理由:为了爱情。他帮郝杰是因为郝的妹妹若尘是他的未婚妻,帮阿文是因为他们之间有真挚的感情,还有甄由美,因为她是孙的初恋情人,尽管她已经泥足深陷,孙对她仍然试图挽救。从畅销书接受学来说,我们必须为作为英雄的主人公寻找一种能为大众接受的道德立场,这样才能为读者喜闻乐见。也许孙立诚的情种形象有这种考虑的因素,但是从另一个角度看,在时下流行的反腐小说模式中,一个主人公不疾恶如仇,不大公无私并大义灭亲简直是不可想象的,而孙立诚居然将男女感情放在某些道德原则之上,不能不看作是作者的个人趣味主义自然流露。书中的另一些描写,比如教授嫖妓被抓,释放的理由居然是"这是你们那个园子里人的传统"!据我看来,作者的指导思想,可以用302页的末一句话来概括之:"对不起领导,这年头儿,有什么能重要过个人幸福的呢!"

爱国主义话语(反腐倡廉,国家利益至上)和个人主义话语（追求幸福和快乐）就这样奇特地纠缠在本书之中，又组合成了一个奇妙的整体，赋予了一本畅销小说提升其品格至关重要的真实性。两种话语，就如人的上半截和下半截，联手将一幅情欲混织的都市浮世绘呈现在我们面前。

足够类型,未够游戏

期待一个,来了一排……

对《风声》的期待来自《暗算》,尤其是《捕风者》那部分。读者期待看到一个与《捕风者》同样精彩的故事,不料,麦家却给了他们一排故事……

首先是作者"我"与潘教授的故事。虽然不能判定这是一个虚构的故事,但是我相信那是虚构出来的。"我"的真实身份,以及把即将讲述的故事称为"《捕风者》的原型"只是为了增加疑幻疑真的写实效果——对于类型小说来说,读者的投入是非常重要的,只有他们相信(或故意相信)故事的真实性,脉搏与故事诸角色的跳动同时跳动,阅读才能到达最佳状态。

接着,正文开场,日本人和张司令要"抓匪",而"匪"就在有限的四五个人当中,用什么方法从中找出"老鬼"?这是一重疑问。"老鬼"又如何将秘密会议信息已被截获的情报传递出来?这是另一重疑问。故事是以这两重疑问为经,对疑犯的试探、审讯及疑犯之间的互斗为纬，编织而成的一个大局。怀疑、撤销、再怀疑、再撤销……最终，肥原也没能找出"老鬼"是谁，而情报居然也传了出去。直到看到上部《东风》的"后记"，一切才真相大白。就类型小说而言，这已经是颇为精彩的设置。

但是慢着，小说还有下部《西风》，故事中的主角之一顾小梦突然重现，完全颠覆了以上的叙述——这时我们才发现，"我"的出现不仅仅为了提高故事的可信度，故事还必须借助"我"才能实现顾小梦和潘老之间的较量。就像《罗生门》的经典架构，顾小梦讲出了另外一个故事，原来当年斗法的不仅是日、共双方，国民党方面也一直在每个细节周边游走。而且，顾小梦的叙述还牵扯出了裘庄藏宝案，以及肥原、王田香的前世恩怨，甚至《东风》开头提及的西湖未被日机轰炸这一闲笔，居然也被这一干人谋夺裘庄财宝有着密切的关系！

麦家显然是更为精心地编织着这部小说的布局，大的架构用的是时下流行的圆形叙事，中间设一谜、解一谜的情节环环相扣，很容易理解这样的小说为何会带给大多数人阅读快感，这种快感不来自语言或人物，而是来自人类天生的猜谜乐趣。它挑战的不是读者的文学感觉与鉴赏水平，而是逻辑推断的能力，以及单线思维的阅读习惯。作者不是万能的，作者也是故事中的一个角色，他也是通过一步步地深入了解，才能得知事实的真相。

可是，作者最终还是给了读者一个确实的答案。这正是类型小说的特质：它自有一些不可超越的规范，包括正邪双方的明确设置，以及邪不胜正的圆满结局。不妨说，《风声》以一种貌似超越与颠覆的写法，满足了类型读者的阅读期待。

未臻高段的杀人游戏

麦家自己交代，《捕风者》的灵感来源之一是"在北京盛行一时的杀人游戏"。另一个来源是《尼罗河上的惨案》这类"密室小说"。麦家认为二者同源，"都是在一个封闭的环境里寻找凶手"。这种理解虽不算错，却没有抓住杀人游戏的精髓。

一般人知道的，是杀人游戏的简单版，即设置警察、平民、杀手三种角色。这个游戏最大的吸引力在于：每个人都可以向所有人指控他心目中的杀手，并通过分析、举证、游说，以多数击败少数的投票方式将其处死。而在一切的密室小说包括《风声》中，虽然嫌疑者也可以互相指控，最终的判决却总是"圣心独断"，波洛或者肥原，真凶的唯一使命是骗过这个裁判者，当然，因为裁判者被设定成故事中最聪明的人，所以骗过了他们，也就骗过了所有人。

《风声》中的顾小梦看出了李宁玉的身份，那是借助了别的线索。因此整个故事，仍是李宁玉与肥原的"对决"。当然，杀人游戏中的警察若联合起来，基本也能主导对凶手的指控，但平民在游戏中，决不像金生火、白小年那样无所作为，控制不好的，平民联合起来把警察处决掉的事也发生过。

而杀人游戏的升级版，更是竭力发挥着每个人的能动性，增加了医生、狙击手、花蝴蝶、森林老人等角色。医生每夜可以选择一个人救，如此人正好被杀，则可以不死；狙击手可以每夜杀掉一个他认为是杀手的人；花蝴蝶可以通过拥抱别人，将自己的命运传递给别人；森林老人则有禁止一个人说话的权利。种种设置，无不是为了赋予每个人不同的权利，让每个人独特化，从而让局面更形复杂。

如此看来，《风声》比起高段的杀人游戏，复杂性和紧张程度都还有差距。

类型小说的超越

据报道,麦家有意将自己的创作与蔡骏、天下霸唱的作品区分开来,超越"为悬疑而悬疑"的阶段。这当然是一种可喜的努力。

以我的观感,《风声》仍未摆脱类型小说的桎梏(虽然它在此范围内做得不错),提供得仍是浅层面的阅读快感。读完全书,如同沐了一次足,虽然畅快,却无心得。

如果麦家满足于做快餐文化,现在这样就相当完美了。如果有进一步的追求,可以挑剔的地方还很多。

比如,从《风声》的情节设置来看,麦家有心将自己对近代历史的理解与把握,投射到这部小说中去。肯定国民党的间谍工作,将国共特务一体看待,自然是对一般人历史观念的反拨,但这种情势的复杂,当中因果的纠结回环,其实是没有充分展开。

如前所述,细节的真实感异常重要,无论是对类型小说还是一般的现实主义叙述。但《风声》在细节上颇有瑕疵。如张司令既然乡试全省第一,他就是举人,而且还是唐伯虎那样的"解元",说他只是老秀才未免太打击人了。又如简先生"左"的标志是近来喜欢读《小说月报》《语丝》,在故事发生的1941年，这两份刊物都已经停刊九年或十一年了，难道简先生是旧刊爱好者？

要突破类型小说的窠臼，我以为，最重要的改变在于引入日常生活的描写，在日常生活中刻画人物，而非一味大癫大闹，紧锣密鼓。以西方侦探小说为例，类型描写的最高境界大概是麦家取法的阿加莎·克里斯蒂，而我认为超越了类型的，是以梅格雷探长为代表作的西默农。西默农在梅格雷处理一桩桩案件的过程中，对巴黎世俗生活的描摹、对一个个下层民众的刻画，让他的小说置身于任何等级的文学作品中，都绝不会赧颜。自然，喜欢西默农的读者，不会像克里斯蒂的粉丝那样多。

风声已起，想必会继续吹下去。往哪一个方向吹，我们且拭目以待。

旧书新读：武侠三变

古龙曾说："我们这一代的武侠小说，如果真是由平江不肖生的《江湖奇侠传》开始，至还珠楼主的《蜀山剑侠传》到达巅峰，至王度庐的《铁骑银瓶》和朱贞木的《七杀碑》为一变，至金庸的《射雕英雄传》又一变。"这话基本勾勒出了武侠小说自旧而新的发展轨迹。正好这段时间几位作家的作品都读到了，不妨来谈一点新的感受。

还珠楼主：《青城十九侠》

《青城十九侠》在还珠楼主的作品中声名仅次于《蜀山剑侠传》，风格大致相仿，写青城派收取的十九个资质颇高的弟子如何入门及修炼的经过。结构上采用顶针式，是自《儒林外史》以来长篇小说喜用的谋篇方式，却是胡适等学者极力反对的，因为不像西方小说那样有个PLOT（重点）。还珠楼主的写作方式是前现代的，用今天的眼光看来，"武"既不够精彩，动不动就是白光一道，人头落地；"情"又几乎绝缘；《青城十九侠》中的主角，个个都是秉性纯良的至孝之人，为了修炼成仙，大多断了男女之情。

还珠楼主的魅力既不在"武"，又不在"情"，至今仍光芒闪耀的是作者海阔天空的想象力，青城山中的怪兽奇人，四川苗疆的奇特风情，上天入地的神仙法宝，《山海经》中断了的传统似乎在这里得到了延续，以至徐国桢干脆称之为"神怪小说"。也正是在想象力这一点上，现代武侠小说家笔下的海外仙岛，深山奇遇，都逃不开这位前辈的影子，这一传统的延续，多少给我们本来枯燥无味的现实生活带来一丝亮色。

王度庐：《宝剑金钗》

《宝剑金钗》《卧虎藏龙》《铁骑银瓶》是王度庐的"三部曲"。写得最好的是《铁骑银瓶》，可是我更喜欢《宝剑金钗》。两者的不同，正如《倚天屠龙记》与《神雕侠侣》的区别。《铁骑银瓶》以边塞风光与江湖仇杀取胜，中间又融合了韩铁芳与玉娇龙相逢不识的母子隐情、韩与春雪瓶的男女恋情，但或者正因调性太复杂，反不如《宝剑金钗》的简洁可喜。

一个外省青年李慕白，赤手空拳来到京城，凭宝剑和拳脚闯天下，在武艺上北京没有他的敌人，何况还有小贝勒和德大爷的照拂，他最大的敌人，是他内心的骄傲。孟思昭何尝不是如此？他隐姓埋名，在铁小贝勒府做一个马夫，忍不住要和李慕白动手，被认出来又要逃掉。两个外省青年的惺惺相惜，终于造成了孟思昭的为友舍身，李慕白、俞秀莲的男不娶女不嫁。有人概括王度庐的风格为"悲情"，但这悲情不在于男女之爱的有因无果，更多着落于浪子漂泊的无根，与英雄不得志的悲愤无处说。

朱贞木：《七杀碑》

说"变"，《七杀碑》有两点是之前的武侠小说没有的。一是回目摆脱了对仗的束缚，多用口语，如"新娘子步步下蛋""陈大娘的纸捻儿"，开了古龙、温瑞安等人的先河；二是"附会史事"，之前的武侠小说，时、地、人都不会太清楚，而《七杀碑》的主角都可以在野史里找到，大背景正是张献忠入川。这也是梁羽生、金庸等"历史武侠"的滥觞。有人说《七杀碑》是"新派武侠小说之祖"，有人却许它为旧派武侠小说的殿军，大概因为它还是旨在塑造英雄群像，不甚注重个人的刻画。

不过我比较看重的，是它抒写的历史本身。张献忠大杀川人，生民殆尽，以致清初"湖广填四川"，这样一件改变半个中国居民分布的大事，在《蜀碧》等笔记中记载颇多，鲁迅的杂文中也屡屡提及，但从无一部文学作品真正涉及这一五百年来最酷烈的大惨案。《七杀碑》可谓填补了一个空白。可是它的立场，却完全站在"农民起义"的反面，杨展、雪衣娘等人，其实就是后来曾国藩式保乡自卫的"团练"。这本书出版于1949年，可以想见它在中国大陆后来的命运。

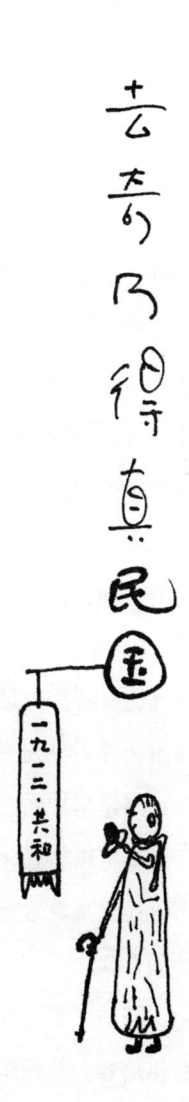

去奇乃得真民国

一九一二・共和

去奇乃得真民国

我总是说：我们向历史要什么？我们索要的历史面相，其实折射的是我们当下的欲望与焦虑。"民国热"也不例外。

民国的"传奇化"，是意识形态游移与窥私欲共同锻造的现象。袁世凯、蒋介石、林徽因……几乎成为胡适所谓"箭垛子"式的人物，风云想象与浪漫幻景都集中地投射到一个/一群人身上。

民国的"异域化"，是试图将民国变形成某种"神话国"，树起一面现实的哈哈镜。中央研究院、西南联大、"民国范儿"乃至北洋政府……军事外交经济多无足夸的民国，却以其相对的政府弱势与个人自由，成为批判当下社会的话语资源。

民国的"现世化"，则是精神偷懒的典型病征。理解不了那个并不遥远的时代，却可以将它化解为一个个简单离奇的段子，使用流行语言讲述出来。这与"丑化前朝"的意识形态惯例倒构成了隐约的合谋。

这些对民国的异化，都基于当下的阅读欲望。正如国产电影，作者与读者也互相培养，互相塑形，直至形成一批创作—传播模式,共同在主流社会知识图景上,构造出一个奇幻诡异的"民国"。

不过,只要上述这些真实的精神需求没有消泯,想借助对学问的认真与表述的生动,实现民国叙事出版与传播的"良币驱逐劣币",扭转而今出版市场上泥沙俱下的局面,恐怕还只是一个美好的愿景。

"民国热"的正能量,或许在于人类尤其中国社会对历史的天生迷恋,总会催生出愿意认真理解民国,并感知民国与当下社会制度、习俗、风尚、心态之种种联系的一批读者。这至少能引致民国叙事出现高、中、低多个层次。近几年,一批出色的民国研究者被推到前台并赢得喝彩,是一个可喜的变化。

只是,如何打破事实与思想、史料与叙事、专业与通俗之间的种种鸿沟与局限,还需要更多的探索、更多的坚持与更多的沟通。

我们什么时候变成了龙的传人?

网上有篇文章叫《龙图腾是七零后》,有点儿标题党的意味,不过,如果我们大而化之一点,将抗日救亡时期闻一多等知识分子创造出来、但未能真正推行于民间的"龙图腾",等同于"龙的传人"这个为全球大多数华人认同的身份符号,那么,确实可以说,"龙的传人"只是与我一样的七〇后,比我还小五岁。

因此,我们这一代人正好经历了"龙"在中国乃至华人社会的全面回潮与建构的过程。1978年美国与台湾地区"断交",台湾地区一片悲情气氛,侯德健基于此,创作了《龙的传人》。不想这首歌很快传遍全球华人圈,引发强烈共鸣。只是,在传唱过程中,这首歌明显被过滤了原初的情绪,而被传唱者与受众注入了"中华民族"的"百年悲情"。

我是在成都的小学课堂上学会这首歌的。对于我们这班小学生来说,"龙的传人"是一种不言自明的固有的知识。中国不就是一条巨龙吗?所有黑眼睛黑头发黄皮肤的中国人不都是"龙的传人"?这有什么问题吗?我们当然不知道"龙的传人"最早的政治挪用,是被当时台湾的代理新闻事务部门负责人宋楚瑜用作向军训学生训话的题目,就像很长一段时间,我们也不知道罗大佑等献给世界和平年的《明天会更好》,曾被国民党挪用作为选举口号一样。

1983年《龙的传人》作者侯德健回到大陆,这让当局可以更方便地挪用这首歌,将之变成对全球华人的召唤,"龙的传人"和"炎黄子孙"相辅相成,同样用一种神话的形式,遮蔽近代以来的整个民族的分歧与离散,整合全球华人的认同资源。1988年龙年春晚,之前在大陆经历亦有坎坷的侯德健现场演唱这首歌,是这种挪用与整合的巅峰。

仅仅指出这种挪用并非目的,我们更应该思考何以一首歌,一个说法,会有偌大的魔力?能够激发全球华人对于"同祖同族"的认同感,以至于2000年王力宏翻唱此曲,以ABC(America Born Chinese)的身份又赋予了这首歌新的识别意义。与侯德健版相比,王力宏版已经删去了"百年前宁静的一个夜……四面楚歌是洋人的剑"("姑息的剑"是政治审查的产物)那段悲情歌词,但增加了"别人的土地上我成长,长大以后是龙的传人"的"ABC宣言",不管它是唱者的真情表白或是市场策略，王力宏版的大行其道，证明它作为一种叙事，在22年之后仍然有效。2012年王力宏受邀在龙年春晚上演唱这首歌，更增大了它在八〇后、九〇后中的影响力。

官方借用、市场流行、受众认可、渐成传统，《龙的传人》的经典化只是一个标志性事件。回头看，"日本侵华期间，出于爱国主义的时势需要，热心学术救亡的知识分子强行糅合'龙'与'图腾'二者，生产出一个唤做'龙图腾'的想象共同体、一个有'教育价值'的'谎'"（《中国龙的发明》），卅年之后"中国龙"重登宝座，两者之间有无勾连？

而相隔卅年的这两次"中国龙热"，其文化心理基础，源自整个近代，西方一直将"龙"作为中国的代表，他们丑化也好，攻击也好，在这种他者不断的指认与形象化之下，中国人自己也渐渐接受了"龙"作为民族的共同象征符号。施爱东在《中国龙的发明》里指出，在现代中国社会将"龙"视为封建帝王的标志，日益淡漠其符号意义的同时，欧美与日本的华侨仍在使用龙旗，并作为春节这一华人代表性节日的最佳符号。在海外华人社会中，"西方指认"与"自我认同"在"龙"这个符号上已经合二为一。当政治力量需要整合全球的华人认同时,还能找到比"龙"更顺手、更有影响力的符号吗?

但这并非意味着"中国龙"没有反对者。在我的成长历程中,对"龙"的认识出现反转与颠覆,缘于1988年那部电视政论片,那里面找了好几个学者谈龙,对"龙"完全是否定性的描述:龙是凶恶的生物,我们民族居然用这么凶恶的生物当作图腾,这说明我们的民族多么落后和野蛮!这种叙事当时也是哗一下就传播开了,大家觉得"龙"代表黄土文明,在与海洋文明的搏斗当中它必然会输。现在回头看来,如果把这些话画出来,就是西方近代漫画的中国版,就是一条老态龙钟、奄奄一息的龙,怎么样被西方远来的勇士,打倒、征服与改变的过程。如果你愿意,甚至可以将整部电视片改名叫《龙殇》,黄河本身就是龙形象的一个源头。当时我年纪虽小,但是也感到很振奋,觉得是啊,我们应该拥抱蔚蓝色,我们应该抛弃封闭的、保守的黄土文明,去拥抱整个海洋。

因此在20世纪80年代,整个中国、整个华人圈对"龙"的认知与传播,都充满着纠结而艰难的心态。因为龙纹在皇家生活中的广泛应用,"龙"被西方人视为中国的象征符号,后来又由于近代的中西冲突,被描绘成一种丑陋凶恶的生物,正如《中国龙的发明》作者施爱东的概括：到了西方用坚船利炮轰开中国大门的19世纪，西方漫画里的中国龙往往是各种中国元素的滑稽组合，象征着中国形象在西方主流社会想象中的变迁。"中国龙"的每一次出现，都会将中国的丑陋形象推向一个新的高度。

近代以来，中国人面对"龙"，情绪十分复杂，各种文化心态战作一团，既有传统社会对权力的崇拜（明清时平民禁止使用龙纹，但百姓们会在死后往丧服里塞一套龙袍），又有对西方丑化"龙"的悲情回应（清末的留学生大抵对龙纹或龙旗深恶痛绝，认为是清王朝的象征），还有寻找"龙的传人"之类民族共同象征符号的冲动。

2000年之后，有学者陆续提出，不应该将"中国龙"与"Dragon"对应，而应该音译为"Long"，以区别于西方文化传统中固有的凶恶残暴的喷火龙形象。只是，考察近代以来西方主流社会中的"中国龙"想象，就会发现，西方社会并非因为"龙"与"Dragon"的互译才对中国发生恶感，而是对中国"野蛮""落后"的定位，让原本在西方社会颇为时尚的"中国龙"，演变成了被王子、骑士与女神用剑砍、用锤打，或一堆代表性动物（鹰、牛、熊……）蚕食瓜分的大怪兽。

西方文化下的 dragon

　　这种种的细节与变化，在《中国龙的发明：16—20世纪的龙政治与中国形象》一书中，被梳理得近乎残忍的清晰。一位九〇后女孩问我：为什么要了解"中国龙"？仅仅是为了掌握一些冷门的知识吗？我说不是，如果你不了解这条"中国龙"，是怎样从历史的深处游来，被斫杀至伤痕累累，鳞片间满是硝烟与血泪，蛰伏多年，突然又被人涂脂抹粉，奉上神坛，或是揭开疮疤，指为怪兽，你就无法了解中国。

近日《经济学人》有一期封面专题是"What China wants"（中国要什么），而配图正是一条中国龙，凝睇着前爪中抓着的地球。与近代西方漫画的中国龙相比，《经济学人》封面上这条龙不算丑陋凶恶，反而说得上威风凛凛，不过，中国龙锋芒毕露的眼睛、半张开的嘴、用力的爪，仍然表现出贪婪与兴奋。这条他者眼中的中国龙，正反映了当下西方对中国的重视、疑惧与不安。

《经济学人》封面

1988年春节联欢晚会上，主持人蔚华问侯德健："你说中国人为什么对龙这么情有独钟？"侯德健回答说："十二生肖里，其他十一种动物都是上帝创造的，只有龙是中国人自己想象创造的,希望中国人在龙年里有更多新的创造。"侯德健说的,也对也不对。"中国龙"是中国本土的产物,却在中西方大棋局的风云幻象里,不断地上演着"变形记"。

《中国龙的发明:16—20世纪的龙政治与中国形象》,施爱东著,生活·读书·新知三联书店2014年6月版

老中国幻影显形

历史的图像叙事

"用影像为辛亥革命做编年史",是编著者刘香成对《壹玖壹壹》一书的定位。如是,则"影像""辛亥革命""编年史"该是本书的几个关键词,值得一一考量。

陈平原教授在《以"图像"解说"晚清"》一文中曾言:"长期以来,我们更为信赖文字的记言记事、传情达意功能,而对图像,则看重其直观性与愉悦性……设想历史学家突出奇兵,主要靠图像说话,不是不可能,但绝非易事,因为这牵涉到图像制作过程的追踪,画面构成方式的解读,图文互动关系的阐释。"

正如陈平原所说,文字也好,图像也罢,甚或古早遗留的实物,均非"自然呈现","有赖于整理者的鉴别、选择与诠释"。相对于百变千幻的史家文字,图像叙事看似更为直接,更为真实,然而从拍摄者的选材、拍摄时地的限制、图像信息的确定,直到整理者的选汰、解读的倾向、图像意义的固化，一部图像史，照样歧义丛生，同时也妙趣横生。

正如刘香成引用之巫鸿对弥尔顿·米勒的解构：这位美国摄影师聘用了一些中国人做演员，一会儿扮成满洲人，一会儿扮成汉人，一个女子一下子扮演并坐的正室太太，一下子又成了侍立的妾，"每张照片都有详细的注解，给人以满族人或汉族人正襟危坐拍照的错觉，其实很明显是同一中国人穿了不同官阶的清代朝服"。对于一位只恋慕东方风情的西方观众，这种"摆拍"或许不算什么，他只要看到了想象中的异域风貌即可，但对于希冀从图像中追索、还原历史情境的读者，晚清社会最重要的几大分层：满汉之分、官民之别、家庭伦理之固化，都在这些照片中被颠倒、混淆得让人啼笑皆非。《壹玖壹壹》中收录的摄影家（机构）共有三十九位，还有不少的佚名作品，其中有多少基于米勒式的乌龙摆拍，年代久远，人物众多，无从索考，只能说，选图、读图时，必须留意类似的大大小小的陷阱。

应该说，用图像还是文字来呈现与梳理历史，是两门不同的手艺。逆推刘香成先生以图像作编年史的用意，图像之于文字的优势自然显而易见，而且较之浩如烟海的文字档案，图像尤其是影像的搜集与汇总，难度又可以倍数计——毕竟摄影的历史是如此短暂，在《壹玖壹壹》记录的年代，它甚至还被视作一种巫术般的奢侈爱好。

但是，身处读图时代，我不想从"文字本位"出发来讨论图像成史的不易，而是反过来，相对于有些泛滥成灾的"老照片热"，图片寻求的广泛与谨严，图片选择与摆放的匠心独运，图片排列与分辑的历史意识，才是编著者史才、史学、史识的体现，也是这些散落四海的历史碎片，能够借助编著者的慧眼妙手，构成一幅总量有限而意指无穷的"历史拼图"的关键所在。

以我之见，图像史较之文字史，其劣势在于无法面面俱到，受制于材料的获得，抽象结论方面也无法比肩文字，但其优长，在于延展性：往近处说，图像能产生更亲切的观感，更有冲击力，让人直接感受到历史现场的氛围；往远处说，图像的可阐释性更大，往往同一帧图，持不同观点的论者能赋予截然相反的解释。刘香成说"希望这本影像集可以用看得见的方式，为研究现代中国史的历史学家提出的观点作一点补充"，事实上，任何观点都可以从这些影像找到所需的补充，然而，如果将《壹玖壹壹》作为一个整体加以考察，那就不仅仅是"补充"的问题，图像历史叙事，也有自己的立场，自己的观点。

这就意味着，图像叙事的历史，比文字的历史更直观，但又更隐晦，更清晰，但又更模糊，更固定，但又更多义。我觉得，这正是图像历史引人入胜之处。

西人眼里的中国之变

为何选择"辛亥革命"作为这本影像史的中心事件，委实用不着费心解释。任何时期任何立场的史书，都不会否认辛亥革命对于近代中国无与伦比的重要性。然而《壹玖壹壹》并不仅仅注目于辛亥，也不按照通常以1840年鸦片战争为开端的近代史则例。它选取了上迄1856年下至1928年的时段。

1856年是第二次鸦片战争的开端，如果说十六年前沿海之战只是让清帝国感到了外敌耀武扬威的痛楚，第二次鸦片战争中英法联军兵临北京城下，并焚毁了作为帝国权力尊荣象征的圆明园，世代相传数千年的"天下观"终于崩塌，中国终于迎来了"世界的中国"，而且发现自己处于世界体系的边缘。

1928年则是军阀内战的一个终结。这一年北伐成功，东北易帜，灾难频仍的中国达成了名义上的统一——这一点或许可以与"辛亥革命结束清帝国名义上的统一"构成对应关系。然而《壹玖壹壹》并非旨在成为政治史的图解,比起政局风云来,它更关注的毋宁说是社会的变动:一个老大帝国是如何渐次走向现代的。

《壹玖壹壹》选取的第一张相片,是一座古老的贞节牌坊之下,两个西方人,四名中国人或坐或立。西方人洋洋自得,其中一个站的位置最高,手扶着牌坊,另一个则悠然自得地单独坐在牌坊的另一面,旁边一个人也没有。中国人都偏到了图景的左边,他们明显是脚夫与村民,表情麻木,中国男子的位置都比西方人更低更后——或许这帧照片在1850—1870年间的拍摄只是一个偶然,但讲史者将它选成《壹玖壹壹》的第一张图,其隐喻意味含蓄而深远。外国人的形象与象征中国传统伦理秩序的贞节牌坊格格不入,但他们骄横的闯入是神情麻木的中国村民无力改变的事实,而且,中国的性别秩序(这是最典型的传统秩序)在西方人眼光的关注下产生了微妙的改变:无名的女性开始显现,而且获得了某种超越同族男性的可能——不管你是否同意以上解读,纵观全书,"西方人眼中的中国之变"是一个恒定的命题,这也正符合1856年之后中国在世界体系中的位置与自认。

中国古代贞节牌坊

这种微妙的改变，时时出现在中国现代化的进程之中。在第 193 页，一张放大至整页的照片中，我们看到的是老中国司空见惯的"打板子"：两个男子按住一个男子，并将他的长衫掀起露出屁股，另一名男子手持板子正要打下。由于行刑者穿着便服，受刑者也没有褪去长裤，我们可以判断这并非衙门的刑罚，而是某个家族内部的执法。但如果不是阅读说明，我们很难想象这是 1900 年一位"因责打妻子而受罚的丈夫"，长期在史书中被定格为老中国至高无上的"夫权绳索"在此露出了松动的痕迹，个人权利与男女平等不仅存在于法典之中，它还进入到了生活之中，尽管可能只是个案，但确实也标志着"家族社会的古老司法基础逐渐瓦解"，否则我们很难设想十多年后会骤然出现风靡全国的"人的解放"。

这就是图像史的好处，一张图片，固然只是史海微尘，从中却可以窥见起于青萍之末的微风。第258—259页的跨页照片，几乎是单枪匹马地诠释着"辛亥革命"的宏大命题。这是1905年在桂林举行的公立学堂运动会。著名记者莫理循拍了开幕式的情景：充斥着大部分画面的是来自各间学堂的学生，从稚子到青年，一律身着日式士官生服，旗色鲜亮，干净利落，甚至脑后的辫子似已剪去，而左边一隅，被长绳拦在场外的府县官员，身着补服，胸挂朝珠，虽亦兼有老少，尽皆显得拖沓颟顸，目光也比学生们呆滞。这张照片传递的信息，与日后辛亥革命的态势若合符节，旧官吏与学生、新军，成为各地革命进程的决定性因素。

如果说，以上几张还只是拍摄者的用心良苦，被编著者给予了合适的大小与位置。那么，第378页与379页的两张图片并置，就完全是编者的史家意识使然。左边的照片大约摄于1920年，标题是"祥和的北京市街"，俯瞰的画面不知是东四还是西四牌楼，宽阔的大街，有轨电车、人力车、行人各不相扰,让人仿佛能听见叮叮当当的电车铃声与洋车夫不服气地揿铃的交响。右边一张,也摄于1920年代,废帝溥仪站在故宫千秋亭侧的房顶,从这里远远地望出去,大概恰巧能望见左边图像的一角。禁宫里的宣统帝此时在想些什么? 1922年胡适会见溥仪之后,曾有诗曰:"百尺的宫墙,千年的礼教,锁不住一个少年的心!"

如果读者愿意的话,还可以与第322—323页的那张《准备南下武汉的清军部队》对看,远景也是一座牌楼,一长列新式装备的士兵从远方逶迤通过宽阔的长街,他们几乎都剪去了辫子。两旁的民众沉默地夹道观看,全无表情。时间,地点,十余年间的变易,以诸图为基础,再看辛亥,该有什么样的感喟? 每个读史者自有所见。

颠覆与印证:历史中的面容

2007年侯孝贤导演来北京,聊起风传他有意将《合肥四姊妹》搬上大银幕,他摇摇头:"我本来是想过……这次特意去了安徽,非常失望,觉得不可能,因为我已经找不到民国人那种脸了。"

虽然还不到一个世纪,但我们的面容已确实不再中国。

记得看过一条资料，说日本人的脸自从"二战"之后，五十年来小了一圈，专家说可能是饮食习惯改变，西式食物需要的咀嚼较少之故。

即使我们将目光限于《壹玖壹壹》这本书里，你也能清晰地看到政权、社会、风俗的变化，对国人的面容、体态影响之大。本书作序者之一周锡瑞教授敏锐地观察到了这一点，在谈到清末十年新政对中国的影响时，他指出："从照片中，可以看到这一时期年轻士兵在制服、姿势、体态各个方面与此前清朝官兵长袍阔袖、肩膀耷拉的形象反差巨大。"

要知道我们这些读者并非来自外星，我们的记忆并非真空——辛亥革命研究是显学，有关晚清至民国的影像资料也汗牛充栋。每个人或多或少都会从以往的阅读中建立起对那个时代、那些人物的直观印象，它们或者同样来自历史图像，或者来自新拍影视，而《壹玖壹壹》以相对海量集中的影像信息，对我们记忆中模糊的画面来了一次正面进攻，它印证，或颠覆着我们对一个世纪前的图形认知。

如果说弥尔顿·米勒的摆拍手法让他镜头下的人物更符合读者的"想象"而非历史现实，那么那些有名有姓的人脸更有着无比的冲击力。第72页的"两广总督刘长佑"，面容黑瘦如田中老农，反不如可能是米勒找来假扮贵妇的老妪（第73页），更像今日被清宫剧影响的公众记忆。而第190页真正的广东农夫，又让人诧异于他的典型，草鞋、烟锅、布衫纽襻，袒露的腹部，焦灼而平易的脸，粗短的手指，一百年来这个农民的形象从未更易，改变更多的或许是"上层人物"？

鲜活的面容不因时势、意识形态的变动而改易。1906年之后的山东民间武装（第254—255页），仍然是义和团式的穿着与兵刃，辫子盘起，中立一人鬓边还簪了一朵红花。由是我们知道簪花并不只是《水浒传》里的风俗，而各省独立后会党们的戏装游行、头插绒球，也不是独出心裁，而是渊源有自。而第296—297页图片的解说，就未免显得张大其辞了，那"七个爬上墓塔的人"，赤身裸体，肌肉坟起，跟山东的习武者并无二致，并不因为此照片摄于1909年的武昌，就说明"清末新思想的引进，让更多人认识到强身健体是改变命运的途径，遂聚众练习传统武术"。新思想与尚武精神之间，有联系，但并不表明民间的习武传统也因此与新思想建立了逻辑关系，否则也无法解释庚子事变中的民众狂乱。更说明问题的是第272—273页的全页照片"日俄战争期间，占领东北的俄国军队将领与中国少年合影"，那两位手持鸟铳与钢叉的中国少年，分列在一群俄军将士两侧，脸上神情，倒比俄人更为勇毅果决。日俄战争中东北的助俄助日矛盾，以及双方为此报复，死人无数，在传说中还刺激了鲁迅的弃医从文，以为国人亟需改良的并非身体而是精神，这张照片给了我们某种佐证。

也并非全都是"变"。铁血时代，面对死亡，是最残酷也最动人的瞬间。在中国的史传体系中，死有轻重勇怯之别。但影像一路看下来，不管是甲午战争中在平壤被日军俘虏的中国士兵，还是庚子事变时被八国联军斩首的义和团员，又或是"临刑前的黄花岗烈士"（第316页），被斩下的武昌首义三烈士的首级（第317页），影像中的死者或濒死者，都是一般的神情，木然，沉寂，让人倍感相对于目的与主义，死亡总是更为恒久如常。

洋镜头形塑老中国

正如刘香成在书前序言中的交代，这部"可以看见的历史"本身就带着近代中国的鲜明特点：对准老中国的，大半是"洋镜头"，而这些镜头后面站着的，"基本是外交官、商人、军火商、冒险者和旅游家这几类人，只有屈指可数的照片是职业摄影家拍摄的"。"中国及其民众有时被塑造成异国的、粗鲁的，有时（西方人）把自己描绘为英勇的"，这大概是所有殖民主义光照下的后发国家的共同命运。

如果我们撇开关于"政治正确"或"东方主义"的争议与禁忌不谈，只是观察近代以来的洋镜头对老中国的形塑，一个悖论出现了：在将中国带入"现代社会"的革命发生之前，西方摄影者摄入镜头的其实是老中国社会的"常态"，但在偏重异国情调的择取中，这些"常态"被当作奇异、神秘的景象被存留下来，如斩首、肉刑、牌坊、小脚、繁重的服饰，都是这一时期洋镜头钟爱的题材；而当革命发生之后，老中国摇身一变，成了"现代社会"亦即西方社会的某种翻版，则它的"异端"又被强调与放大了，西方摄影者更喜欢在这个似乎正在苏醒的睡狮（这个比喻并非来自拿破仑，却在近代深入人心）身上发现它与西方社会趋同的成分，它的新式建筑，它的新式政治人物与新式军队，传教士在内地，留声机在穷乡——还是那句话：老中国终于自愿或被迫地，成为了"世界"的一员。当它自外于"世界"时，它是一片充满神秘色彩的异域，当它进入"世界"，它是一个后发的、充满可能性的现代国家。

这正是洋镜头形塑的老中国，一个从衰朽走向新生的国度。但《壹玖壹壹》能告诉我们的，绝不仅止于此，通过那些场景，那些细节，那些面容，老中国穿越时空，在我们面前"幻影显形"。为我们完成这哈利波特式魔法的那根魔杖，正是那散落在世界各地，又被一一收集撷拾起来的影像。

《壹玖壹壹：从鸦片战争到军阀混战的百年影像史》，刘香成编著，世界图书出版公司 2011 年版

当大门口站着陌生人

新星出版社的于飞,人称"全中国最美的营销主任",世界杯期间给我发微信,却是要我校一本书。"我们想出一个完美的版本,希望您能挑挑错"。

书名?《大门口的陌生人》。哦,那不陌生啊。

这是一本老书。我们来定位一下。

这本书的副题是"1839—1861年间华南的社会动乱",是一本由博士论文修改而成的史著,英文本初版于1966年。它的作者,是与孔飞力、史景迁并称"北美汉学三杰"的魏斐德(Frederic Eva Wakeman Jr.)。此书出版时,魏斐德才廿九岁。

做过博士论文的人都知道,你的初衷,与最后的成品之间,可能会隔一帽子远。比如我自己当年是感兴趣于"五四运动为什么在北京而不是在上海发生",然后就从"五四"倒着往前摸啊摸啊,最后是把北京舆论史摸了一遍,重点落在了《京话日报》和《顺天时报》身上——这两种报纸,正是"五四"一代希望打倒的对象。

魏斐德的初衷，是想发现"太平天国运动兴起的社会根源"。有人说过，中国近代史基本上是"广东人造反，江浙人出钱"，广东出的两大反王，洪秀全和孙中山，两者之间有没有关系？他们俩和广东这个地域社会，又有没有关系？

广东自古的叛乱不少，为什么选1839年开始？因为这是鸦片战争的前一年啊！此后一系列的社会动乱，都是中西冲突的大背景下发生。

我们中学教近代史，一开篇就会谈到"三元里抗英"，你有没有想过，三元里抗英究竟是怎么回事？这场事件中，官府、乡绅、村民、土匪、洋兵，各自扮演了什么样的角色？三元里到金田再到黄花岗，中间的关系是什么？

我猜你没有想过，因为中国大陆的中学历史，只教知识，不教思考，全是知识点，背起来痛苦死了。

魏斐德面对这个问题，他使用了哪些材料？《筹办夷务始末》是一定的，华南各地地方志也要，这算是中文的必备材料，材料上他比国内学界优胜之处，在于引入大量英国外交官和海军军官的回忆录和报告，这样，敌对双方的说法都有了，才能讲一个完整的故事。

是的，前面说的这"三杰"，都是讲故事的高手。《大门口的陌生人》从纵轴上说，是第一次鸦片战争到第二次鸦片战争，魏斐德用时间的轴线整合了社会重心，将之分为四个阶段，你一看就明白：

第一篇：三元里：爱国主义的政治（1839—1841）

第二篇：大门口的陌生人：抵抗的政治（1842—1849）

第三篇：叛乱与反动：地方主义的政治（1850—1856）

第四篇：被占领的广州：合作的政治（1857—1861）

拥有十三行的广州，被称为清帝国的南大门。随着"大门口的陌生人"步步深入，整个华南社会也在调整他们的因应措施。政治嘛，就是管理众人之事，上次读邻有位MM说一看"政治"二字就头疼，可是一讲社会的事情，就不得不谈政治。

这本书的最初中文版，是1988年中国社会科学出版社出的，市面上早买不到了。十六年后，跟杨过小龙女一样，所有的相遇都是久别重逢。

做完这本书，于飞就转去了读库。祝福她，这位眼睛大大爱买东西的姑娘。

《大门口的陌生人》，〔美〕魏斐德著，王小荷译，新星出版社2014年7月版

珠江口外，那艘蓝旗船

"虎门口的一阵枪声，蓝旗国的外洋船到港了。"

他们来干嘛？打仗？这可是雍正十年，西历 1732 年，据历史记载，中国和欧洲近代第一场战争还在 100 多年之后。做买卖？这艘船，船型，旗号，看着都眼生，何况，如今已快过了贸易的季节！

虽然满腹狐疑，粤海关引水员还是让这艘船进了港。"这些洋人显然是第一次来广州，大都环顾四周，眼神中透着新鲜和诧异。"在接下来的三四个月中，这些洋人坐舢板来到黄埔，在洋行买办的帮助下，建立了岸上仓库，并与各洋行展开了一系列的买卖活动。

这是瑞典王国与大清帝国的第一次贸易行为。就在前一年，瑞典才成立了东印度公司。这应该是本土离东亚最远的一个东印度公司。在接下来的 75 年中，瑞典东印度公司共发往亚洲 135 个航次，其中 132 次发往中国。"从利润率角度看，瑞典东印度公司是瑞典历史上至今为止赢利最好的企业，从来没有一家瑞典公司打破过由瑞典东印度公司创造的赢利记录。"

因此,这次贸易对于瑞典王国,以及瑞典东印度公司派来的大班坎贝尔(一个刚加入瑞典国籍的苏格兰人),十分重要。可是,对于中国方面,这不过是早已开展的中外贸易的一次复写,"看上去,他们和英咭唎国、法兰西国、红毛(荷兰)国的其他西洋贸易船,没有什么区别"。

在我看来,这正是《雍正十年:那条瑞典船的故事》讲述的那段历史,最有意思的地方。一方是初来乍到,他们要适应新的市场,新的法则,同时要坚持自己的利益;另一方已有成例,一切都将有条不紊地进行,他们不会为一艘新船而打破规范。

在瑞典人与广州洋行的交易过程中,发生一些"平常"的事情:洋船水手醉酒后放枪,惊扰了正在广州举行的"秋闱";在接见瑞典大班几天后,主管中外贸易的最高官员、粤海关监督祖秉圭因为贪墨而被明旨锁拿,两名与祖关系亲密的行商也被羁押审查;认为翻案机会来了的外洋大班们,纷纷趁机向广州总督衙门告状,要求免除10%的进口税。

除了发生在同一时段,上述诸事与瑞典船来广州没有任何因果联系。虽然行商被拘似乎对瑞典人的生意造成了一点儿影响,但事实上他们反而利用商人的不妙处境买到了便宜货。总之，这一切甚至不构成一个大的"事件"，它只是上百年中外贸易史上一个常态的剖面。

不过，这正好凸显了十八世纪中外贸易里的"日常生活"。在三四个月的时间里，大班、行商、通译、差吏、官员，还有隐藏在幕后的遥远的北京皇帝，诸般人物在这一场贸易中扮演着份量不同的角色，在人物活动的背后，或隐或现着近二百年前中外贸易的整套程序。借助中国和瑞典各自保存的档案相映照，作者澄清了过往研究中一直模糊不清的行商、保商制度，以及在著名的马戛尔尼使团来华前，朝廷如何羁縻和敷衍那些来华贸易的洋人：让他们寻找各自的通译和保商，如果出事，通译和保商将遭到处罚。这种制度造成了至少两个后果：一、好人家的子弟都不愿意干保商和通译；二、洋人渐渐发现，无论他们做什么，都不会遭到报复——板子和枷锁只会落到中国人身上，所以他们想尽方法向中国官员传达他们对税收和管制的抗议，只是，很难找到人帮他们写中文状纸，而他们面对的中国官吏又总是装聋作哑。

至此，我们不难发现，为何已有上百年对外贸易历史的老大帝国，在多年后的战争中，仍以对欧洲国家的无知令世人震惊。如果中国政府没有意愿去了解这些"外夷"的情形，他们完全可以通过圆熟的制度将所有的信息拒之门外。雍正十年的断片,足以让我们对中西学界喋喋不休的"两个世界的相遇",有一种更为明晰的认识。

在阅读和书写历史时,我们往往容易关注一种社会形态的开始、中断、终结,或期间重大的事件和变化。日复一日的常态,总是被忽略、被删削、被隐藏。而曾经风靡一时的《万历十五年》那种写法,入口虽小,背后却仍然是"大历史"即总体历史的观念,事件之间因果的联系,未免过于强烈了。

日常生活史的写作,其实在西方学界已经算不得"另类",而是近二十年骎骎然有成为大宗甚或主流的趋势,证明之一就是据说这股潮流已经出现了"危机"。而在中国,就研究实践而非理论引进而言,仍然是一种新兴的创举。

因此,对日常生活的描述,对常态个案的关注,反而成了众多历史书写中的另类。在喜欢借助阅读历史著作回看世纪风云的读者看来,或许无奇便不应成书,日常生活史的研究与书写,不免让这样的宏大阅读期待一拳打空,然而,在细节与常态的咀嚼之中,自能轻轻触及历史皮肤的体温。

《雍正十年》作者的原意,也许是想强调"中瑞贸易史的第一遭",然而对于中国本位的读者而言,他们的感受和二百多年前的广州行商并无二致,这只是历史上一次不断重复的个案。不过,正因为它的普通,它的不断重复,反而让我们从中窥见了往昔的平常。

《雍正十年:那条瑞典船的故事》,阿海著,线装书局 2006 年版

如果世上只有英文

这是一套一听名字就想入手的书,这是一套一旦入手就不肯放手的书。因为它为你打开了另外一个世界。

时局图

三月底我到合肥,去看李鸿章故居,展览图片里有一幅

"肢解中国怪物",北极熊山姆鹰高卢雄鸡约翰牛骑在一条龙身上分割其肉。这幅图与我们熟悉的那幅《时局图》非常相似,因为符合近代史"侵略—反侵略"的叙事主线而广泛传播。

然而谈到中西交往,我更喜欢用另一幅《寓意画》(出自《图画日报》),画面上,一个西洋人居左,一个中国人居右,两人相隔不过咫尺,却各自拿着一个望远镜互看。我觉得这幅画充分说明:让我们感觉遥远的,不是物理距离,而是心理上的暌隔。

畫 意 寓

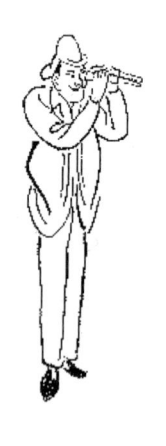

新智識之襍貨店

寓意画

作为19世纪英国几乎最好的新闻画报,"世界上第一个成功地以图像为主要特色来报道新闻的周刊",《伦敦新闻画报》自1856年开始,向中国派遣特约画家兼记者。

为什么是1856年?《伦敦新闻画报》创刊于1842年,1840年英国军舰在中国沿海初次开炮时它没赶上,而1856年,中国在二月发生了西林教案,一名法国传教士马赖被处死。六月,攻占了南京的叛乱者打破政府军重镇江南大营,让清政府快速敉平这场叛乱的企图落空;九月,反政府军内部发生动乱,第二号人物杨秀清被杀。进入十月,发生了与英国相关的大事"亚罗号事件"。一个有新闻敏感的编者不难预感到,中国将进入一个多灾多难的时期,同时那儿也将成为新闻的宝库。

一扇门的开启不会只带来单向的流动。鸦片战争打开了中国的大门,同样也为伦敦带去了更多的中国。在报道1856年的"炮轰广州"之前,《伦敦新闻画报》上已经出现了篇幅不少的中国报道(在本书中占据了124页)。关于中国本土情形,《伦敦新闻画报》多引用其他报纸如《中国邮报》《陆上邮报》的报道,图像基本是依据中国传回西方媒体的照片或绘画重新绘制,研究者乐于引用的"明朝服饰的清军士兵"等令人骇异的画像多出于其时。

1842年，伦敦海德公园角"以前所未闻的速度建起了一个奇特的房子"，当房子建成后，人们发现它用于展览一位美国绅士的私藏，这位美国人在中国生活过十二年，热衷收藏中国的古董藏品，因为这栋建筑被命名为"万唐人物馆"。《伦敦新闻画报》对这次展览投入相当的热情，这家创刊未久的月刊用了"太长"的篇幅来描述与赞美这次展览："一件物品就足以抵得上一整页的文字描述。参观者就像是看到了活生生的中国人，只要再运用一点想象力，就可以随这些中国而去，或在他们中间生活。即便是对于青少年，或一个不愿意关心时事和钻研事物的人来说，在'唐人馆'参观一小时要远胜过研读成篇累牍的普通书籍，足以使他对那些被满人所统治的亿万中国留下一个具体而永久的印象。"《伦敦新闻画报》的赞美，显然与这份刊物以图像为本的编辑方针遥相呼应。

是的，没有比图像与实物，能让人更快地了解与想象一个陌生的文明了。犹记童年时爱读《丁丁历险记》，埃尔热让小记者丁丁带着懵懂的我们，将20世纪初期的世界周历了一遍，人物、服饰、器物、风土、习俗、地理，无不精细入微。三十年后，读到《永远的丁丁》《我与丁丁》等埃尔热传记，才知道他为此投入了多大的精力去搜集各国有关的照片与图画,也了解到小记者丁丁后面站着一个多么庞大而精细的西方报道传统——这两者的结合,才保证了《丁丁历险记》几乎做到了"无一图无来历"。

《伦敦新闻画报》的记者一旦进入中国,他们寄回的图像与报道,至少保证它的读者想象中的中国图景,不再是道听途说,奇幻诱张,即使是天书一般的中国文字,记者有时也能描个八九不离十。他们对中国同行的技艺颇看不上眼(尤其当他们绘画的对象是西方的事物),多次称之为"奇怪":"中国画家善于画那些对于透视角度要求并不严格的画面,如禽鸟、昆虫、水果和花卉"。这一点很符合鲁迅对《点石斋画报》画者吴友如的批评:"对于外国事情,他很不明白,例如画战舰罢,是一只商船,而舱面上摆着野战炮;画决斗则两个穿礼服的军人在客厅里拔长刀相击,至于将花瓶也打落跌碎。"中国画报的这种局限,有技法的问题,但更重要的是新闻意识的缺乏,因为在《点石斋画报》等中国时事画刊中,绘画者与报道者是分离的,绘画者只是根据报道文字再加上自己的想象,与《伦敦新闻画报》派出资深画家兼记者,不可同日而语。不过,西方记者也不排斥"根据一位中国画家的作品"来进行二次绘制,如"中国的订婚仪式"(第151页)或"囚犯的头颅放在笼子里示众"(第186页)

这种不太常见的场景。

《伦敦新闻画报》的记者也会传回一些大概他们觉得典型又有趣的中国"漫画"（这个中文词当时根本没有），但内容与说明可能风马牛不相及，如"关于英国水手的一幅中国漫画"（第208页），画面上是一个奇形恶状的怪物，鼻孔里喷出烟雾。如果世上只有英文，我们一定会诧异而又肯定地想：原来到1857年，中国人还是在这样想象英国的水手啊？

关于英国水手的一幅中国漫画

然而事实上,这幅图上配有英国人看不懂的中文报道,内容为:

> 此物出在浙江处州府青田县,数十成群,人御之化为血水,官兵持炮击之,刀箭不能伤。现有示谕,军民人等,有能剿除者,从重奖赏。此怪近因官兵逐急,旋即落水,逢人便食,真奇怪哉。

我估计这是当时某种中国画报上"聊斋"式的报道——类似的图文在《点石斋画报》中就很多。不知道《伦敦新闻画报》的记者被哪个中国人骗了,居然以为上面画的是"英国水手"!

这套书里,有无数类似的好玩细节,尤其是报道图文之间,用画笔如实记录与带有偏见(跨文化的必然)的叙述之间,构成的冲突与张力,让人在阅读时津津有味,且不时发出会心的,有时也带点儿苦涩的微笑。

总之,作为今日的中国人,应该感谢《伦敦新闻画报》,用画像为我们保存了一个古老的中国,同时,它也记录了西方认识中国的过程。《读书》以前登过一篇文章叫《如果世上只有中文》,说如果没有西方文字,历史会将英国书写成一个早年称臣纳贡，后来狼子野心的叛逆。反过来，如果世上只有英文，则我老大帝国，也将在人类的历史记忆中，经历一个从"神秘的东方"到"野蛮的东方"的变形。这大概是我们如今在看片看剧时，越来越喜欢双语字幕的原因吧？

《遗失在西方的中国史——〈伦敦新闻画报〉记录的晚清1842—1873》，沈弘编译，北京时代华文书局有限公司2014年1月版

一切只为了抵达最底层

我关注《京话日报》与彭翼仲，是很偶然的机缘。在北京大学中文系读博的头一年，跟导师讨论论文题目，突然冒出一个问题：《新青年》创办在上海，当时最西化的中国都市也是上海，为什么新文化运动与五四运动的发端，不在上海，而是北京？

这个问题，想着想着就换成了更实在的形态：新文化运动与五四运动既然发生在北京，那么这座城市的都市性格/文化生态/舆论环境，对于形塑这两场近代史上的重要运动，有着何等影响？

基于这个问题，就开始关注北京研究，从都市史、文化史到舆论史的材料，都在我的阅读范围之内。这样就碰上了彭翼仲与《京话日报》。

在一般历史、文学研究者的知识框架中，彭翼仲的名气不大，知道的人很少，甚至远比不上他的儿女亲家梁济，当然更不如他的姻侄梁漱溟。其中原因，大概是大陆的近现代史研究，政治上主流是"共和—革命叙事"，文化上主流则是"五四—启蒙叙事"。而彭翼仲、梁济则是改良—立宪这条线上的人物。梁济的名气稍大，多半是因为1918年的一死惊天下，而且进入了新文化人物如陈独秀、徐志摩的叙述，其子梁漱溟后来的成就也不无助力。

新闻史研究者知道《京话日报》的人当然多一些，但这份报纸也长期被归入"保皇—立宪"派的序列，而且近代新闻史的叙述，本来就重南轻北，研究者目光多注于上海。这样一来，彭翼仲与《京话日报》的功业便被遮挡于主流叙述之外。这也是为什么当我逐步进入这段历史时，心头会有强烈的震惊与不平。

这种不平，梁漱溟先生在上世纪六十年代撰写《记彭翼仲先生》时想必也有。如梁先生所言，彭翼仲是"清末爱国维新运动中一个极有力人物"，"凡自幼居住北京而年在六旬以上的老辈人，一提到'彭翼仲'三字，大概没有不耳熟的"。跟北京的民众记忆相比，主流历史叙述却要冷淡得多，"我今天查阅那些讲到中国报纸历史的各书，或则漏掉不提，或者止于提及报名，或虽则言及某报被封、某人被罪，却又错谬不合。至于其所从事的社会运动曾有若何影响成效，就更无只字道及"。

大概正是激于这种冷遇，梁漱溟先生写下了《记彭翼仲先生》这篇长文，对彭翼仲的一生事业做全面的梳理。彭翼仲既是梁漱溟的谱叔，又是姻丈，上世纪二十年代梁漱溟甚至还接办过一段时间《京话日报》，他的描述自然亲切可信，眼光独到。我那时一边读《京话日报》，一边看梁先生的文章，受益匪浅，博士论文中有关《京话日报》的章节，便大抵按照梁漱溟的思路进行叙述。

其间有一两篇文章在刊物上发表，突然收到一封贵阳来信，却原来是彭翼仲的嫡孙彭望苏老师所寄，信中很欣喜于我对《京话日报》的研究，并称将择日来北大图书馆看《中华报》，希望与我见一面。

记得是一个冬日的清晨，在北大小南门外见到彭望苏老师，脸上依稀还有乃祖的几分神情——这当然是想象，彭翼仲留下的照片并不清楚，但看他传记中，"为人豪侠可爱，其慷爽尤可爱"的性格特色让我印象很深。彭望苏老师也是很爽直的人，我们也没有叙什么闲话，主要谈的是关于《京话日报》，然后我带他去北大图书馆。

彼时北大图书馆旧刊室进行整修，本来据说要关闭半年到一年。我们这批博士生大抗议，因为倘这成了事实，论文便是无源之水无根之木，大家休学算了。后来是在三楼书库的角落辟了一块出来暂用。

旧刊室的管理员老张,因为平时日日来看旧刊,已经很熟了。彭望苏老师是校外的人,能不能索看《中华报》这样的孤本,我也不完全托底。虽然可以用我的名义借,但彭老师要看上十多天,毕竟不方便。

未料我一提"这位彭老师是彭翼仲的孙子",老张立即瞿然:"知道!知道!彭翼仲!《顺天时报》上总是提到他!"这里不能不佩服旧刊室管理员的"横通"。清末民初的《顺天时报》,研读的人并不算多,但非常重要(因其是日本人出资办的,后来甚至成了日本外务省机关报),而且正好是《京话日报》的最大竞争对手(彭翼仲办《京话日报》的目的之一就是要为华人"争报权"),老张经由《顺天时报》而了解彭翼仲,而且对彭很敬重。这我就放心了,彭望苏老师大可在这里放心地阅读祖父办的《中华报》《京话日报》《启蒙画报》。

与我由兴趣而研究《京话日报》相比,彭望苏老师更多了一份家族责任感。同是细读旧报,我的关注点主要是"报",他的关注点首先是"人"。彭老师曾有言:"先祖父身处办报而赔累不堪之时,曾作殉报准备,以裁纸刀刻字壁间,留下'子子孙孙,莫忘今夕'的激语。这八个字一直响在我的耳边,使我产生崇敬之情,使我多想社会责任、文化良知,也激励我把对先祖父及其报业活动的追寻和研究作为理所当然的任务。"

然而这并不影响研究结论的殊途同归。因为通读过《启蒙画报》《京话日报》《中华报》的人，很难不为彭翼仲、杭辛斋、梁济这些启蒙知识分子"位卑未敢忘忧国"的情怀，以及踏实力行的精神所感动。而将彭翼仲与《京话日报》置诸近代报林之中，其特异之处，也正在于它的开辟草莱之功，及这份报纸与北京维新运动、社会生活的紧密结合。

彭望苏老师斟酌再三，为自己研究祖父的著述定名为《北京报界先声——百年之前的彭翼仲与〈京话日报〉》。他在给我的信中写道：

> 书名标举"北京"与"报界"两个范围概念，在其后以"先声"点题，表明彭翼仲与《京话日报》既在时间上领先，又具有先进意义，还凸现了人的声息，造就了"有声的北京"。副题以"百年之前"概指彭翼仲与《京话日报》，乃是因为本书虽重在揭示和研究1900年代的彭翼仲和《京话日报》，但亦涉及报主一生，同时梳理考求了《京话日报》自始至终的史实，因此，"百年之前"代指本书所

涵盖的历史时段。

这说明了本书选题的范围与意义，那么，内容有哪些特色？彭老师列出了以下关键词：

> 清末；北京；民间社会；民间报人；白话文报纸；平民品性；眼光向下；浅文白话；爱国图强；构建民间舆论环境；推助时势进化；提升国民程度

如果读者能够抛开一般历史书中枯燥而呆板的叙述，自行想象一下1904年的北京社会，你就知道彭翼仲与他的同侪在从事着一项何等艰难而无望的事业：

西太后与光绪帝已经返京两年多，市面恢复了些许生气，但庚子造成的伤痛，仍在北京人（尤其是旗人）的心头激荡。《辛丑条约》的赔款又像一座大山般，压在有识者的心头。而北京识字的人是那么的少，所有的报纸加起来也不过能卖两千来份，老百姓不看报，也无从了解新闻新知识。他们把报纸叫作"洋报"，觉得"访员"（记者）都是汉奸。街头倒是不时可以见到揭帖，宣传说"老团"（义和团）会很快回来，要那班崇洋媚外的人小心些。

站在一个知识分子的立场,那几年,国家岁收大部分赔给了外国,外人在国内的特权,从开矿、修路到招收华工、法律审判,越来越重。1904年在东北开打的日俄战争,更是时时提醒中国人丧权辱国的痛。怎么办?"开民智"是他们认为唯一可行的路。要开民智,不办报纸,不办白话报纸,怎么行?

《京话日报》在这时应运而生。它要承担的任务很多:要启蒙新知识,要讲述爱国道理,要劝导人们除旧维新,要报道国内外新闻,或许连创办者也没有想到(确实也没有先例),它变成了一个草根平民的舆论空间。

如果拿《京话日报》与上海那些大报大刊相比,甚至是与它自己的姊妹报《中华报》比较,它们之间的差别,几乎就像今日的网络、微博与传统媒体的区别。它将那个时代发言的门槛降到了最低,只要你能写几个字,语法不通没关系,字写错了也没关系,你写的就是日常说的话(这一点北京人占了大便宜),报纸编辑会帮你改,然后登出来。

同时,读报的门槛也降到了最低。买不起报(一份只要三个铜子),有人捐了贴报栏捐了报,免费阅读;不识字,有热心人沿街讲报,后来开了讲报所,专门演说每日时事;想舒服点儿看报或听报,又有人捐了房屋开设阅报处,看报听报免费,还有茶水供应。甚至你去戏园子听出戏,开幕前台上也有人讲几段报上的道理。一开锣,嗬!演的还是报上时事新闻改编的新戏!

几乎用尽了所有可用的传播手段,目的只有一个:让报上的话可以抵达社会的最底层。两年之后,那些上海办白话报的同行,蔡元培,林白水,派人到北京来一瞧,扛活儿的,拉车的,都坐在台阶上读报呢。他们震惊了:这可是中国从来没有过的事啊。

您瞧,说起《京话日报》,我就停不住口,恨不得一下子把我知道的事都倒给您。其实,要说这些事,最全乎的,都在彭望苏老师这本书里啦。看了这书,您不但可以知道彭翼仲他们和《京话日报》盐打哪儿咸醋打哪儿酸,对1900年代的北京社会,地理、风土、习俗、人情,都能知道不少哪。

就学术价值而言,本书是迄今关于清末时段《京话日报》最全面也最详尽的著述。书中对诸多《京话日报》研究史上的疑案,如被称为"晚清第一报案"的彭翼仲案,清末时段《京话日报》的终止期号都有补阙正误的研究。全书附有与若干具体内容相关的照片资料,并呈现了《京话日报》影印本中缺失的第33号和第437号报纸照片,书后更附录了"清末时段《京话日报》期号与日期对应表",许多引用《京话日报》文字时弄不太清期号、阴历、阳历对应情况的研究者，从此可以大松一口气了。

后学者如我，本无资格为彭望苏老师这本书作序，忝蒙老先生错爱，大约也有同为《京话日报》热心研究者的惺惺相惜之情，彭老师定要我写上几句。于是怀着如履薄冰之心，在辛卯年的岁末写下这些文字，自知佛头着粪，唯愿读者从中晓得我对《京话日报》与彭翼仲们的崇仰之情、推介之忱，而原谅我结结巴巴、慌不择言的赞美。

2012 年 1 月 5 日于京东豆各庄

《北京报界先声——百年之前的彭翼仲与〈京话日报〉》，彭望苏著，商务印书馆 2013 年版

洪业的故事：儒生变成基督徒

1912年，民国元年，十九岁的洪业在福州鹤龄英华书院念书。他亦敬亦爱亦畏的父亲在这一年去世，而他面临着人生的一个重大选择：是继续做一名父亲那样的儒生，还是接受洗礼，皈依基督，成为一名黄皮肤的基督徒？

与清末的大多数"教民"不同，洪业并非出生于基督教家庭，他的父母也并非与洋人过从甚密的港口商贾，他更不是希图教士周济与庇佑的"吃教的"。洪业会进入一所基督教学校念书，只不过因为他到上海考海军学校未成，一位父执高梦旦（商务印书馆总编辑）劝他说：回家乡福州去上美国人办的书院，将来可以办外交，以此报国。

因此洪业在英华书院的头一年，常常嘲笑耶稣不孝，批评基督教不如儒家高明。只是因为学业优良，他才没有被开除。为什么第二年他就来个180度大转弯，愿意受洗了呢？

关于这一点，《洪业传》并没有给出特别有说服力的解释。如校长太太高迪夫人的劝谕，来校传道之人的说辞，当然都会有一定的助力，但仅凭言辞，就能让一位十九岁的、从小饱浸在儒家文化中的聪明少年改弦更张，未免难以让人信服。不过洪业确实在1913年元旦接受了洗礼，更不可思议的是，几个月后，他甚至说服了他的寡母，一位前清知县的遗孀也受了洗，然后是全家。洪业的父亲洪曦若地下有知，对这种家庭巨变不晓得会做何感想。

儒耶相遇，在近代中国是一个大题目。我们也不太清楚利玛窦是怎样劝服徐光启入教的，但从后来梵蒂冈的禁令来看，利玛窦是完全宽容一位中国教徒继续从事祭祖这样的儒家仪式的。而自从罗马教廷严禁这一点后，天主教在中国的传播大受影响。可见正如佛教东传中国一样，"方便"是最大的推动力。至于洪秀全那样的山寨基督教，无中生有地搞出无数禁忌与等级，被高举儒教大旗的曾国藩打败是迟早的事。

因此按照常理，皈依基督的洪业，也一定会在心中的教堂里，为儒家文化留下一座后花园。他在1912年的一封信里确实是这么写的："必是神爱人类、喜欢人照他的意旨而生活，但人类逐渐远离他而接近撒旦，所以神派耶稣到西方，派孔子到东方，以拯救人类于万恶之中……无论如何，耶稣和孔子都是神的传信人，是拯救人类的思者。"（《洪业传》第61页）

就这样，儒生变成了基督徒，而洪业一生，留学美国，协助创办燕京大学，任教务长多年，再赴美定居哈佛，或许在世人心目中，他几乎是一位美国文化或曰基督教文化在中国的代言人，但正如《洪业传》作者陈毓贤所说："他在一般人眼中虽是个十足率直而对老法子不耐烦的摩登分子，但骨子里却充满着对旧文化依依不舍之恋情。"（第131页）

纵观洪业的一生，他一直在这两种文化的同异中依违游走。大部分时候，洪业服从"先进"的西方基督教文化，如任燕京大学教务长期间，"对学生从不讲中国话，而用洪亮的声音讲英语"，一旦学生成绩不佳，就会被他毫不留情地开除，即使是校长司徒雷登亲信的傅泾波也不例外。（第139页）洪业因此被不少学生称为"冒牌洋人"，就连正牌洋人司徒雷登也觉得他"太美国化了"，当面对他说："我相信你这种美国办法行不通。"洪业笑言，当他辞职时，很难说司徒雷登没有在心里松一口气。（第147页）洪业真是美国化得可以，他可以在美国各地做一百多次收费演讲，能够为胡适修正他的演讲词，就连被关在日本人设在北大的监狱里，同事们都怀念着烤乳猪的美味，他心里念念的却是"用美国法子"蘸番茄酱柠檬汁辣椒末的生蚝！（第225页）

然而，回到私人领域，洪业又常常让人觉得他还是那个被父亲耳提面命着的儒生。他给自己定下了"三不""三有"的人生原则:"三不"是不做官、不做牧师、不做校长,"三有"是有为、有守、有趣。而且洪业似乎也能像他父亲一样,做到了生平不二色。如果不是1918年他在纽约留学,洪业完全可以加入蔡元培主持的"进德会",而且是乙种以上会员。

当然我们还必须提到洪业对中国古典文化的恋慕、熟稔与贡献。这方面相关的三件大事分别是:主持中国典籍的"引得"工作,为后来治中国学者大开方便之门;暗中与政府联手阻止华纳与斯坦因外运敦煌壁画与简册;晚年在美写出了《杜甫:中国最伟大的诗人》——末者看上去不那么伟大,但联系到洪业被日本人关在监狱,命在俄顷,仍念念不忘让家人送杜诗,又与赵紫宸吟诗唱和成集,这种绝境中的选择,最能看清一个人的生命底色为何——当然,基督徒洪业每日依然祷祈神的拯救。

我认为这是最有意思的所在,也是最能读通洪业一生的关键:他从一种文化里走出来,毅然跨入了另一种文化。于是两种文化在他身上共存,不是黄皮白心,也不是中体西用,而是找到了两种文化共通的基质。有时他像一个中国儒生,有时他更像一个美国基督徒,但他终于是无法遽尔定性的洪业。他后来的一切选择，赴美，归国，创校，护校，被难，去国，不归，皆在这种交叉网格中呈现清晰而复杂的面相。

其实何止是洪业，司徒雷登、胡适，我们还可以提及燕京、辅仁、圣约翰、岭南的一大批教师与学生，以及晚清以来奔波于大洋两岸的无数仁人。他们都是这样，以或孔子或耶稣的面目，出现在中国近代史的舞台上。

《洪业传》，〔美〕陈毓贤著，商务印书馆2013年版

辛亥：不战的革命最难得

习惯学院派著作的读者，拿到《1911年中国大革命》可能会倍感疑惑：很少注释，没有参考文献，惯例交代写作动因的前言后记也欠奉——这是一本什么样的书啊？

本着对作者马勇不是见不得光的枪手，以及社科文献出版社不是为了省纸的信任，我试着揣测一下他们的用意：这样做或许是为了尽可能地拆除写/读之间的障碍。上述那些东西，如果不是遵循拿学位评职称的规范操作，或是试图向学界证明自己的严谨，原本就是可有可无。

这样说并非认定本书只是一本学术含量有限的通俗小册子，恰恰相反，我倾向于认为它包含着与一般史著不太一样的追求。

辛亥革命研究算是近代史研究中的巨无霸（或者美国人说的大土豆），一百年来，合两岸及海外学术界之力，辛亥革命前后的史实大致清晰完备；也正是合两岸及海外学术界之力，研究辛亥革命的史观有着很明显的偏差与异化。革命法统所在的孙中山及同盟会诸贤被凸显至伟人境界，而他们当时及之后的对立面如清廷、袁世凯、黎元洪等人,却被弱化愚化甚或妖魔化。风云时代的多方博弈,被演义成顺天应人的实至名归,最明亮的光环掩盖着最斑驳的投影。

虽然《1911年中国大革命》一书中几乎未出现对过往研究结论的引述,但那个时时在字里行间出现的"过去的老说法",其实代表着辛亥革命研究的主流观点,也是作者试图对话与纠偏的对象。

在过往的研究中,革命党的对手几乎是符号化的存在:清廷是不思悔改的,袁世凯是老奸巨猾的,立宪派是软弱妥协的,黎元洪及反正的旧官僚是被迫革命的,这些因素汇聚起来,最终的结论必然是:虽有孙中山为首的革命党人艰苦努力,创立民国,但辛亥革命是不彻底的革命,是失败的革命。

这套革命叙事本身是自洽的,如果论者在其中打转,纵使史料再丰备,结论也不会有什么大异。重述辛亥革命,最大的问题,是能否建立新的解释框架,从而将辛亥革命的意义予以全新的定位。

我相信,正是基于这个目标,《1911年中国大革命》没有汲汲于资料的爬梳与论证,而且采用了最直接的叙述方式,不但舍弃了烦琐的注解、考辨,甚至连直接引语都很少使用,所有的叙述都指向新的解释框架的建立。

《1911年中国大革命》的特异之处，概括起来不外乎二端：一是尽可能地"以宽容的心情对待每一条历史记录"，对各方人物均抱以了解之同情，推断其行为的合理性，并将其言其行放置在整个清末的大背景中考察；二是尽量发掘辛亥这场革命中的正面资源，不仅仅是帝制覆灭共和创立这种转变，也包括在这场转变中各方应对化解转制难题的艰巨与曲折，作者以法国大革命为喻，认为共和历程能够以战止战，不战而成，实是"中国人的大智慧"所致。

　　在这个新的解释框架里，清末革命与立宪的赛跑，革命一度高涨，但在日俄战争的刺激下清廷决定立宪，立宪反超革命。在之后五六年"民主政治的春天"里，主要对话者是清廷与立宪派，革命日益边缘化。因此，与其说是革命派的努力最终冲决了大清朝最后的堤防，不如说是清廷面对立宪风潮与街头政治的举措失当，给了革命党翻盘的机会。

　　立宪派并非全无错处，在1908年《钦定宪法大纲》颁布后，立宪派因为国内外时势的动荡，不断要求提前开国会的时间。最终慈禧太后在世时制定、也取得立宪派认可的九年立宪被缩短成一个不可能完成的任务。"这场纠纷不仅耗尽了清政府的政治威信，而且使中国的民主道路走上了一个非常奇怪的道路。"

当时的中国社会，确实都处于某种躁郁的气氛之中，大大影响了政治的良性发展。以书中没有谈及的科举为例，也是拟议的变革年限不断变更，最后陡然在1905年为这项千年制度划上了句号。或许主其事的张之洞与袁世凯都没有想到，这场准备极不充分的大变革会给日后的中国社会带来多大的不安定因素，成为"五四"以及一系列社会风潮的滥觞。

即如清廷最为人诟病的"皇族内阁"，作者在充分剖析其危害后，也略迹原情地指出：摄政王载沣并非冥顽不化的执政者，他坚持组织皇族内阁，或许是担忧筹备国会的余下两年中，内阁难以抵御利益日益受损的满洲权贵反弹，皇族内阁更能保证改革的顺利过渡。载沣是否过分自信清廷权威，自当别论，但这种政治设想，不能说全无道理，只是根本没获得实现的机会。

又如辛亥革命最大的导火索铁路国有政策。力主此举的盛宣怀、端方，都是当世公认的开明官僚，且稔熟洋务。特别是端方，能招降刘师培这样的革命学者，可知决非守旧者。但就是这样一些"愚蠢的明白人"，坚持无弹性的朝廷权威，最终激起绅商公愤，连自身并大清朝一并葬送。

至于清廷和平退位，作者许为"一个王朝本有的潇洒与智慧"。这件事即使在当时，各方看法亦不相同。但认定清朝是自愿辞位以求民众福祉,而非在强力下覆灭的大有人在。1918年梁济自沉,遗书中说他不死于辛亥而死于今日,非为殉清,又是殉清,因为民国"辜负清廷逊让之心",也就失去了当初国人赞成共和之美意。

辛亥百年,传统的解释框架资源已经耗尽,如无新视角出现,徒为纪念,无裨于世。马勇教授这本看上去不甚规范的《1911年中国大革命》,比起许多大部头学术巨著来,带给我们的或许更多。

《1911年中国大革命》,马勇著,社会科学文献出版社2011年版

物质技术改变了文学生活

1899年初,创办《昌言报》不久的著名报人汪康年致函在杭州的友人高梦旦,询问一部叫《巴黎茶花女遗事》的译作情况。原信已佚,但从高梦旦的复信中可知,汪康年连《巴黎茶花女遗事》的译者是谁都没有搞清楚。高梦旦以为汪康年是希望这部即将出版的译作交由《昌言报》在上海代售,自然一口答应。未料汪康年的要求是:取得《巴黎茶花女遗事》的上海版权,而且是重新铅印出版。

如果这样一件事,发生在今日之出版界,则汪康年的要求可称无理:岂有书还未出,就转让版权之理?然而考虑到当时王寿昌、林琴南翻译此书,魏瀚出资雕版印刷,"并无图利之心",高梦旦的答复就很有意味了。

高梦旦向汪康年表示,"惟报章风行,得闻者既多,恐碍此书销路",表明他作为版权代理人(当然高并没有如此明确的自认),并非全然不在乎译作的销路。而他提出的解决方案,确实完全没有考虑"图利"的问题。高梦旦的解决方案是：

（一）汪康年提供雕刷费用，高将原板奉送，已经印成之书，版权方只以送人，不再发售，"足下将此书或登报，或印行，敝处并不过问"；
（二）如果汪康年嫌雕刷费用太高，也可以等到印成之书发卖至收回成本之后，高再将"原板奉送"。

应当说，高梦旦作为朋友，很够意思，所提方案也颇洽人情，然而他的思路完全对不上汪康年的想法。汪康年是看中了《巴黎茶花女遗事》的"情节变幻，意绪凄恻"，销路看好，急欲大量印销赚取利润，来贴补经费支绌的《昌言报》。因此他的策略是（一）用铅字排印；（二）将之前《时务报》连载的翻译小说《长生术》与新译的《包探案》，附在《巴黎茶花女遗事》后，合并出版。

汪康年的做法，以今之出版营销视之，相当合理，一是压缩印刷成本，二是与别的类型作品合并出版，增大市场保险系数。但问题是，《巴黎茶花女遗事》版权并不在汪康年手里，而已经陷入财务危机的《昌言报》又断然无法支付

"八九十元"的雕印费用。因此，汪康年没有办法接受高梦旦提出的两个解决方案。

既不能坐待商机消逝，又无力支付版权费用，汪康年采用了"先行造势"的商业手段，一边还在与高梦旦书信往来商讨版权转让，一边已在《中外日报》上刊出广告，称"本馆特向译书之人，用巨赀购得，另用铅字排印，发各省销售"。

这样的先斩后奏，当然会引发高梦旦乃至林纾的不满。尤其林纾强调自己"本无受赀之念"，岂肯"虚被重价购取之名"？高梦旦一再劝汪康年更正启事，说明"译者不受酬资，只收回刻工而已"。在林纾、高梦旦、高凤岐反复劝说下，汪康年终于情面难却，登载告白称"承某君高义，将原板寄来，既不受酬赀，又将本馆所偿板价若干元捐入福州蚕桑公学"。

可以想见，汪康年被迫在《中外日报》上登载这样一则告白，内心是何等的不情愿——十九、二十世纪之交的出版商已经懂得在广告中强调自己投入成本如何巨大，稿件如何难得，印刷如何精美，这种商业套路却遭逢了高梦旦、林纾"君子不言利"的较真，一定要汪康年照实告知公众：译者未曾收费，成本只有"板价"（这板价，后来也被汪康年用昌言报馆的出版物抵了债）。这也就抽去了《巴黎茶花女遗事》售价"白纸价洋三角，洋竹纸二角五分，不折不扣"的正当性。汪康年瞄准商机出版《巴黎茶花女遗事》，造成上海地区书局竞相翻印是书，却未能挽救《昌言报》于既倒，虽不能说是高、林等人坏了好事，但汪最初希图大赚一笔的计划终究落了空。

这个故事反映出在近代出版的转折关头，不同的话语之间的碰撞。汪康年遵循的是商业逻辑，寻求利益的最大化；高梦旦、林纾则保持着传统士夫避谈利益的传统与谦让克己的友道。数年之后，高梦旦应张元济之邀入商务印书馆任编译馆国文部部长，林纾译的翻译小说亦大多随之转入商务，畅销不衰。而林纾后来与商务闹出纠纷，要求追补译书稿费，说明高、林亦实现了"汪康年化"，成为近代出版产业的一环。

进而言之，这场版权转让风波，重点还在于物质技术的变化："雕版印刷"与"铅印重排"之间的区别。如果同样的事发生在明末，汪康年坚持重排另印的做法就显得浪费而无可理喻。只有新的印刷技术带来的成本降低，才会让汪康年不仅想方设法推脱"板费"，而且必须使用新技术，才能把《巴黎茶花女遗事》的出版利润最大化。

潘建国在《物质技术视阈中的文学景观：近代出版与小说研究》中的15篇专论，正是从不同的角度与案例出发，对于"物质技术如何改变中国文学生活"这个命题反复追问。

上述汪康年的版权转让故事，即来自其中一篇《晚清上海地区小说版权的转让与保护——以汪康年出版〈巴黎茶花女遗事〉为例》。

作者在该书《引言》中自述这些专论涉及的六个方面：

其一，西方先进的印刷文化如何进入以上海为中心的中国，又是如何从上海输出，辐射到周边的江南地区乃至整个中国？

其二，近代书局如何利用新的出版技术以及新的经营模式，推动乃至调控晚清新小说的发生与发展？

其三，传统的明清章回小说如何实现其文本传播技术的近代升级？

其四，作为中国古代小说文本特色的图像，如何借助新技术完成它的近代复兴之路？

其五，近现代书局如何在出版新理念的指引下，开展小说征文、小说版权转让以及善本小说整理等活动，这些创新之举又具有什么样的小说史及出版史意义？

其六，面对编刊两盛、区域分布不均衡、成就与弊端并存的近代小说,清末民初的文人如何进行小说的阅读与研究?今天我们又该如何调整和深化这一研究课题?

所谓"物质技术视阈",是指出版物质技术(书写材料与印刷技术)出现巨大变化的背景下观照。像文学生产机制的改变,小说流播方式的进化,商业化模式的运作,对于物质技术因素都存在显著的依赖性。尽管作者声明"决定(叙事文学尤其是长篇小说)艺术价值的最重要因素,却并非物质技术,而是创作者本身",但不可否认,今日作而明日刊的报章写作,廉价而快速的石印(甚至五彩石印)技术,更广地域的销售与传播,都从根本上重塑了中国文学生活的面貌。

在这个重塑过程中,上海无疑担当着最关键的区域角色。上海一方面是面对西洋文化的窗口,先进的印刷技术与印刷设备率先在此应用,太平天国事变以后的东南经济中心地位,又使得上海可以大量吸收江浙地区的资金与人才;另一方面,上海又向外输出印刷文化,人员、设备之外,还包括了印刷物的销售方式,如各埠设点销卖、临时摆摊售卖、函售邮购服务等等。借助印刷文化的引进与输出,以上海为中心,中国文学生活也便呈涟漪状的波动与改变。

从物质技术的角度出发，我们才能更贴切地体会汪康年放弃《巴黎茶花女遗事》已经刻好的雕版不用，坚持要重排铅印的苦心。在《铅石印刷术与明清通俗小说的近代传播》一文，作者细细算了这笔对照账：

> 一部3万字的图书，若石印出版200本，不计底本抄写费及装订费，需洋37.5元，每万字的单册成本约为洋0.0625元；而木刻本的费用，每万字的单册成本为洋0.075元，若加上"刷印及纸料"价，则还要更高……一部4万字的图书，铅印出版500部，需洋25元，每万字的单册成本为洋0.0125元。（第98页）

这是成本比较，反映到最终售价上，差距只会更大。以《野叟曝言》为例，光绪七年（1881）毗陵汇珍楼出版木活字印本，每部二十册，白纸本售价七元五角，竹纸者售价六元。次年，瀛海词人出版铅印本，每部十册，售价仅一元。申报馆1883年也推出铅印本，每部二十册，售价同样是一元。而这两种铅印本，还算同类出版物中之佼佼者，"售价已经偏高"。后续翻印者"开本、纸墨及抄写校对诸人，均较前粗劣,其售价亦随之继续降低,平均每册不到一角",甚至为了商业竞争,将价格拉低至每册不足四分(第99页)。

由此我们可以理解汪康年在商业上的苦心:铅印重排,不是"更增靡费",而是可以大大增加这部翻译小说的利润空间。高梦旦、林纾不在印刷文化中心上海,就不大明白其中关节了。所以,即使高、林有图利之心,也没有办法使用汪康年那样的手段来追求利益最大化,因为成本与技术的限制,他们扩大传播的意图也很难通过雕版印本得以实现。

同样基于这一商业逻辑,本书作者推论清代后期侠义公案小说"北书南续"现象何以出现:虽然上海出版界仍然尊奉北京在传统文化方面的权威,强调这些小说来源都是"都门抄本","从京都购得",但如果依靠北京地区的木刻或木活字印刷技术,很难想象,《彭公案》小说能有36续之多,而《评演济公传》能达到创纪录的40续1650回!"可以说,近代上海地区先进的印刷出版文化,才是晚清时期通俗小说出现大规模续书的决定性力量;而所谓'北书南续'现象,其背后蕴含着近代出版史的特殊格局与发展形态"。(第109页)近代北京上海"双城记",在晚清出版界同样上演着精彩故事。

小说在近代被视为社会革新的工具,并不止于提供娱乐功能。不管从启蒙使命,还是娱乐方面考虑,引进翻译小说、翻印旧通俗小说,甚至都无法满足层出不穷的小说杂志或副刊连载的需求。用当下的术语说,媒体不得不考虑从PGC(专家产生内容)的传统模式转向UGC(用户产生内容)。由此"小说征文活动"应运而生。

作者比较1877年与1895年的两次小说征文,发现三点差异:(一)从两人应征到162人投稿;(二)1895年的获奖者有一半署真名;(三)前一次征文目标是消遣读物,后一次则明确要求"时新小说",要对"雅片、时文、缠足"三大积弊提出祛除方案。两相比较,无论是规模、影响力,还是推动小说创作潮流的自觉性,十八年间,小说征文活动都有着惊人的变化。再辅以对1902—1911年七次重大小说征文活动的考察,"小说征文活动"对晚清小说诸多关键问题,如题材、著译、篇幅、体裁、语言、稿酬等,均有着窥一斑知全豹的作用。

与内容生产机制并列的考察,是对阅读接受的探查。虽然后者更为茫昧难言。作者以《徐兆玮日记》为基础进行个案研究,梳理这位政学两界闻人的晚清新小说阅读史,给出了一个很好的示例。

徐兆玮首次读到《新小说》是在1902年,在日记中惊呼"思想微渺，不可思议，仙乎？仙乎！""殊令人有观止之叹"。作为一名热衷于稗史搜集与整理，过眼海量笔记杂著的学者，徐的这种反应颇有象征意味。新小说为他打开了一个新的世界，甚至激发了他的创作欲，想效法梁启超等人，以明末"东林、几、复轶事作一章回小说"。

从此徐兆玮成了新小说的狂热爱好者。作者统计徐兆玮日记中的记载，最高曾有三个月读122部新小说，另加16册小说杂志的纪录。小说甚至成了徐兆玮在政局动荡、宦海浮沉之中的救赎："幸有小说及书卷慰我寂寥，否则万难自遣也"。（1917年日记）

虽然不可能对读过的每部小说细加评论，但日记中的只言片语，显示出徐兆玮博览众书后，已经从当初兴奋莫名的小白读者，变成了骨灰级的书迷，如他已经体会到新小说思想、体裁、语言的颠覆性冲击之后，暴露出的弱点："思力甚新，而薄薄不能动目，此近日自著新小说之通病也。"而翻译小说重点在"译笔"，译笔平常便味如嚼蜡，而且书商为求畅销，选择的翻译品类多为侦探、言情，"于社会风俗毫无观感"。

徐兆玮对新小说的开放态度与体验强度，在晚清士夫们颇为少见，而自身的文史修养与政治追求，决定了他并不满意于著译新小说蜂拥逐利、泥沙俱下的现状。徐也考虑过与友人共同创办小说杂志,也曾尝试从译本小说中摘取自己赞赏的修身养性之警句,编为"小说格言"。虽然这些举动影响甚微,但徐兆玮这种非功利的阅读与研究,特别有利于我们理解清末新小说在文人士夫中的传播与接受。

要之,近代小说的兴盛,端赖物质技术的变革与更新,新的物质技术,带来了新的文学载体、读物体量、传播范围。而这些元素一旦被替代与重塑,文学环境就会发生整体性的变化,从生产机制、推广消费到读者接受、互动模式,都是史无前例的改造。新的创意层出不穷,新的品类令人眼花缭乱,纵然艺术水准参差不齐,却是一个新时代自己的声音。

从汪康年到林纾,再到徐兆玮,一批批知识分子被这个新时代收纳其中,这三个人几乎构成了一个时代的隐喻:热情地拥抱新的逻辑者有之,站在外面怀疑多时而终究身入彀中的有之,身入其中乐此不疲又时时提出批判的亦有之。繁盛中的荒凉,逃离中的陷落,绝境中的希望,或许细细看去,晚清与当下,环境又有大变,人心也没什么两样。

《物质技术视阈中的文学景观:近代出版与小说研究》,潘建国著,北京大学出版社2016年版

通俗不易,写史更难

张建伟的"晚清历史报告"系列五卷再版了。

说实话,评价这样一套书是很为难的事。为难处在于:自1999年初版以来,这套书已经赢得了它的历史地位,不论是书面世之后在史学界引发的争议,还是改编成电视剧《走向共和》在2003年引发的观看热潮,这些文化现实都毋庸置疑地宣告:本书已经参与了近二十年的晚清史重构,在"大众清末想象"的图景中占据着重要的位置。

记得2003年《走向共和》热播之际,我正因为"非典"的肆虐从京城流离至大连。住在朋友家中,每日无事,除了看书打牌,就是一起等着看这部剧。朋友非常欣喜,因为他从电视里看到了与教科书中不一样的李鸿章、不一样的慈禧。对于大多数中学之后就没有系统了解过中国历史尤其是近代史的成年人而言,这种兴奋不言而喻,它仿佛为他们打开了一扇奇境之门,让他们获得颠覆与弑父的快感——是的,没有比历史的重构更让人晕眩,更让人怀疑自己的存在,同时又能释放某种原罪般的情感了。

《走向共和》为导演张黎赢得了盛名,当然我们也应该记住编剧盛和煜与张建伟。尤其是张建伟,以一人之力,几百万言的篇幅,重新梳理从戊戌变法到袁世凯之死的近三十年历史,而且用的是文学性的、浓墨重彩的笔法,无疑为将这段史实改编成激刺人心的画面与场景,奠实了良好的基础。时至今日,你再与一个普通人讨论清末民初三十年,能与《晚清七十年》并置、甚至更被广泛接受,大概就是这套"晚清历史报告"与《走向共和》了。

我曾在一篇文章里提出"社会本位"与"文化本位"这一对概念。所谓"本位",一般解释为"事事以……为前提"。"文化本位"与"社会本位"的差异,在于思考问题以文化的传承、积累、提高为出发点,还是以社会的需求或多数民众的意愿为旨归。

这对概念可以用来解释《百家讲坛》的走红及其争议,同样也可以拿来讨论"晚清历史报告"当年引发的争议。如果将这套书置于"社会本位"的语境中,则它的文笔通俗易解、人物形象颠覆,甚至作者好发议论,都无足厚非,对于当时几已定型的近代史格局,"晚清历史报告"无疑提供了一种"解毒"的功效,让人可以看见相对多面的历史人物,与难于定论的历史进程,可以说,在历史传播的有效性方面,

"晚清历史报告"已着《明朝那些事儿》之先鞭。

聪明的读者一定已猜到,我下面会有一个"但书"——然而,可是这个"然而"不是你们想象的"然而",我自己不是历史专业的,也不相信有本质化的、"真实的"历史存在,更关键的是,我也算得上一位通俗历史写作者。因此我承认,通俗历史写作,只要不像《狼图腾》那样传播有害的价值观,只要不胡编乱造以眩乱耳目,那么书籍传播得越广,越深入人心,它的功德就越大。其觉世之功,在于提供一种多元的历史图景,让人不再囿于固定的、僵化的某种官定历史中蒙昧至死。

然而——所有写作都要回到它自己的语境中来评判。韩寒郭敬明的小说销量大,读者多,影响广,并不等于他们写得好,于丹讲《论语》,知名度最高,也不等于界内认可她是《论语》专家。在"社会本位"之外,还有"文化本位"这套体系。

不过,这不等于说,我打算将"晚清历史报告"置于学院历史写作的体系中加以考察。尽管张建伟可能有一点这方面的野心(他为文中史料加注,并在《后记》笑谈"写了二百万字左右的历史专著,没有功劳也有苦劳,能否能得个什么历史学方面的学位或者职称呀"),但这套书跟学院写作的规范与目标,明显是不搭界的。我也只是想议论一下"晚清历史报告"在"通俗历史写作"之谱系中的得失罢咧。这种讨论,也算是于自己的勉励吧。

首先,"晚清历史报告"的史料运用有一定问题。我承认,我只浏览了五卷本,细读的是我正关心的第五卷《老中国之死》。我所不满于作者的,是他征引了大量的野史笔记,却几乎未加辨别,大抵将之作为实史写入书中。可是且不说野史笔记作者良莠参差,其中互相牴牾者,也不在少数。尤其是愈出离常识者,即愈不可信,通俗历史的读者学力见闻都有限,如果作者不帮他们分疏辨析,就容易把传说化成史实,误导他们的历史想象。

这里单起一段,挑一处错:《老中国之死》第139页列一表,曰议院党籍,看得我吓一大跳:国民党在众议院总人数2269人,在参议院人数2123人,共和党在两院人数也是2120、2175,这样一来,参众两院岂不是总人数直逼万人?明显不合情理。好在书中注明该表引自谢彬《民国政党史》,这也不是什么僻书,对照一看,原来所有的数字前面,都多了一个"2"。此错不改,足为全书之玷。

其次想说的,是近史所马勇先生也点出的"历史感"问题。这其实是当下通俗历史写作的通病,就是太喜欢用今人之情感、今人之思维悬揣前人，生发议论。虽然清末距现今不过百年，但整个思维，及其附着于上的社会架构、生活方式、政治话语，已经天翻地覆。没有进入前人的语境，却对前人之言行妄加评断，这不是"通俗"一词可以一笔遮过的，打的旗号或许是"帮助今人理解前人"，实质却是以己昏昏，使人昭昭，安可得乎？

现在通俗历史写作的门槛甚低，似乎读过基本史料，文笔尚可，便能率尔操觚。其实，"历史感"是最难逾越的大山。因为我们无法穿越，无法借助常识理解前人所思所行。古之乡夫子，今之说书人，都可以对着一班听众，大谈王公大臣，豪客名士，说者听者都颇愉快。这样娱人娱己或已足够，却说不上对今人理解历史有何贡献可言。"晚清历史报告"对于作者心爱人物，如袁世凯、孙中山，常有悬揣之笔，如上帝般了解人物思想，往往看得我既惊且畏。

第三个问题是承借上两个问题而下的，即"叙述"。不是说叙事不利落或描画不精彩，而是作者将叙事过程填得太满，事事皆有定见，殊不知历史的魅力正在于记录虽同，而解说万端，留下的线头越多，越像一个复杂的思维游戏，引人入胜。换言之，自我克制的叙事会隐隐透露出背后有一个真实而复杂的世界，意在言外，留白待考，而叙事太满则像一个没有生气的模型,一砖一瓦一檩一榫都已敲定,没有可能性,甚不好玩儿。

当然,你非要跟我辩,说读者就好这口,就不爱动脑筋,等着作者填鸭。那我也没什么好说的,只能祝你们琴瑟和谐,百年好合。

《走向共和:晚清历史报告(插图本)》(套装共5册),张建伟著,长江文艺出版社2011年版

便恁地在意兴亡沧桑

1929年,上海《新闻报》副刊主编严独鹤邀请张恨水撰写一部连载小说。其时张在北京已名满江湖,在上海却仍默默无闻。在严的设计下,张恨水保留了《春明外史》的政治批判与漂泊情怀,保留了《金粉世家》的恋爱纠葛与贫富冲突,再加入武侠桥段和北京风光,《啼笑因缘》在上海一炮而红。

后人探究这部小说走红的原因,认为它为上海市民提供了一个"想象中的北京"。

忽然想到这段文坛旧事,是因为姜鸣修订旧作《被调整的目光》,出版《天公不语对枯棋——晚清政局和人物》,封底的推荐语中,不约而同地提到此书是"上海人看北京",如中国人民大学新闻学院院长赵启正称"研究晚清的北京政局人物,同一主题的著作众多。姜鸣以南方才子的独特角度来写这一内容",北京大学历史系教授茅海建则说"很海派,也很京味……上海人眼中的京华掌故",看来,自"京海"的角度切入《天公不语对枯棋》,是读者的某种共识。

京海之别，是近现代史的一个大关目，"北京人看上海"和"上海人看北京"遂成为学者颇有兴趣的话题。张恨水成名于北京，在全国走红，仍要依傍上海读者对《啼笑因缘》的认可，而是书引发上海读者莫大的兴趣，又恰在于其"用市民趣味写北京"，仿佛一个寓言，道出了京海之间常常反目又时有共谋，明里对峙又暗地揣想的暧昧状态。

鲁迅论京派海派，一笔分为"在京近官"（"官的帮闲"）与"在海近商"（"商的帮忙"）两大主题，却不曾道出上海也自有对"官家"的想象与观望。一般人念及"海派"，总会首先想到张爱玲，一个在公寓中自怜与张望的女子，与京派惯以自傲的大气、沧桑全不相干。

是的，张爱玲是一把标尺，姜鸣在《清流·淮戚——关于张佩纶二三事》中，对张爱玲对祖辈的无知和淡漠颇有微辞。这个祖籍河北，在天津和北京度过童年的民国女子，全无同为上海人的姜鸣对那些"在北京扬名养名、曾经风华绝代的历史亡灵"流连不去的怀恋与感慨。他们是否代表了海派中两种不同的把握历史的向度？

姜鸣是很好的"历史散文"写作者，资料富赡严谨，文字华丽清通，专业素养和写作功底都无可挑剔。他的位置和姿态也很巧妙，有学术训练而无专业积习，以散文把握历史，比之学术论文，虽少一份沉稳，却多了几分锋芒，而把游记和史论结合起来，在正史与掌故间随脚出入，更是以最为从容的时间穿行方式，轻易就将那个"艰难的年代"与当下的史家眼光，打成一片。这些，是早在1996年《被调整的目光》出版后就蜂拥而至的好评，毋庸我再多说。

姜鸣这种以小化大、举重若轻的写作方式，其实是海派的精粹，想必书写推荐语的诸君与我同感，才会异口同声地提及作者的上海身份。

姜鸣的文章，一路看下来，是可以提炼出一个写作模式来的。这个模式包括细腻的行程介绍和景致描述，形象鲜明的今昔对比（《天公不语对枯棋》比起《被调整的目光》，多了上百幅精美的图片，视觉冲击力也是今非昔比），文史杂出的旁征博引，以小见大的进入角度，对历史或文化的质疑姿态，自历史延伸至未来的宏大视野，等等。

我最感兴趣的是：姜鸣何以一反常人印象中海派琐细、自我的特色，而汲汲于"兴亡沧桑"的宏大叙事？上海人姜鸣对北京的兴趣，能否理解为近代以来渐成经济文化中心、却保持着政治边缘感的上海，对政治中心北京的一种想象性叙述？

从这个角度看，姜鸣在北京的脚步流连处，总不外皇家遗迹、政事旧址、大吏故居、砖瓦草木，莫不浮现成历史的刻痕，全书提供了一个想象的空间，那是一个政治的、而非社会的往昔时空。自姜鸣"被调整的目光"看去，北京并不是一座五方杂处的城市，它只呈现为它的庞大功能之一：帝都。谈的纵是衣食建筑，背后仍是兴亡沧桑。世俗凡间的琐屑，辗转风尘的艰辛，在这种目光的观照下，一一隐去，留下的只是"帝国政界往事"。

这不是姜鸣一个人的特点。遥想当年，自明而清，而民国，多少南方精英涌入首都，在这里做官，应试，教书，游行，研究，革命……却似乎生活在一座虚拟的城市之中，多少掌故笔记，出自为官为宦的南人之手，总避不开朝廷制度、政治人事。难怪顾颉刚在1925年考察妙峰山香会后沉痛地说："我们所知道的国民的生活只有两种：一种是作官的，一种是作师的；此外满不知道（至多只有加上两种为了娱乐而联带知道的优伶和娼妓的生活）。"直到北京被褫夺了"首都"的封号，文化人才普遍意识到了相距并不遥远的市民生活。托福于那段"北平"的求学生涯，后来也终老海上的学者邓云乡才写成了别具一格的《文化古城旧事》，全面记录了城市生活的点点滴滴。

姜鸣讥笑张爱玲"文学家不读历史"，连祖父的《涧于集》都不曾读过——其实《涧于集》和《涧于日记》，张爱玲都从父亲那里抱来读过的，只是"昏头昏脑读不懂"。这真是一个全无史学修养的世家子弟，胡兰成说张给他看过张家一些旧物，满不在意，于是这些旧物"在爱玲这里就解脱了兴亡沧桑"。

张爱玲不是真的不在意历史，看《金锁记》和《连环套》对流水年华的细细抠摸，《倾城之恋》和《封锁》对历史时刻的故作平淡，就知道她只是不愿意过多关注兴亡沧桑，只是爱看平凡岁月的苍凉。从私心来说，我是赞同张爱玲的，虽然她未尝不是由于大历史感薄弱，才"甘心嫁作汉奸妾"，到而今还被许多人唾骂着。

《天公不语对枯棋》，姜鸣著，生活·读书·新知三联书店2006年版

左史右图说晚清

《点石斋画报选》出版于2000年10月,而眉题为"点石斋画报"的《图像晚清》出版于2001年8月,前者由陈平原"选编导读",后者则是陈平原、夏晓虹"编注",不到一年的时间内,同一学者主持/参与编写相似选题的两本书,除了可以从中看出这位学者近期的学术兴趣和研究方向,"两本书何所异同"同样会成为新书过眼时的心头疑云。

自然,两本书一旦同时摆在眼前,疑云便登时消散,而且对这两本书,会产生出同中有异的兴趣。在这两本书以前,重印的《点石斋画报》,已经有中国大陆、中国香港、中国台湾以及日本等地以中、日、英文出版的八个版本,日文、英文版本未见,中文版则大都不加评注(只有郑为编注《点石斋画报时事画选》有"前言"和"叙录"),另一方面,借《点石斋画报》以立论、发言、阐释的论文虽不为少,却根本无法让对这份中国最早的新闻画报不甚了解的读者尝脔知味——论文配插图,至今仍然鲜见于国内的学术刊物,这倒是为自郑樵至鲁迅慨叹的中国学人"左图右史"阅读传统的失落做了一个生动的注解。《点石斋画报选》与《图像晚清》的努力方向一致，都是要强调对"图像世界"的关注，以图像为入口解读晚清的日常生活，但是在表达策略上，《点石斋画报》以六万余字的"导读"挈其纲，分"战争风云""中外交涉"等十五个选题，共选图一百八十幅，《图像晚清》的"导论"较短，但每帧图都辅以自别处辑来的文字以补充、阐发图中含意和氛围。这样几乎每帧图都能成为一个自足的段落，故而分编也就不如前书之详，选图一百六十幅，只提要式地分为"中外纪闻""官场现形""格致汇编""海上繁华"四大主题。

陈平原在为《点石斋画报选》所作的"导读"《晚清人眼中的西学东渐》中讨论了《点石斋画报》采取图文并茂格式的用意。他指出，虽然《点石斋画报》的预设读者是比读《申报》的士夫之流文化低一档的市民，所以必得采用"以图像为主"的言说策略，但是，画报的编者对配画的文字同样认真，并没有放手交给画师或简单引用《申报》新闻，而是另倩写手，为此不惜使图像的构图一成不变而略显呆滞，其原因正是对于"新闻"而言，"仅以图像传之而不能曲达其委折纤悉之致"。同样，在解读包含着丰富社会信息的《点石斋画报》时，仅仅凭画报本身的图文也很难展现出晚清社会光怪陆离、众声喧哗的时代特色。解决这一问题，《点石斋画报选》采用的是"学者解说"的方式，而《图像晚清》则努力呈现"众说纷纭"的格局，辑录当时的报刊、小说、奏章、上谕、笔记等文字，为图画的内容寻找一个个连接社会图景的支点。这种努力是如此的纯粹，以至于连"四大主题"的命名都借用了当时的报刊或小说的名称，为的是增加"历史感"，使读者尽可能地"回到现场"。故而编者也一如当年《点石斋画报》主事者，不求版式的多变，全书都是单页置放辑录的段落，双页上面放图，下面抄录图上的文字。这与时下一般追求"好看"的图文书自然大异其趣，可暗合了古之学者"置图于左，置书于右；索像于图，索理于书"的阅读传统，唯一的区别是今日书写从左至右，《图像晚清》也就将"左图右史"掉了个儿，变成了"左史右图"。

《点石斋画报》的图文之间，因为作者的不同，视角的差异，出现了"巨大的缝隙"，从而产生了"巨大的张力"。《图像晚清》的图画和文字之间，也存在着同样的紧张而有趣的关系。晚清是一个价值重估的时代，但也是一个花样翻新的社会。新闻、评论、小说、笔记之间，读者大可各取所需。即是同为新闻，给士大夫看的大报新闻和更注重普及的画报也迥乎有异。这类例子编注者在"导论"中已经举了好几处，我认为还可以提到的是《法人弃尸》。中法战急，单页列出的张佩纶奏折和戴启文《马江战》诗十分符合我们一贯对晚清时局的想象：上至朝廷文书，下至文人题咏，莫不充满着战争的焦煳味道，描述和批判都提点着战败亡国的忧虑。可是双页呢？图画上是几艘巨船静静停在海面上，看不出正处于战争状态的迹象，解说文字更是斤斤于西人弃尸于海的特异"葬法"，还好整以暇地大发"万物同归于尽""上天好生不好杀"的哲思，不仅如同此次战况事不关己，而且关注重心也完全是在"奇闻"的层面。这种有趣的情形固然如"导论"所分疏的，与媒介、读者的不同有关，也未尝不可以看作当时世态人心的一个写影，甚或可以据此入手，讨论十九世纪末"民族国家"等概念在中国的建构和接受过程。由此观之，编者所称《图像晚清》"可为史学研究打开一扇奇妙的小窗"，良非虚言。

不过，愈是好书，美中不足之处就愈是明显。一是据说是因为"责编的要求"，书后撤去了附录"本书目次与《点石斋画报》刊行时间表"，从而使编者"兼及大众与专家的不同需求"的设计落空。专家虽是小众，影响力并不小，这样做实为不智；二是图画太小，很多细微处看不清楚，如果不考虑资金和时间因素，这本书能做成较大的开本当然更好，即使开本如旧，也大可将一幅图横置，撑满一页，抄录图中的文字（这一点倒是便利了读者）可以放入单页，与辑录文字对照，哪怕字号小一点呢？这也正显出了《点石斋画报选》的优势，每幅图都占了两个页面，图片的冲击力自然不可同日而语。也许，两书同读，正是一种取长补短的好方法。

《图像晚清：点石斋画报》，陈平原、夏晓虹编注，百花文艺出版社 2006 年版

"以旧带新"的新闻画史

《点石斋画报》是近代中国最早的一份新闻画报,也是影响最大的画报。

据研究者统计,自 1877 年至 1919 年,全国发行的画报,至少有 118 种。这些林林总总的画报,不论是总体设计,还是行销策略,都没有超越《点石斋画报》。

《点石斋画报》由《申报》馆编印,创刊于 1884 年 5 月,终刊于 1898 年 9 月。画报为旬刊,逢初六、十六、廿六出版,每册八页九图,16 开本,连史纸石印,由《申报》馆申昌画室发售,零售每册银五分。

《点石斋画报》的成功之处何在?研究者各有所论。对《点石斋画报》贡献最大的,有两个人,一是《申报》馆主人美查,一是画师兼主笔吴友如。从这两个人身上,我们大略可以把握《点石斋画报》一纸风行的关键。

背靠外资大报《申报》,是《点石斋画报》新闻来源的保证。《申报》不仅保证了画报上新闻的充足,也同时提供了叙事的权威性。《申报》新闻不仅重视外电的翻译(这是突破政府新闻封锁的有效手段），同时力求派访员或通过关系掌握第一手材料，因此该报在晚清一度成为"报纸"的代称。依靠大报建立的权威地位，《点石斋画报》在读者心目中的地位自然不同凡响。

《点石斋画报》相当于《申报》集团的子报纸。它的市场定位，是针对粗识文字的中下层民众以及妇孺之流。吴趼人《二十年目睹之怪现状》中，就出现了男读《申报》、女看《点石斋》的有趣图景。可是据包天笑回忆，《点石斋画报》不仅小孩喜欢看，宁愿省下点心钱也要买，大人也喜欢读。一方面，这是由于《点石斋画报》通常被当作一种娱乐读物，而中国"上图下史"的传统，恰恰在绣像说部中保留最为完整，因此图文并茂的画报，非常适应大众娱乐的阅读惯性；另一方面，《点石斋画报》热衷于介绍各类"新知"，如火车、飞船、军舰、巨炮等中国内地闻所未闻的物什。在了解新奇事物方面，图像的冲击力远远大于文字，故此鲁迅评《点石斋画报》为"要知道'时务'的人们的耳目"。

《点石斋画报》上"新"的内容，不管是"时事"，还是"新知"，都能赢得研究者的纷纷喝彩，甚至推为"画史"。而那些"奇闻"和"果报"的篇章，则往往引得后来学者皱眉，认为既没有创见，又传播愚昧。笔者倒认为，对于老大中国，尤其是内地各省而言，一份全"新"的读物是难以被普遍接受的——孙宝瑄曾断言，江北比上海的风气，差了足有50年，而华北比江北，又差了50年。《点石斋画报》既然定位为中下层民众，弘扬新知的势头太猛，只会把人全都吓跑。一份读物，多是"聊斋""阅微"式的果报奇闻，中间羼杂着洋人的新鲜玩意儿、中外的频仍战事，才能"旧"中出"新"，以"旧"带"新"。

明乎此，也就能了解为何《点石斋画报》早期描述中外战事，一副隔岸观火的悠闲姿态，与《申报》悲愤纠结的笔调形成鲜明对照。晚清的老百姓们，只知有"天下"与"朝廷"，对于"国家"的观念，其实相当淡漠，他们看中法战争之类，跟听老辈讲述"官兵打长毛"并无二致，着眼的是战事的激烈与花絮的精彩。到了甲午前后，《点石斋画报》的姿态自然大不相同，连登载日本天皇的画像，也要说成是让爱国志士认清敌人嘴脸。从《点石斋画报》的姿态变换，颇可看出民族国家的叙事是如何建构和传播的。

同样，吴友如的画风，也是《点石斋画报》广为传布的重要因素。鲁迅从后设的眼光看，当然觉得"对于外国事情，他很不明白"，而"'老鸨虐妓''流氓拆梢'之类，却实在画得很好的"。可是对于读者而言，"外国事情"明白与否，并不打紧，中国人画得像不像，却是他们评判画师水平高下的唯一标准。李伯元《官场现形记》写佐杂官吏极为传神，一写到朝廷大员便流于浮泛，但一点不影响此书的流行，反正万千读者中，又有几个见过中堂大人是什么德性？

《新青年》是《甲寅》的翻版

当《甲寅》的创办人章士钊1912年自英伦归国时,他的最大理想,就是在中国办一份类似英国《旁观者》(*Spectator*)那样的以政论为主的综合杂志,其理想读者,当然也是仿效英法"高级报纸"的销售对象:知识分子、议员和商业界人士。

《甲寅》之前的尝试是《独立周报》,章士钊坚持"不党"的立场,希望可以靠广告收入维持,并重金聘请撰述员,他不愿《独立周报》成为一份党派刊物。

国民党人发动的"二次革命",以及其后袁世凯的舆论钳制和大肆追捕,迫使大批反袁的知识精英或隐居沪上,或东渡日本。政局日蔽,对政治的厌倦感和失败感弥漫于整个知识界。陈独秀在1914年给章士钊的一封信中沉痛地指出:"全国人民,除官吏兵匪侦探之外,无不重足而立,生机断绝,不独党人为然也。国人惟一之希望,外人之分割耳。"

1914年5月10日,孤桐(章士钊)主编的《甲寅》一卷一号出版于日本东京,四期后因故停刊半年,次年5月在上海恢复出版，至十期被禁为止。

《甲寅》出版时间不长，期数不多，影响却非常大。1915年，一位读者致信章士钊，称"国内日报虽多，然足引起人之注意者殊少。不足当呼者之目，以鄙人之私意测之，其足当此者，惟足下所撰之贵杂志，及梁任公所撰之大中华杂志"。《大中华》是以梁启超为首的进步党机关刊物，而《甲寅》的编者利用自身的人际、地缘关系，作者多为同盟会员或湖南同乡，随着杂志影响力的增大，新的作者不断加入，使《甲寅》转变成一份知识界的公共刊物。不断有读者来信，称赞《甲寅》是唯一不受政府或某一政党控制的论坛。

《甲寅》的凝聚力量来自于反袁的共同政治立场与主编章士钊"有容""尚异"的调和主张。准确地说，《甲寅》是一个过渡的平台，在1914—1915年间为知识精英的重新整合和边缘知识分子的崛起提供了适合的空间。

《甲寅》作者群具备三个特点：一是包容性，作者中既有同盟会系的陈独秀、吴稚晖、张继，也有进步党系统的张东荪、黄远庸，青年作者中既有北洋法政系的李大钊、郁嶷、白坚武，也有研究系的李剑农、周鲠生，还有无党派的胡适、皮宗石等；二是精英性，这部分知识分子接受过完整的新式教育，多数有留学经历，并与民初舆论界有密切的关系；三是边缘性，作者群中虽不乏吴稚晖、蒋智由、张继等党派知名人士，但主要还是由在民初政坛处于边缘地位或崭露头角的独立知识分子构成。

考察一下这些作者在《甲寅》停刊后的去向，《甲寅》作者群的意义就更为明显了。章士钊、陈独秀、吴稚晖、杨昌济、李大钊、高一涵、胡适、易白沙、李寅恭、刘叔雅都成为《新青年》的重要作者，他们中的大部分人任教于北京大学和国内其他大学。《甲寅》核心作者群可谓尽一时之选，之后很长一段时间内，他们占据着中国文化圈的核心位置。

更重要的是，《甲寅》之前的政论杂志，大抵只是多篇论文的结集，编者、作者、读者之间，很少互动的空间。而《甲寅》创刊号确立了"本志既为公共舆论机关，通讯一门，最所置重，务使全国之意见，皆得如其量以发表之"的宗旨。《甲寅》能吸引那么多之前藉藉无名的边缘知识分子，跟它降低发言门槛，从而使讨论全面而深入的开展有极大的关系。

陈独秀本是章士钊的副手，1915年，他自创了《青年杂志》（后改名《新青年》），因此《新青年》的编辑模式，几乎就是《甲寅》的翻版。当时不少读者即将《新青年》视为《甲寅》的延续与替代。不仅因为二者立场相似，还由于作者群有很大的重合，而对于"通讯"的注重，讨论方式的开放，更是如出一辙。从这个意义上，我们也不妨说，《甲寅》是《新青年》的滥觞。

编辑角度看《良友》

当年曾风行天下的《良友》画报,五十余年来却甚为寂寞,显然是因为它很难被纳入过往意识形态的框架中予以阐释。好在风水总是轮流转,当我们重新关注中国都市的发展与都市人群的生存形态时,这份五十年前在中国最大都市上海编辑发行,行销全世界华人聚居地的精美画报必然成为一种不容忽视的存在。三联书店在这个时候推出《良友》画报第四任主编马国亮的《良友忆旧:一家画报与一个时代》,适其时也。

在李欧梵教授那本讨论1930—1945年上海都市文化的论著《上海摩登——一种新都市文化在中国》中,《良友》画报赫然成为一个极其重要的资源。对于李欧梵的研究而言,《良友》的意识形态匮乏不但没有成为他解读上海社会的障碍,反而因其"反映'摩登'生活的都市口味"(尤其是其中的女性和儿童专栏)而指示了观照1930年代中国都市的另一种进路。李欧梵指出,《良友》的独特性在于它的良好声誉"不是通过知识刺激或学术深度达到的,而是借着一种朋友般的亲切姿态做到的",他认为《良友》的编辑"敏感到大众在日常生活层面可能需求一种新的都会生活方式,于是对此做了探索"。李欧梵在此已经点出了《良友》成功的奥秘,即不再承担知识启蒙和传播的任务,而致力于提倡新型生活方式和满足大众的都市想象,从而"讲述了有关中国现代性的另一个故事"。

将李欧梵的论述,与马国亮的回忆相印证,会发现诸多契合之处。《良友》画报初期的成功,可能得益于新闻图像传播的不发达,没有电视,也很少纪录片,但是《良友》成功以后,跟进的刊物很多,而且其中主事者如《时代画报》的叶浅予,《文华画报》的梁雪清,都是一时之选,连《良友》居功厥伟的第三任主编梁得所,后来也辞职去办《大众画报》。《良友》始终能在群雄并起的上海滩头独领风骚,原因很多,仅从编辑角度看,也足以给今日的都市媒体,树一个很好的榜样。

《良友》的每一次大型策划,如《中山特刊》《北伐画史》,"名人生活回忆录","上海地方生活素描","西游记"等民俗考察与旅游系列,都能取得巨大成功,绝非偶然,要求策划者必须要把稳都市跳动的脉搏,了解都市读者的需求。西方新闻学将读者对新闻的关注程度分为三个等级:

第一等级：是否有什么事发生在我和我的亲友当中？

第二等级：我和我的亲友所处的社会有什么变化？

第三等级：外部世界发生什么有趣的事情？

《良友》的聪明之处，正在于他们尽量将新闻的等级提高，比如对名人的报道，《良友》尽量采用平易的方式，注重生活细节，请名人自己撰稿，利用生活化的图片，这都是拉近名人与公众距离的好方法。再加上名人的成功示范和大众的窥隐心理结合，自然就产生莫大的吸引力。西北民俗旅游考察，本来只是一种满足都市读者好奇心的举措，但编者通过文字和图片（如拆骡车过桥的系列照片）将考察团的真实历程尽可能展示，为读者发出了强烈的"代入呼唤"，就能将第三等级的新闻提升至前两个等级。"上海地方生活素描"则反其道，专门约请写作名手，最好是初入洋场的名手来描画大家熟视无睹的生活场景，可以收到"陌生化"的效果。最让人叹为观止是《良友》坚持在封面上使用青春靓丽的美女照片，即使内页刊载的是民族存亡的大事也不稍改，在今日的女性主义者看来，强调女性"被凝视"的意图未免太过强烈，但却是吸引读者的一大法门。第一期画报封面选用的是后来的"电影皇后"胡蝶，更是喻示着《良友》与方兴未艾的银色工业从此结下不解之缘。论及1930年代上海都市的独特，电影工业是一个极为重要的元素。对于都市读者而言，电影明星和社交名媛并不是他们的世界以外的人物，许多人说起明星的事来如数家珍，比自家人还亲切。《良友》抓住了这样的读者心理，自然能够大行其道。

《良友》的另一个成功之道，在于主事者对市场进行了很好的细分。都市人群五方杂处，读者队伍当然不是铁板一块，要想用一份画报满足所有读者要求，只会是吃力不讨好，《良友》初期被人批评"庞杂"，原因就在于此。好在情况很快得以改观，《艺术界》《现代妇女》《体育世界》和《良友银星》等附属刊物的出版，使《良友》在满足大众口味的同时为"小众"提供更专业、更详尽的读物，再加上不定期地出版画刊和各类书籍，良友公司形成了一条现代化的媒体生产流水线，最大限度地利用了编辑所能取得的图片和文字资源，这就是广东话说的"渣都捞埋"（煲汤喝连汤渣也不放过），《良友》的创办人伍联德和最得力的编辑梁得所都是广东人，这种灵活多样的办刊方式正是广东人的生意经。

一册《良友》，读者关注的是它的可读性，学者关注的是它的文化意义，编辑者关注的是它的知名度和市场销路。贤者识其大，不贤者识其小，相信《良友》在将来仍会是一个说不清道不尽的话题。

报业如何成史

由于一直关注近代传媒研究,看到新出的《晚清报业史》和《中国近代报业发展史》两书,忍不住眼前一亮。可惜的是,这两本著作都非真正意义上的"报业史"。这一点稍后再说,先来谈谈这两本著作的得失。

报刊是一种传达和交流的媒介,其价值必须借助读者的阅读得以实现,因之报刊对社会各领域的参与程度及其对传播范围内的影响力,才是评估报刊地位和意义的尺度。讨论报刊的历史,仅仅从当代人的眼光去挑剔其正误,或因意识形态的要求论述其高低,都会把报刊研究做"死"。宁树藩教授在为《中国近代报业发展史》撰写的书评赞赏作者"不仅注重报刊的政治思想倾向表现,同时也着意从报刊自身的成长变化来考察报史",点明了此书在报刊史研究方面的主体自觉,是其一大优点。相形之下,《晚清报业史》在前言中交代其目的是为了"揭示报业在晚清大变局中的作为与贡献,展现报人言论救国之精神",明显没有跳出以意识形态标准来评判报刊历史意义的窠臼。

就知识积累与学术创新而言,对越是后出的著作,读者的要求理应越高。如果后起者全然不能见前人之未见,或道前人之未道,恐怕很难算是一本合格的学术著作。《中国近代报业发展史》这方面堪称典范,该书关注的1815—1874年间的中文报刊,大都由西方传教士创办,流行于中国大陆以外,原刊大都已成绝响,因此一直是中文报刊研究的薄弱环节,从而使中文报刊的生成史显得面目模糊。作者穷十余年之功,遍访中、英、美、日各地的中文报刊资料,发现了一批几近湮没的珍贵史料,从而提出一系列新的命题,尤其重要的是对报刊史研究者奉为圭臬的戈公振《中国报学史》不少说法的纠正,堪称正本清源。

反观《晚清报业史》,似乎并未将前人的研究向前推进多少,而更像一本对报刊史的通俗介绍。《中国近代报业发展史》作者卓南生在书末附录中自道甘苦的一段话,可以直接移来做《晚清报业史》的批评:"我们对报史的研究也要改变看法,不能老是停留在进行通史和概论研究的阶段。认真地说,宏观的通史与概论的书最不好写……年轻的学者与其做重复研究,不如花更多气力从事断代史和个案的研究。"《晚清报业史》恰恰是以"通史"的姿态来从事报刊史研究的,但是许多资料和观点,都出自二手转抄,对学界沿袭已久的定论，已有前人质疑者，也未能细加辨正。如《中外新报》的创办时间，戈公振断为1858年出版于香港，卓南生根据大量资料证明其真正创办时间是1872年。1999年出版的《中国新闻事业编年史》已经吸引了这一研究成果。《晚清报业史》偏偏断为1854年在宁波出版，不知根据何种材料？又如以前报刊史在描述《申报》的影响力时，往往举包天笑等人的回忆录，称当时上海人将所有报纸都称为"申报"。美籍学者潘祖模曾在《新闻研究资料》有专文论述所谓"申报"实为"新报"。《晚清报业史》完全照录成说，不加辨析，未免让人对该书的学术价值产生怀疑。

我对《中国近代报业发展史》也有不满之处，主要在于它的书名。在我看来，它的日文版书名《中国近代新闻成立史》才是贴切的题目。名者实之宾，定名的差异会让读者产生截然不同的阅读期待。新闻史的写作早已有之，从已成经典的戈公振《中国报学史》，到搜罗赡富的方汉奇《中国近代报刊史》以及方主编的《中国新闻事业编年史》，还有林林总总的区域新闻资料，成果颇丰。但是"报业"的含义和"报学""报刊""新闻"都不一样，似乎更应偏重新闻业界的结构与运作、报刊的出版与销售、经营者的立场与策略，以及报刊之间的互动、人员之间的关系，等等。这些因素在戈公振、方汉奇等人的著作中都有反映，却并非主体。因此我对"报业史"的预设是：重点叙述报业自身的发展衍变，同时关注整个报业与社会的关系，勾勒出中国报业自近代以来在官方/民间、精英/大众、东方/西方等多重关系构成的复杂空间中的位置。

遗憾的是，这种预设最终落空。两书学术价值相距甚远，但都未能为读者提供完整的报业史叙述。《中国近代报业发展史》可能是限于早期报史旁证资料匮乏，《晚清报业史》则欠缺对"报刊"与"报业"的差异认定。研究者轻言"报业史"，也许不是一种偶然，而是提点我们当下报刊史研究界对报刊自身的产业性质认识不足，难免会产生研究定位上的误区。

《中国近代报业发展史》，卓南生著，中国社会科学出版社2002年版；《晚清报业史》，陈玉申著，山东画报出版社2003年版

学问还可以这样表述

北大的陈平原教授曾说,他最关注近代以来的三种言说方式:报刊、学堂和演说。这种学术感觉非常敏锐,因为这三种言说方式,是近代中国进入"三千年未有之大变局"后才引入中国的,都是传播新知、阐扬学说、表述思想的利器,迥乎异于中国传统的邸抄、书院和讲学。不管其运载的内容如何,这些新的言说方式本身的成型,对二十世纪中国人的精神生活构成了深刻的、甚至是决定性的影响。

陈平原教授的研究课题,对这三种言说方式都有所涉及。对报刊的研究,从《中国小说叙事模式的转变》到《二十世纪中国小说史·第一卷》,再到近期与夏晓虹教授合著的《图像晚清》,可以描画一条完整的学术轨迹;对学堂的关注,则从他编撰的《北大旧事》与《老北大的故事》中可见一斑;唯独对于演说,以前未见陈教授有独立的论著,现在这个空缺可以补上了,补缺的是陈教授选编并导读的《章太炎的白话文》一书,收入"二十世纪中国人的精神生活丛书"。

太炎先生头上从来就戴着"民国先驱"和"国学大师"

两顶帽子。对这两种不同的身份,研究者大都是分而述之,很少有人注意到这两种身份之间的冲突与互补。章太炎晚年不愿意将"战斗的文章"收入自己文集,那是他对自己的文化定位的终极选择。如果从社会的接受度和对中国人精神生活的影响着眼,则不能不重视章太炎策略性地对白话的使用(尽管他后来对新文化运动大不以为然),这种使用的背景、途径、反响以及它在现代白话文中的遥远回声。

陈平原教授在《章太炎的白话文》一书"导读"《学问该如何表述》中指出,章太炎从"古文学的'押阵大将'"一转而为"白话文的'开路先驱'",跟晚清蔚然成风的"演讲"和"纪录"关系极大。作为学问家的章太炎,著作中尽可使用佶屈聱牙的古文字,让后学反复揣摩沉潜;作为革命家的章炳麟,却必须和他的同志们一起,将自身的革命主张晓示天下,尽可能扩大受众的范围。这种功利性极强的"讲学",自然迫使章太炎调整表述学问的策略,所谓"革命不忘讲学",也可以反过来理解为"讲学不忘革命",这样才符合章太炎到达日本后公开提出的口号"用国粹激动种性,增进爱国的热肠"。

章太炎为此作出的调整包括:一、使用语体文(包括演讲时和"拟演讲"的文章);二、尽量简化自己的学说,凸显其中有利于激荡人心、振奋民气的部分,甚或不惜用夸张极端的语气如"别国的学问,或者可以向别国去求,本国的学问,也能向别国去求么?",动辄将日本学者拉来垫背,嘲笑其"好傅会,任胸臆,文以巫说"等等。

这种演讲时的说法一旦形诸文字,现在看来未免刺眼与可笑,但是放在当时的语境里,却不能不同情于章太炎借讲授学问激发听众的爱国热情和民族意识的一番苦心。更何况,滤去这些过激的言辞,从中更可以看出章太炎对治学、教育诸般问题的独特见解,如强调"学堂"与"学会"的不同,以此勾画官府/民间的对立,提倡学术的独立性,正是章太炎一以贯之的思想进路。关于这一点,陈平原教授在《现代学术之建立》一书中阐释得更为清楚。

而且,仅仅将采用语体文视作宣传革命的策略性手段(章太炎本人似乎就是这样认为),未免太低估了这本薄薄的,不见于《太炎文录》的小册子了。陈平原教授认为,由演讲的风气形成的对学问的另一种表述方式,关系到"述学文体"的内在性转变,"面对新的读者趣味和时代要求,在系统讲授中国文化的过程中,无意中提升了现代书面语的学术含量,为日后'白话'成为有效的述学工具,作出独特的贡献",故此可以看作现代白话文的另一渊源。

这本小册子于1921年由泰东书局出版，主要收录章太炎在《教育今语杂志》上的演讲稿或拟演讲文字，但误收了钱玄同的《中国文字略说》，漏收了《论文字的通借》。现在陈平原教授将其重新整理增删，并注明在杂志上的刊发时间和原题，并附录八篇文字，以与本文参照阅读。这样，关注晚清的演讲和章太炎思想的读者，可以从中窥见一位"有学问的革命家"（鲁迅语）或"有情怀的学问家"（陈平原语）在那个大时代舞台上演出的一些精彩片断。

《章太炎的白话文》，陈平原编，贵州教育出版社2001年版

旧史新意　大题小做

先说"新旧"。这本书可算是"旧著"——曾在1998年作为大型丛书《中华文化通志·艺文典》中的《散文小说志》出版。然而，对于大部分读者而言，这套不拆零出售、多达101卷的《中华文化通志》确实还是但闻其名的"新作"。更重要的是，时隔六年，《中国散文小说史》的论题与阐释仍然属于该领域的学术前沿，把它作为一本"新作"看待，并无不可。

另一层面的"新旧"：这本书谈论的是"旧史"，却能自出"新意"。自鲁迅之后，中国小说史层出不穷，汗牛充栋，自不待言；散文史研究看似寂寞，不过陈柱、郭预衡几家而已，但是考虑到自林传甲的第一本《中国文学史》到钱基博的三卷本《中国文学史》，均不论及小说、戏曲，论述重心只在占据中国文学主流的诗歌与"古文"，再加上唐宋之后多少论文之作，无不围绕"散文"打转，就知道要在山海浩瀚的前人论著中杀出一条血路，是何等艰难！

次论"大小"。陈平原先生一向提倡学术研究"小题大做"，从小的时段或个案入手，考察其在"长时段历史"中的地位及意义。然而此书受《中华文化通志》的命题所限，必须"用30多万字的篇幅，描述两千年来'散文'、'小说'两大文类在中国的演进"，是典型的"大题小做"。这种高度浓缩的写法，容不得作者从容地胪列史实，平章作品，只能"提要钩玄"，以一个强有力的解释框架，来串连这皇皇数千年的文类流变，还得应付历史长河中不断跃出的"例外"，实非易事。以此观之，《中国散文小说史》篇幅有限，学术含量可一点不轻。

正因为是"大题小做"，《中国散文小说史》吸引人的地方不在于史料翔实、涵括广袤，而在于论述精当、推陈出新。即以全书结构而论，"中国散文小说史"并非"中国散文、小说史"，虽然散文、小说分为前后两部，却不可轻易打成两橛，各据半壁。中国小说的发展，深受史传文字的影响，前人颇多论列；唐宋以降的散文，又多从传奇、小说中汲取叙事手法，也不乏先见之人，然而试图将散文史与小说史加以糅合，以"穿越文类边界"，却算得本书的独创。事实上，散文与小说的边界，"五四"后的作家多有不以为然者，如汪曾祺曾说："小说与散文之间只隔着一道篱笆。"揆诸史实，确实有许多篇什处于两可之间。不过，近代以来小说、散文的明确分界，也自有它的道理，最重要的一条，就是以西方眼光重新审视中国文学，进而导致民间叙事传统的发掘与张扬。因此，本书的写法也是"分而不分"，虽分为两部，章节却一以贯之，叙述中又多用金圣叹所谓"草蛇灰线之法"，前后两部分参照互见之甚伙。同时，针对散文史和小说史演进的不同，采取不同的解释构架，散文史"根据时间顺序"，小说史则"照顾类型的演进"，这种叙述策略，可以较为清晰地显现出散文作为主流文类的多元化，与小说从散文中衍生分离、附庸蔚为大国的历史线索。

花开两朵，各表一枝。小说史研究，是陈平原先生的本色当行，《中国小说叙事模式的转变》《二十世纪中国小说史》第一卷、《小说史：理论与实践》《千古文人侠客梦》皆为学界脍炙人口的佳构。其独到之处，在于以类型学的方式描述小说的演进过程，同时着力考察"民间叙事"与"文人想象"之间的互动与整合。自胡适、鲁迅以来，小说史家多以西方式整体眼光看待中国小说，虽然有利于小说品位的提高，却忽略了中国小说自俗而雅、雅俗并存的独特现象。以创作、流通意义上的"雅俗"概念，考察中国小说中两大源流的对立与转化，不但可以讲清楚中国小说史上许多夹缠不清的话题，对于当下小说创作的现状与趋势，也能提供较为有效的解释。

而《中国散文小说史》的散文史研究,在陈平原先生自己的学术谱系中,更能显示其研究转向的意义。散文史研究的难度,在于其作品的汗漫与论述的支离,以及历史进程的反复与曲折。个人认为,散文史解释的难度,远逾于变化线索相对清晰的小说史。如果说,小说史研究主要依靠作者的"识见",散文史恐怕更需要研究者的"揣摩功夫"。在散文发展过程中,有太多的影响是隐形和微妙的,是可意会而不可言传的,而每一位散文作者对于文体、文风、摹仿对象的选择,不尽然与时代风尚和市场需求这些显形的因素有关,有时只是出于内心的好恶与个性的差异。在这个意义上,散文史研究比小说史研究更加个人化,更能体现作者对历史与古人"了解之同情"。

读《中国散文小说史》的散文史部分,在在皆是使人会心之处,如论及宋代诸贤同尊韩愈,欧苏与曾王的接受方式却迥乎不同;又如讨论赠序、墓志、游记对唐宋文章的影响,李贽与袁中郎对时文的矛盾态度,都足以令读者掀髯乃至拍案。这些叙述建立在对文本、作者生平、社会环境、时代特色的综合把握之上,也许与作者出身现代文学研究有关,以对同代或隔代的作家全面关注的研究方式,延推至时隔辽远的古人,同样也会有切中肯綮的效果。

限于篇幅,散文史的论述许多地方点到为止、言犹未尽,若能与作者这六年中继出的《中国散文选》与《从文人之文到学者之文》参照阅读,当更能明白作者对中国散文尤其是明清散文的了悟与体味。

《中国散文小说史》,陈平原著,上海人民出版社 2004 年 9 月版

第三套笔墨

好些年前,陈平原先生曾自称有"两套笔墨":一套用于谈文论学,一套用于怡情遣兴。此乃学术论文与学术随笔之别,大家都知道,就是做不到。只好白看着陈平原先生在两套笔墨间兴高采烈,随脚出入,空咽了许多口水。

就在我辈吭哧吭哧区分两套笔墨,争取论文写得像论文,随笔写得像随笔时,平原先生忽然又甩出了"第三套笔墨"的说法。这就比较难理解了。第三套是啥模样?愚驽如我,想破头也想不通。

好在,平原先生自己提供了范本。几年来,一篇篇文章出现,似乎确与纯粹的论文、纯粹的随笔,都有所不同。到得这些文章经过修改、整合,结集成《触摸历史与进入五四》一书,我才从中略略品出了"第三套笔墨"的意蕴。

据作者自己交代,《触摸历史与进入五四》的研究策略是"于文本中见历史,于细节处显精神","舍弃了面面俱到的评说,抓住几个突出的文化现象'小题大做'……借助若干自以为意味深长的细节、断片、个案,来钩稽并重建历史"——给平原先生的书作评真是无奈,他老是在前言后记中将学术意图表达得圆转如意,花团锦簇,迫得评论者当文抄公。

"小题大做"是平原先生的一贯思路,他屡屡将之追溯至鲁迅撰写文学史,以"药·酒·女佛"写汉魏六朝文的故智。其实以我看来,治古史与近代史,最大区别在于前者唯恐史料不足,穷极搜罗之功,方可剥离碎屑,整合成文;后者则资料过繁——陈寅恪先生曾有此感慨——既然不求正面攻坚的宏大叙事,那么如何通过细节把握历史,更需要"透视历史的敏锐目光",否则,稍不留意,真能淹没在无数有趣的细节之中。

且莫赞叹平原先生的学术功力,先说说此书的特色。其与众家关乎"五四"的著述不同之处,端在于"触摸"二字。借得傅斯年失落在异邦的《国故论衡》,搜到数种版本的《章太炎的白话文》,固然是触摸,或凭借想象体味五四大游行中师生因天热行迟产生的焦灼感,或经由文本还原《新青年》同人对自身文化业绩的建构性书写,又何尝不是一种"触摸"?胡适请周氏兄弟为其删诗,为的是将自家著作经典化;蔡元培支持艺术社团而非院系的背后,包含着蔡校长的美育理想……如此种种,入手均是传统史家弃置不顾的皮毛细故,得出的结论却不但更清晰地勾画出事主的心态举动,更是将作者的评骘和意绪均隐含其中,写法呢,或用层层剥笋的"拨云见日法",或用随处点染的"千里灰线法",精研小说史的平原先生,论文中竟也时时见得小说般的精彩,猜谜的快乐,求索的艰辛,余意的宛转,从前多见于作者的随笔散篇,如今也进入了正规的学术论文,而论文的意义,并不伤于这些细节的琐碎,反而为冷冰冰手术刀般的理论分析与思想推进,添了一份难得的情趣。

莫非,这就是作者标榜的"第三套笔墨"?

按我的理解,"第三套笔墨"不仅仅是介于论文与随笔之间的一种文体,更是努力打通作人、为文与怡情之间的一条途径。正如平原先生研究章太炎白话文时指出的,这些"拟演讲稿"既有"讲学"的潜在规范与严肃结论,又不乏演说的渲染氛围与调动情绪,"既有前者的学有根基,又有后者的平易风趣",二者合一,可作学理探讨,又可当文章欣赏,是别具一格的述学文体。"第三套笔墨"的效果或者也近于此?

晚明晚清的回忆

从布衣书局拍到了一册《晚明与晚清：历史传承与文化创新》，湖北教育出版社2002年版，印数2500册，定价32元。我以33元拍到手。

这是一本论文集，由陈平原、王德威、商伟主编，论文均自2000年8月北大召开的"晚明与晚清：历史传承与文化创新"国际学术研讨会。

那时我还在平原师门下，刚刚结束研二，准备下学期写论文。那时北大中文系下挂的二十世纪中国文化研究中心刚刚成立，系主任也刚换了温儒敏老师，很有些新气象，这个会办得声势相当大。

不妨将论文作者的名字抄录于下：赵园、郭英德、魏爱莲、叶凯蒂、梅家玲、袁进、刘梦溪、葛兆光、王鸿泰、杨念群、瓦格纳、陈平原、李孝悌、么书仪、罗志田、夏晓虹、张宏生、袁书菲、罗鹏、马克梦、王晓珏、胡晓真、钱南秀、刘勇强、白岚玲、商伟、王德威、宋伟杰、韩南、米列娜、吴承学、徐钢、张健、孙康宜、关爱和、金文京、王风。

不能说个个杰出,也不能说全无人情因素,但整合之广,名角之多,也很让人惊艳了。

那是我第一次参与学术会议的组织,负责横幅事务。剩下的就是连听三天会。

会上的论文集,我们这些听会的学生自然没有,要去找发言的师姐借来看,或者某些论文有电子版。两年后论文结集,我们自然还是没有,要买呢又觉得贵,印得不多也未见到打折。十多年来不曾拥有,但其中有些论文的启发意义,时有润泽,至今未忘。

今日收到布衣书局寄来的书,恰好,看到《传记文学》上卞东波悼师兄张晖的文章《愿言怀人》,才知道那年张晖也来北京听此会(他大约算是张宏生老师带来的),他比我低一级,研一研二之间,所以,算是见过,自然双方皆无所觉。

卞东波写道,张晖参加此会回南京,很是兴奋,对他说:晚明晚清研究将成显学。这或许对于张晖日后的学术道路、学术课题选择,有推动作用。他最后的学术设想"帝国三部曲",或起源彼时?

对我,或者也是有的,当时听会的感觉甚好,当时立下考博志愿亦未可知。硕儒满堂,从晚明拉到晚清,一条隐线呼之欲出。平原师发挥他的装帧爱好,《议程表》的封面是陈老莲《水浒叶子》中的安道全，风神绰约，封底是任渭长《三十三剑侠传》中弹阮咸的红线，静若处子。这是平原师得意之笔，于是原封移到了论文集上。

弹指十三年矣。晚明与晚清。

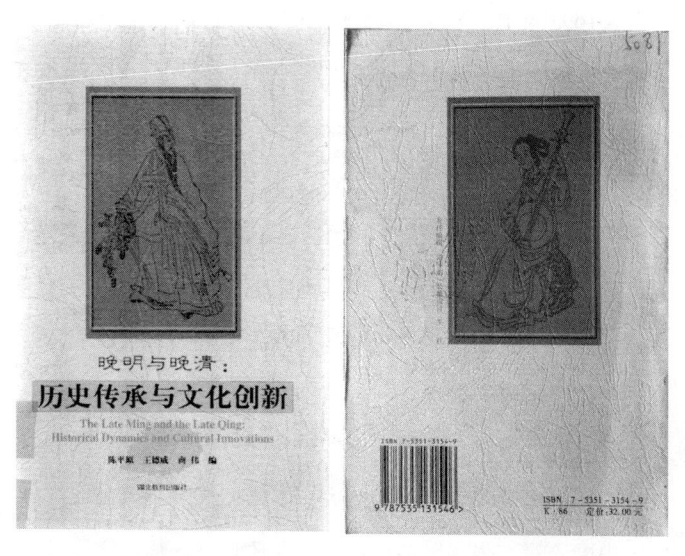

《晚明与晚清》封面　　　　《晚明与晚清》封底

他们带回的德国

1919年8月,前总理段祺瑞麾下的安福系机关报《公言报》连续刊出署名思孟的《北京大学铸鼎录》,对于北大,从校长到文科诸教授,一一谣诼嘲骂,算是为五四运动找的后账。蔡元培名下,说他"天资过人,留德五年,竟识字至百余",然后即认为"治哲学无难也",于是大搞北大新政。当红的海归教授胡适,作者虽然肯定他"英文颇近清通",却指责他"于希腊拉丁素未问津,德法两文亦未寓目",言下之意,美国哥大博士也不过尔尔。

虽是造谣苛责,却可以看出时人心目中"西学"的价值谱系。第一次世界大战刚刚结束,美国还远没有后来那么阔气,中国人对"强国"的认识,主要还是英、德、法、日,尤其是由弱变强的德日两国。远效威廉大帝,近学明治维新,是清末民初知识精英的共同理想。所以杨度《湖南少年歌》云:"中国若为德意志,湖南当作普鲁士。"

中土正多难,西方有真经,自然就有许许多多的取经者络绎于途,他们艰难西行,当然不是仅仅为了好奇,为了"文化交流",而是带着对中国的政治问题、社会问题、文化问题的思考上路的。一旦学成归国,那还不各行其是,各显神通?偏生国内的风气,自近代以来就是崇洋重外,留学生回国,坐的桌椅都比国内毕业生大一号。这种情势下,"取经归来"对近代中国产生的影响,可想而知。是故陈平原教授指出:"'留学生与近代中国',这样的题目,其重要性不言而喻。"

叶隽的博士论文《另一种西学》讨论的是"中国现代留德学人及其对德国文化的接受"。对于德国文化,他老兄是专家,我是十足的外行。好在该书重点是"对德国文化的接受",一只蝴蝶扇动翅膀,尚且能引发飓风,取经者嚼饭哺人,虽然事隔数十年,后学如我也未必没尝到一口半口。即使普通中国人对德国的想象,想来也不是全都来自西门子、大众,留德学人所窃之火,照亮的是英美俄苏之外,中国的另外一条西化道路。

是书选择了马君武、宗白华、陈铨、冯至作为个案进行讨论,而不是更具社会知名度的蔡元培、陈寅恪、季羡林,除了填补空白的考虑,更多的是看中前述诸人在传播德国文化理念上的代表性,如马君武对德国大学"致用"理念的引进,虽不如蔡元培改革北大的声名赫赫,但广西大学一切向实用看齐、独重工科的办学风格,几乎是数十年来中国高等教育的一个范本。对错姑且不论,影响却不容低估。又如陈铨《野玫瑰》等作品对"超人哲学"和"民族意识"的渲染和揄扬,虽不乏逻辑上的裂隙,却呼应着尼采对中国知识界深远的影响,也同时契合了抗战时期中国民众的传统"受牧"心态与国族认同,其巨大社会反响和左翼对之猛烈的批判,以及后来文学史的讳莫如深,都颇多可以玩味之处。

俗话说:"内行看门道,力巴(外行)看热闹。"我这个力巴,也从这本书中看出了如许热闹,只因德意志然远在万里之外,那些取经者间关万里携回的"德国",却深深烙印在我们这个已经面目全非的老大中国身上。取一面镜子,照一照那烙印有多深多宽,是伤了筋还是动了骨,再进一步,抽一管血瞧瞧,红色的体液中,有没有几丝日耳曼贵族的蓝色?总不能说是件没有意义的事情。

叶隽这本书,篇幅不长,算是一面小镜子,镜子虽小,质量可靠,能照清真实面目的,就是好镜子。

《另一种西学:中国现代留德学人及其对德国文化的接受》,叶隽著,北京大学出版社2005年版

那些中国的好人

初闻萨苏,是在2007年,一位小兄弟跟我说,有这么一位,新浪最佳写作博客,他每天都追看,又借给我《中国厨子》《北京段子》。从此我就收藏了萨苏的博客,几年下来,也看了许多他的字。

萨苏与我,算是同行。

论起职业,自然离了好几十里地。说"同行",也不是为了萨苏在《那些中国人》(中国社会科学出版社2010年版)的"序"里引了我在《野史记》中讲过的两个小故事。谬托同行,只是因为大家面对历史,讲述故事,有着比较相似的态度。

萨苏的一大专长是古今军事史,这方面我一窍不通,只能跟着看个闹热。《那些中国人》摆明卒马,写的是"人",而且不是萨苏也很熟稔的东洋人,而是中国人。这就算落到我的饺子锅里啦,可以一谈。

写"人"比写"事"要难,坊间许多通俗史著,往往趋易讨巧,只管叙事,不管人物。而"人"莫不由"事"来呈现,但"人"之复杂,岂是几桩轶事可以涵括?读一些作者下过大功夫的传记,似乎事事考核得详,传主面目终究模糊,聪明些的作者会留白,不同读者从中读出异样的味道。

以掌故写人,虽是古法,亦不易为。其中关键,在于话不能说完说尽,要留余地。吉光片羽,也只见得一瞬光辉。曾有批评者谓《野史记》"故事只讲一半",恰恰是写者的苦心。看上去是写名人古事,落足点总在目下当今,满纸往昔热闹,压在纸背的,是直面现世的感喟,论者有云"借故事写杂文",堪称的评。

《那些中国人》的用意很明显,萨苏走的不是柏杨式的批判路线(虽然他在文中对柏杨评价甚高),也不是齐如山式的文化怀旧,他要写出的,是中国人内心的那种温情、谦冲与坚毅。这些美德并非中国特有,只不过中国人有自己的方式来表达它们。这也是为何萨苏要点明"我一直觉得,我们中国在心中,总是梅先生,是巧云,是十一子"。

因之,无论写文人,写军人,还是写"科人"、伶人、凡人,萨苏总是挑其中正面的行径、心境来写。坏处、失落处自然也有,大抵存而不论。尤令人感慨的是写"文人",古云"文人无行",又道是"文人相轻",无行加上相轻,历史上有名的文人,身后无不拖着一长串的坏话,而背后刻薄的描述，流传度往往高于公开的赞美。人心阴暗，自古如是。萨苏偏偏反其道而行，总是强调"嘉言懿行"，为读者保留一份对前人的敬意与温爱——儒家"温柔敦厚之旨"不外如是，汪曾祺先生生前总强调"文章要有益于世道人心"，亦是这个道理。

于已成庸俗代名词的琼瑶，萨苏凸显的是她的抗战记忆；世人聚讼不已的林徽因、冰心"送醋"之争，萨苏看出的是逸事中的风流与幸福。其实更动人的，是他写的科人与凡人们：他们一生因循，难得有名人们容易撞上的"极限情境"，留在记忆里，不过是厚道良善的点滴流露。然而这些触手可及的点滴，形塑着世道人心，如《林先生》一文所写，即便"也曾有受害于'黑心医院'的经历"，但林大夫平易的牺牲，会让人"看医院的大夫们，仿佛个个圣人"。

与之配合的，是萨苏家常语旧的"对话风"，虽然从文章角度看，有时不免太博客太口语，失之絮叨，却自有他的亲切与体贴。

王观堂先生论哲学云："可爱者不可信，可信者不可爱。"世事流传，亦复如此。月亮背面阴影密布，人们要的只是清光。要听可爱的故事，见识中国的好人，我推荐萨苏的《那些中国人》。

大家都来读经典

一只改邪归正的猴

一位年轻人,刚出道时成日闲荡,违法乱纪,在道上结下许多弟兄,满城里无人敢惹他。终一日被捉将官里去,关了多时,捱尽苦楚。亏了位有眼光的官长,放他出来,又许了他一个前程,从此便戮力王事,尽忠朝廷,又引官兵暗算了许多往日弟兄,逐次擢升,终于做到了两江总督之职⋯⋯

熟悉晚清史事的人知道,我说的是晚清四大奇案之一的"刺马"主角马新贻,如今陈可辛正据此故事拍摄《投名状》,想必各位看官不久便会晓得此人。

将上述故事修改一下,将"两江总督"换成"斗战胜佛"试试?

孙悟空年轻时,是个不折不扣的非人类古惑仔。他强索龙宫宝物,侵占私有财产;他勾销地府名册,妨碍办公秩序;他占山为王,拉帮结派,麾下七十二洞妖王,真可谓妖中豪杰。大闹天宫后,在五行山下压了五百年,他就认栽了,说软话了:"万望菩萨方便一二,救我老孙一救。"观音要他将功赎罪,保护取经人,他连称"愿去愿去"。有了"唐三藏大徒弟"这个头衔后，他对往日江湖上的妖怪弟兄们就翻脸无情啦，自己杀得了便杀，杀不了的，向上级打报告，向其他部门搬救兵，大哥牛魔王，大嫂罗刹女，世侄红孩儿，统统不给面子。

孙悟空的转变，是没有什么心理障碍的。他自己当妖怪时也吃人，也抢劫，身份一转变，立即嫉恶如仇，是非分明，很让人怀疑他是个机会主义者，走的不外是"杀人放火受招安"的老路。

你从未从这个角度去看孙悟空，是因为你第一次翻开《西游记》，你就将自己代入了这个大英雄的角色之中。一旦你成了孙悟空，他做的一切都是合理的，他反天宫，是英雄不受羁縻，他闹地府，是为猢狲同类造福……反过来，他降妖除魔，是为了取得真经，救民水火，他四处求救，是为了救护师父，成全大义。反正他做什么看客都叫好，都欢喜，这就是所谓"替代性满足"。

有一种观点，说孙悟空代表弗洛伊德理论中的"超我"，猪八戒是"本我"，而唐三藏调和二者，代表"自我"。似乎有些道理，可是孙悟空做妖怪，我行我素，无法无天，分明也是"本我"，怎么就变成了"超我"？书里完全没有提供答案，这猴儿压在五行山下，渴饮铜汁，饥餐铁丸，既没政治学习，也不读书看报，从失足青年到劳动模范，也忒直接了点吧？

只能认为他原本就不是坏孩子，就跟王朔似的，你们瞧不起我，我就坏给你们看，闹给你们看，等到你们知道俺的厉害了，用得着俺了，有名誉有地位了，俺再改邪归正，一正还不是一般的正，是正气凛然的正！

鲁迅那段话怎么说来着？"因为不反对天子，所以大军一到，便受招安，替国家打别的强盗——不'替天行道'的强盗去了。终于是奴才。"孙悟空当然嚷嚷过"皇帝轮流做，明年到我家"，但其实不入流的弼马温他也做得起劲，有名无实的齐天大圣他也相当受用，难怪有人说他是个好员工。他要的，只是"职位品级"（大官的名分）和"社会承认"（蟠桃宴的请柬）。当年康熙帝为了分裂、软化反清的士气，开博学鸿词科，便是给民间才俊戴一顶大高帽，发一张国家认证书，果然收了奇效。可叹玉皇上帝，智慧还不如满族人玄烨。

一部《西游记》，各种阶层的读者都可以从中得到教益。主流社会要明白：有些反体制者胡闹，有时不是因为他真想颠覆什么，而是想引起主流社会的重视与认可。反体制者也要晓得：体制是强大而严厉的，没被体制收纳前可以折腾一下，一旦进入体制，就要与尚未进入体制者一刀两断，甚至砍翻几个旧友以博取信任，是谓"投名状"。饶是如此，还得为进入体制前的行为埋单，你看孙悟空那么勤勉上进，还要受紧箍儿的制约。

还是《大话西游》好哇，给孙悟空一个爱情的理由。他成了一个因为失恋而出家、而西行的愤青。借助爱欲的刺激与失落，孙悟空完成了从"妖"到"人"的转化——但这也许不过与《西游补》里的青青世界一样，是他西行路上的一个心碎的迷梦。不管怎样，这时的孙行者，摘下了好员工的面具，他嘴里咬着香蕉，横担那根棍子，显得颓废、忧郁、放荡，像你我一样，他是一个活在体制里的反体制者。

二十年前读红楼

那一年我已经读完了人文社的白皮本鲁迅杂文,但凡有一点零用钱,就会扔在图书摊上,租几本武侠看;那一年爷爷的小书柜里不曾读过的书已所剩无几,除了《红楼梦》,就是《邓小平文选》《邓演达文集》;那一年电视剧和电影都还没有拍成,但是已有了戴敦邦绘的小人书;那一年我十二岁。

那就读"红楼"吧。干这事就像出疹子,总得有过一回才教人放心。既然四大名著已读其三,没理由只偏曹先生一个。马克·吐温说得好:"古典名著是人人都不想读,但希望自己读过的东西。"这句格言我是从《读者》上看到的,那时还叫《读者文摘》。

故事是早知道了,头两年我读了《张天翼论创作》(那时真真是抄起书乱读),张天翼说,《红楼梦》的故事最简单:一个宝哥哥,爱上了林妹妹,人家不让他娶林妹妹,后来林妹妹死了,宝哥哥出家了。一句话就得,比《天龙八部》简单多了,所以应该看细节。

一个星期，读完了。印象最深的是什么？哈哈，是大观园分配住房后，一众男女在一块儿起绰号。怡红公子潇湘妃子稻香老农，太没威风了，倒是宝玉用过的一个旧号印象深刻：绛洞花主。好长一段时间我都记成"绛花洞主"，想是看武侠太多的缘故。

《红楼梦》号称"清代百科全书"，可是我对那些生活细节呵，全不感兴趣。我成天想当个形而上的古人，用文言文写周记，多次被老师批评，还备了个本子，填一些溜酸的诗词。所以我爱看大观园里结诗社，林潇湘魁夺菊花诗，薛蘅芜讽和螃蟹咏，两首我都不喜欢，《葬花词》好便好，那调调儿终是不可爱。最入眼的，说来奇妙，是贾政老爹的命题作文，众清客一致称赞的《姽婳将军辞》。

还有，就是大观园里的姐姐妹妹们逗才使气，看着就可恼。你们懂得什么呀？物理没学过，代数没学过，一句洋话都不会说，神气个啥？鲁迅说有些人读了"红楼"，恨不得钻进去充当一个人物。我当时也有这个想法，希望钻进书去，被聘为大观园的家庭教师，给宝姐姐林妹妹讲讲世界历史和世界地理，听得她们眼睛睁得老大，才知道天外有天。

至于说到性启蒙，哼，第五回未免太隐晦太含蓄，还不如《封神演义》下册土行孙和邓婵玉那一段——说到这里，想必有些卫道之士开始皱眉头,回家赶紧把这些名著统统放在书柜顶层,不让小孙孙看见。有什么用?初二时,他会和同学一起偷偷看 A 片。

不管怎么说,反正俺是读过《红楼梦》的人了。到学校说起来,很牛啊。之后,我明显感到,有几位同学,尤其是农村同学,想方设法和我接近,就是为了借《红楼梦》。我挑其中要好的借,千叮咛万嘱咐,不能损坏书皮,污毁书页。那时物质还是不丰富呵,现在我一个月能买一百本《红楼梦》,借书给别人时就再不说这些了。

等到班上同学都陆续看过红楼梦了,我们就开始看不起某个男生。这小子一下课就往女生堆里扎,跟贾宝玉似的!

都说《红楼梦》不能只读一遍。一没书看,就抄起它来呗。挑着看,一碰到林之孝家的周瑞家的,就跳过去。

暑假去一个朋友家玩,第一次看到了《红楼梦》另外的本子,大约是光绪年间的石印本《金玉缘》,很流了一点口水,但是又不能一把抢过来就跑。该朋友如今似乎在"中国移动"工作,此书或许还在。

上了大学,宿舍里的舍友对《红楼梦》意见不一。有位广州同学一再表示读中文系而不读《红楼梦》,非常惭愧。后来他生日,我买了上海古籍版的廉价本送他,不知道后来读没读。

还有一位潮州同学,对我们成天吃吃喝喝很不满意。他用我们的一顿酒钱,去买了一套《红楼梦三家评本》,很是得意。我很赞同他的话,但仍然吃吃喝喝。

掐指算来,我真有廿余年没读过《红楼梦》了。只是中国喜欢读《红楼梦》的人太多,碰头撞脸总会有人提及,就好像邻居家的大姑娘成了歌星,私密的记忆渐渐被公众的印象取代。

可是我当初最忽略的生活细节,现在变成了最感兴趣的部分。看邓云乡的《红楼梦谭》《红楼识小录》,引的文字都那么亲切,那么多遍呵,翻都翻熟了,虽没到张爱玲"陌生字会自己跳出来"的功夫,但每句话都大略记得它的位置,拼合起来,好像一府大户人家的春夏秋冬,历历就在眼前。这是读"红楼"的另一重滋味,谁还顾得上宝哥哥林妹妹的情缘纠葛呢?

一个不折不扣的另类

金宏达的前言是这样写的:"出过《周作人评说80年》《张爱玲评说60年》之后,犹如做一副对子一样,自然想到要出一本《林语堂评说70年》了。"为什么?因为"三人都有些'另类',围观者多,评说纷纭,在现代文坛上,比起别的圈子,好像另有一番热闹。"

这样说大抵不错。不过,比起周作人和张爱玲,林语堂的"另类感"要强得多。在二十世纪中国文坛,林语堂不是像鲁迅、穆旦那样的"叛逆者",也不是像郑孝胥、陈衍那样的"卫道者"。他是一个"闯入者",是在西方文化环境中成长,又返归到中国文化中来的游子。论对西方文化的熟悉和为西方人熟悉的程度,能和林语堂相比的只有一个胡适。但胡适是有"清儒家法"的,出国前旧学已有了相当底子,他的出国如同凤凰的涅槃。林语堂则不然,他出身于基督教家庭,九岁已经上台讲道,教会小学教会大学这么一路读上来,年轻时"几乎中断中文学习"。虽然他出国留学时已经24岁,可是西方文化对他的影响远胜中国文化。林语堂的文化气质更近似于"生于南洋,长于西洋"的辜鸿铭和在日本成长的苏曼殊。

林语堂的特点,他自己说得很清楚,是"两脚踏东西文化,一心作宇宙文章",或曰"对外国人讲中国文化,而对中国人讲外国文化"。他在国内的成就,是编《开明英文读本》,办《论语》《人间世》《宇宙风》,目的是将西方的绅士品味引入中国社会。他先后引发的两次大争论(《子见南子》的演出与《尼姑思凡》的英译)都是为了他用西方文化的眼光来观照中国的古人古事。他因为周作人的介绍喜欢上袁中郎,于是大肆提倡"性灵",其原因如陈平原所言,并非只为了找到一个心灵相通的古人,更是因为性灵派文论与西方表现派文论"异曲同工",给了他一个将西方文化引入中国的接口。他将"humour"译为"幽默",鲁迅等人很不同意,因为这个来自屈原的语词太容易被误读成"静默",但是林语堂更反对将幽默理解为中国固有的"滑稽"或陈望道译的"油滑"。这两种翻译思路的差异在于将哪种文化作为本位文化。从严复到鲁迅,都是将"信"放在第一位,宁愿突出中西文化的异质性,好对中国文化动一个彻底的手术。林语堂的翻译主张则更接近于传教士,只顾为中西文化的相互了解觅得一条便捷的途径,运输损耗在所不计。

所以我很能理解为什么林语堂在西方暴得大名,"美国知道他的人比中国还多"。他的《吾国与吾民》占据畅销书排行榜首52周之久,他因《瞬息京华》(即《京华烟云》)获得诺贝尔文学奖提名。可是林语堂在中国,名头并不是那么响亮。《语丝》时代他跟着鲁迅,《论语》时代又跟着周作人,对于中国文化并无独到的贡献。人们尊他一声"幽默大师",其中总带着几分揶揄。他的中文委实不算好,所以《瞬息京华》自己不敢译,要请日本留学生郁达夫代译,可是人们认定他是个文化贩子,连带怀疑他的英文水平。他们还讥笑他的犹太商人式的精明,不见钱不给稿子,兄弟拿几件旧家具还要算钱⋯⋯这种墙内开花墙外香的例子,现在还有不少(如高行健)。倒不一定是偏见或傲慢,而是看问题的角度不同。在以为中国就是辫子与小脚的西方人眼中,林语堂为他们打开了一扇崭新的东方之门,苦心营造了一个至善至美的中国幻境。反过来,林语堂在中国谈西方倒还罢了,他竟然大谈特谈明人小品、性灵文章、李香君的画像、院子里的竹树和梅花!新派骂他反动,旧派笑他肤浅,浮浮沉沉几十年,林语堂始终未能被加上大师的冠冕。

然而林语堂毕竟是重要的。在那么多人汲汲于向国内输入西方文明的火种时,他反向的写作,将"文化中国"

的概念灌输给西方读者，影响了几代西方人的中国想象。当林语堂赞美中国的种种好处，也许不单是出于文化自尊心的驱使，也蕴含着要在中西文化的比较中寻觅一套更合理的生活法则的意图？读完70年来人们对他的种种批评、忆念与论说，林语堂的形象似乎更为模糊。这恰恰构成了我们必须更深入地、更同情地了解这位文化进出口贸易从业人士的最大理由。

救救《背影》

关于鲁迅、关于鲁提辖、关于朱自清他爹的"教材之争"还在延续,我可是早就厌了。读者朋友,你们要知道,真不是每个搞学问的都像他们那么无聊的,求求你们别再借机妖魔化"叫兽"这个弱势群体了。

我从不对中小学语文教材的内容发言,不是因为这事不重要,而是因为它太重要了。我们这个民族的文学教育十分孱弱,大部分人的文学认知全靠中小学那点子教材在撑着,毕业多少年后交流共同记忆,谁也不说物理化学公式,都是化用语文课本里的句式字眼——从这点来说,鲁迅真不能废,谁的话也没大先生的话那么有多义性,那么有穿越感。

想当年,新文学作品正是依靠大量地进入中小学课本,才在短短几十年间迅速经典化,成为能与数千年文学菁华相颉颃的生力军。当然这些经典能否抵挡住后辈画家与更后辈司机的联手质疑,这是后话。总之,对这么重大的问题,我一般无力也无欲发言,这个道理也是中学课本教给我的,所谓"肉食者谋,又何间焉"(《曹刿论战》)。

我不发言的另一个原因，是从根本上反对"语文"这门课。语文是啥？是教语言还是教文学？如果是教语言，事情就很简单，选文只要看它是否符合语法，语句是否能有效地表达作者的意思，文章言辞是否优美，是否有感染力。断不会讨论到交通法规与暴力美学的层面上去。如果是教文学，情况会复杂一些，萝卜炒青菜，各人心中爱，谁还没点儿小心思呢？但总还是有办法的。比较起来最糟糕的，是语文课既教语言，又教文学，还兼管思想品德、法律常识、历史评价、政治地位……如果说《红楼梦》是清代生活的百科全书，中小学语文教材就是本朝的葵花宝典。

当然，作为一名外行与公民，我也是有想法的。我理想的中小学语文（姑且先不揣着能改变课程体制的打猫心肠），教材应该是由语文教师自由选择的。理由一：教师自己选择的教材才是最有想法、最有感情的篇章，哪怕是异端邪说，也比千人一面、令人生厌要强。"教育最大的任务是培养兴趣"，这是谁说的？金句啊。

理由二：教育要"去中心化"，要民间化，而不是政治化、产业化，就必须树立教师的中心地位。一位教师连教什么都不能自作主张，他能教出中心地位来乎？家长会为了某位教师，而不是某某重点为孩子选择学校乎？如果有朝一日，丁副教授肯像民国时代的叶圣陶、朱自清那样,去某中学兼职教语文,我是很支持他将《背影》从自编教材里删去的,甚至愿意让孩子在他手下就读——至少丁老师有他的独立判断,大不了孩子回家我再给他补上《背影》。

如果真能这样,支持《背影》的人们也不用担心丁老师的言论真的生效,让《背影》从此消失于中小学语文课本。《背影》是打不倒的,民国教育部并未强制将这篇文章选入语文课本,但朱自清一去世,全国有多少教师、学生为"《背影》的作者"离去而恸哭,他们献给朱先生的挽句也是"长向文坛瞻《背影》"……丁老师不喜欢这篇文章,你们生什么气啊?你们中有人不喜欢李宇春,有人不喜欢芙蓉姐姐,有人还不喜欢苍井空,我生过你们的气么?

如果一定要反对《背影》,莫如反对几十年来将《背影》等美文僵死化、程式化的教学,那些从教学大纲到教辅示范,再到老师们了无生气的讲解,早已将《背影》的文学力量消磨殆尽,成为了又一篇留在教材里的美文尸体。与其为了尸体吵架,不如想法救活它吧。

倘若我来选鲁迅……

据说,"中学语文课本鲁迅大撤退"只是一则乌龙新闻,各省新版教材中的传统篇目只是微软或移动,还没有到谷歌的地步。保鲁派可以安静了,那些声称"'去鲁化'将使天下文章失去灵魂"的异议人士,愿你们睡个好觉。

这也意味着,中学生们的"三怕"("一怕文言文,二怕写作文,三怕周树人")没有任何实质意义的改变,鲁迅先生依然端坐在课本里,兀自深刻着,冷看着"落水狗"或"屠头",痛心着冷漠的民众吞食烈士蘸血的馒头。

搞教育的人都知道,兴趣是最好的老师,教育是循序渐进的过程。但一旦面对的是有煌煌头衔如"中国文化革命的主将,他不但是伟大的文学家,而且是伟大的思想家和伟大的革命家"的鲁迅,这些原则早已扔到爪哇国去了。他们宁可塞给中学生一个读不懂的鲁迅,一个单面化的鲁迅,一个完全不知道为什么要学他的鲁迅,也不肯从受众的角度去考量,让鲁迅也能有一个3D版的形象。

鲁迅这种遭遇,大略与他笔下的陶渊明类似:"除论客所佩服的'悠然见南山'之外,(陶渊明)也还有'精卫衔微木,将以填沧海,刑天舞干戚,猛志固常在'之类的'金刚怒目'式,在证明着他并非整天整夜的飘飘然。这'猛志固常在'和'悠然见南山'的是一个人,倘有取舍,即非全人,再加抑扬,更离真实。"(《"题未定"草九》)

最可异的,是许多成人,明明受了这种教育的荼毒,现在回过头来,还要做教育的帮凶,死死保卫教科书中的鲁迅,或者妄想中学生可以经由这个单面的鲁迅,来认识、批判当下的社会的丑恶——我想说他们被猪油蒙了心窍,但俗语也会与时俱进,如今应该是被茶油害的。

我自己也曾是这种教育的承受者。当年我一面忍受着中学语文老师反复强调鲁迅小说杂文中的深刻性、革命性,一面在父亲的书柜中翻找着另一个鲁迅:《鲁迅全集》《鲁迅先生纪念集》《鲁迅年谱》《鲁迅的故家》《无法直面的人生》《横站的士兵》……还包括他的敌人:《西滢闲话》《雅舍小品》《施蛰存文集》……一边是干巴巴的横眉立目的老头子,一边是幽默热情一针见血的智者,我可知道这之间的差距有多大。

但有无数我的学长,我的同学,我的学弟学妹,他们不知道二者的差别，他们带着对鲁迅的惧怕与厌恶，考上大学，参加工作，再看着自己的子女走入同一个梦魇。

于是我一直怀着一个沉甸甸的愿望。我是那么喜欢我自己认识的鲁迅，即使他多疑，即使他刻薄，而且常常有意无意地晦涩。但他是那么的睿智，那么的幽默（胡适曾在日记里说，周树人是他认识的最幽默的人），又是那样的清醒，那样的勇于自剖，那样的痛惜自己的文字——还没有第二个华语作家，能在多达十八卷的全集（未包括译文）中，几乎不曾有一句话的重复。

我很想将这个鲁迅，推荐给认识不认识的不喜欢鲁迅的人。曾有戏剧家打算排演《鲁迅》，请我发言。我说：话剧不是表达鲁迅思想的好形式，我倒希望你们展现鲁迅生命的十个瞬间，受辱，求学，结婚，诉讼，聊天，当官，教书，逃难……展现他与人世的关系，展示不同人眼中的他，让人看见一个从时代生长出来的鲁迅，而不是思想的木乃伊。这个剧后来并没有排。

我也曾接受委托，选编一册高中语文扩展阅读读本。虽然鲁迅的作品在必读教材中已有不少，我还是选入了他的《灯下漫笔》。选这篇就是为了解毒：鲁迅自述因局势动荡，北京商家拒收钞票，惴惴于自己的钞票见财化水，一有机会赶紧去换成现洋,虽然是六折或七折,倒好像得了莫大的好处,十分欢喜,由此想到了历史不外是"两个时代":一,想做奴隶而不得的时代;二,暂时做稳了奴隶的时代……文章本身可以当作民国时代的生活史材料读,由自身经历引申出来的结论,又是现代思想史上的重要命题。看,这就是我喜欢的那个鲁迅,似乎触手可及的师与友。这册书后来也并没有出版。

我大约不会有机会,能真正参与中学语文教材的选择。但我仍然可以假想,倘若我来重选鲁迅……

我要开列整本的《朝花夕拾》,如果必要选一篇,《阿长与〈山海经〉》比《从百草园到三味书屋》要好,后者多见学堂的无聊,前一篇却极力写对知识的渴求,以及对于身边的底层民众,友好而又小小厌恶,总归是隔膜的复杂心态。这是多好的现实教育!

我要选入最爱读的《马上支日记》,这篇日记曾看得少年的我乐不可支,它教我如何细致地观察生活,又如何用简省而饶有趣味的笔调,表现这些看似庸常的琐细。

《阿Q正传》太长,不如作为课外读物,鲁迅的小说一定要读全篇,节选简直是王八吃大麦,糟践粮食。《祝福》与《故乡》还是好,《故乡》连日本中学生都学,总不能今后国际交流，人家明白你懵懂？《肥皂》《离婚》是写小说绝佳的教材，只是可能太深了些。所以还是加上《孔乙己》，按照1939年版《开明国文讲义》的提示，这篇小说可以让学生懂得叙述文不只是记事，而是要"含着作者所见于人生的、社会的某种意义"。

或许我会很创意地收入《怀旧》。为什么学生怕文言文？他无法建立文言文与白话文之间的联系，从前的教育思想也是强调二者的割裂。其实你看这篇鲁迅的小说处女作就会知道，用文言，一样能写出现代生活的情感与味道。

选两篇书信吧，鲁迅对母亲，对朋友，对爱人，不同的信总能写得特别贴切，新旧之间穿梭自如。《从胡须说到牙齿》也很有用处，学习怎样打开思路，将许多典故事物组合一起，说明自己的观点，又不空洞无物，或者《我们现在怎样做父亲》也使得，学了将来不会欺负下一代。

这已经太多，但总不能漏掉一篇《野草》的选文。白话诗歌语言达到如此精密宛转的地步，在当时无出其右者，后八十年内也不多见。

我还该选一些亲友的朴实的回忆，许寿裳的，许广平的，周作人的。人教版今年已经选入了萧红的《回忆鲁迅先生》，有史以来最棒的忆师文章之一。好啊。

已经太多了,但你现在一定明白,鲁迅是如何给了我至今受益的文学教育,他与你记忆里、想象中的鲁迅,从那些声嘶力竭的评论读到的鲁迅,是多么的不同。

"真孔子"与"真老子"

一

大学时读过陈鼓应的一篇文章,提及他念台大哲学系,遍读中外哲学诸家,最后发现只有庄子和尼采,与自己的气质性情,最是投合,这才决定了一生的研究方向。

学术乃天下之公器,这句话没错。但陈鼓应(还有众多学者)的经历都说明,人文学科的经典解读,背后都有着学者自身的情怀。当然,自然学科学者的选择也都有个人理由,但他们研究的成果,更多的是一种"普遍的知识"。相比之下,人文学科的研究成果,会更多地打上个人的印记、时代的标识。

具体说到《论语》,李零也好,于丹也罢,包括"草根读《论语》"风潮中的保安或厨师,都可以看作个人化的解读,都可以称为一家之言,按照强调差异的相对主义看法,诸种解读并无价值层面上的高低之分。这一点表面上已经成为大家的共识——包括那些似乎更具"权威性"的学者。因此我们看到于丹将自己的著作称为"心得""感悟",而李零也给他那本饱受争议的著作《丧家狗》加上了"我读《论语》"的副题。

然而学界一般倾向于将于丹与李零的《论语》解读看作两种迥异的路径，前者几乎是完全的"应时之作"，将《论语》化用为"心灵鸡汤"，属于对传统资源的转化性运用，而李零的著作虽然不乏个人的感慨、古语与现实生活的勾连，却包含着对于经典"正本清源"的野心。也许恰恰是这一点，使得李零而非于丹，成了"被经典化的《论语》"最大的冒犯者。

大陆新儒家如陈明批评《丧家狗》"辱圣"，重点是维护孔教的尊严与合法性；宪政学者如秋风批评《丧家狗》"虚无主义"，主旨则在"李零不去管孔子之后历代贤哲围绕孔子进行的政治、伦理等方面的讨论……在李零那个真实的孔子图景中，历史和文明被一笔勾销了。"（《随笔》2008年第3期）他们都不肯接受李零对孔子的"还原"，因为他们对于如何实现"传统的创造性转化"，看法与李零大相径庭。

如果说，今日重提孔子和《论语》，是为了"古为今用"，利用先贤经典来化解社会矛盾、创制新的政治秩序，则李零的读法，确实不如陈明、薛涌，甚至不如于丹。李零的解读，本意是想"通过读书，化解很多无谓的争论，为大家提供一个可供讨论的平台",是采用类似知识考古学的进路,或者说,采用类似乾嘉之学的训诂方法,对于《论语》的"本意",爬梳清理,抉隐发微。有些问题,如孔子不认为自己是"圣人",却被弟子后人强捧为"圣人",李零不仅明确指出,而且颇有微辞。

作为学者,从"知"的角度出发,我投李零一票。至于"用",几千年来聚讼不已,更多是政治家或有政治热情者讨论的事。

二

"正本清源"的野心,或者说追寻"经典"本真的动机,在李零的新书《去圣乃得真孔子——〈论语〉纵横读》与《人往低处走——〈老子〉天下第一》中呈现得更为分明。

《丧家狗》关注的是《论语》本身,而《去圣乃得真孔子》则更像为孔子及门人做一篇"评传",李零也开始"上引下联",既关注《论语》及其他同时代文献中呈现的儒家面目,又厘清了儒学道统传承的种种变异:"从孔颜之道到孔孟之道,再从孔孟之道到孔朱之道,四配十二哲都是怎么捏造出来的。"

但他的立场没有变,仍然是要从重重的附会、改造、再塑中剥离出一个"真孔子"——在这一点上,他和那些借古之孔子以遂今世之欲者,仍然没有共同语言。

同样,《人往低处走》也是秉持这种考订训诂为基础的精神,李零解读《老子》,以马王堆帛书本作为底本,辅以郭店楚简本,而对于林林总总的"今本"(河本、严本、想本、王本、傅本),虽也加以列注,但并不深入探讨。尽管由于版本流审,影响后世的老子思想,已远非帛本或简本的记载,例如"佳兵不祥"这句,在历来的论著、书信、奏折、公文中多次被引用,顶多是解为"唯兵不祥",但帛本将这一切都推翻,就只是"兵不祥",这一来,历来的攻防辩驳都变了无根之木,无源之水,忽喇喇如大厦将倾。

李零坚持将《老子》从纷纭繁复的笺注、解释、附会中抽离出来,还《老子》一个本来的面目,颠覆(至少是部分地)长久以来对《老子》的固有印象。这也是在努力给读者一个"真老子"。

问题是:这种"求真"的意义何在?对于非治先秦哲学者而言,一个已经进入公共思想领域并成为某种基础或资源的"假孔子""假老子"比较好,还是一个被还原的、颠覆性的"真孔子""真老子"更值得我们重视?

这就涉及一个大问题:在现代社会中,经典何为?

三

不能不说,李零的经典解读思路,带有本质主义色彩,他不会承认"一切坚固的都已烟消云散",他心目中仍然有一个解读的标准,那就是原书的本来面目。或许一个人的解读会有偏颇舛误之处,但至少要言出有据,方向是朝着"求真"而去。

《去圣乃得真孔子》和《人往低处走》是李零挑选的"我们的经典"系列中的两本。这一系列还包括《孙子》和《易经》。李零的理由是:这四本书年代早,篇幅小,是先秦学术的代表作,也是中国典籍里最富含智慧的著作。自然,也有一个全面性的考量:《论语》是儒家代表,《老子》是道家代表,讲人文,这两本最有代表性;《孙子》讲行为哲学,《周易》讲自然哲学,讲技术,这两本最有代表性。

选择,并不仅仅反映选家的学术眼光,也透露出选家的阅读思路。这一系列的选择反映出,李零希望他的读者,能够认知一块全面的、真实的先秦思想截面,这些著作,是中国本土思想的滥觞之作,从这里出发,重涉思想史的长河,才能明白这棵中国思想的大树,是如何一步步生根发芽,开枝散叶,一步步走到今天。

非要说有什么现实用途,倒也看不出来。我只能说,对事物本原的好奇,是人类的天性。一定要再往"有用"的方向上拉,最多也只能说,是希望现代社会里的中国读者,不人云亦云,不偏听偏视,尽可能了解更接近真实的经典面目,有利于独立思考,有利于多元共生——民可使知之,方可使由之,这是反"真孔子"的做法。

自然,考察种种"假孔子""假老子"的形成史与传播史,也能帮助我们理解如今的思想是怎么养成的,如今的社会是如何塑形的。但这不是李零做事的方向。我认为,在他努力的道路上,他已经做得足够好了。

吴福辉"暗算"现代文学史

一般说到文学史,总是喜欢分为"个人写作"与"集体写作"。我则更喜欢将文学史分为以下三类:(一)"知识型"文学史,以大量的高校教科书为代表,重点是作家作品介绍与分析;(二)"理念型"文学史,以章培恒、骆玉明《中国文学史》、陈思和《中国当代文学史教程》为代表,特点是用一种独到的文学理念贯穿全书;(三)"研究型"文学史,特点是熔铸各家之长,集大成于一身,它们不是为一般入门者准备的,而是面对有知识准备的阅读者。这样的文学史,前有洪子诚《中国当代文学史》,今有吴福辉《插图本中国现代文学发展史》。

图文本如今是时尚,大部分却是"有图固佳,无图亦可",更有甚者,是有图反成赘累。《插图本中国现代文学发展史》(北京大学出版社2010年版)则不然,图与文,同为作者手中揭开中国现代文学层层面纱的两把利刃。现代文学图影也是汗牛充栋,大学课堂上的PPT里俯拾皆是,但是能够体现图文之间的张力的"左图右史"却很难有人达到。在我过眼的书中,《插图本中国现代文学发展史》是图文结合最有机的。如果你去过北京或上海鲁迅博物馆,或是作者吴福辉供职数十年的中国现代文学馆,你会明白这种图片的丰富性与有机性从何而来。

不过《插图本中国现代文学发展史》最让我心折的,还不是精心挑选的大量图片,甚至也不是提供空间想象的地图(如《全国白话报分布图》《上海话剧演出场所地图》),或一目了然的统计表(如《〈阿Q正传〉主要中外版本和改编本插图本》)——对于一位成名垂三十年的现代文学研究名家来说,资料工夫的完备是基本的,虽然其形式之新颖,亦可大赞一笔。

于现代文学初窥门径者而言,此书"一编在手,胜却百书"之处,在于它如传说中的干将,博采众铁之精,和上自己的血,铸出来的一柄名剑。举凡近年来现代文学研究领域取得突破性的理论、成果,如媒体研究、晚清发轫期、翻译与文学的互动、文人经济生活考察,特别是通俗文学的地位与功能,本书都如海纳百川,扫数收入,而且粘合之间,不见斧凿痕迹。作者是怎么做到这一点的?

再深入细读,才会发现,虽然作者熔铸化用诸家之长,"自家面目"仍是十分清晰。吴福辉先生对文化地理学向来重视,早年以"京海之辨"的比较研究蜚声学界,而今万变不离其宗,终究出发点与重心还是落在了"地域/都市"这个现代性生成的基本因素之上。大家知道,现代文学三十年,加上晚清近八十年,大半地闪展腾挪,恰恰都是在北京、上海之间上演的"双城记",再加上苏州、香港、广州、昆明、重庆、桂林、延安等"多城记",贯穿始终的乡土文学,沈从文的边城,萧红的故乡,也无一不是都市的映照下,才得以显现它的独特与陌生。

抓住了都市这个基点,则大众文化、市民文学、先锋文学(新文学)、文人的生活与交游、印刷资本主义等等概念,都可以顺理成章地插入这一部"发展史"当中。

这可能便是《插图本中国现代文学发展史》一书的最大魔力,看上去叙事是那么顺畅与轻松,细节、轶事、场景俯拾皆是,似乎作者只是一位愉快的讲解员,带领读者在现代文学的宝山中往复游历,一旦踏出景区,回首来途,才蓦然惊觉,作者已经用历史叙述与文本分析的断片,搭建起了一座华美的楼宇。我们在不知不觉中,已经接受了作者的潜在思路,随他经历了一次畅美欢悦的文学史旅。

这便是吴福辉先生的"暗算"。被暗算的不单只读者,还有在读者心目中中国现代文学史日益枯干、定型的印象。吴先生笑眯眯地刺出一剑,便刺出了现代文学史写作的一种新可能。

跨语际，不是翻译是重构

刘禾的《语际书写》曾在国内的学术界激起了一阵波澜。无论孰是孰非，我以为单凭《语际书写》来批评刘禾的学术理路是不够全面的。现在她的代表著作《跨语际实践》(生活·读书·新知三联书店2008年版)终于翻译出版，为基本上自成一体的国内学术界（尤其是现代文学研究界）与作者的"跨国际对话"提供了一个较为可靠的语境。

刘禾提出"跨语际实践"的概念，以"翻译"作为其出发点。她对此的基本判断是："中国现代的思想传统肇始于翻译、改写、挪用以及其他与西方相关的跨语际实践。"翻译在现代文化史令人嫉妒的地位，从郭沫若关于"处女"和"媒婆"的抗议，到现代文化名人无不染指这一行当，都可以得到印证。但是刘禾关注的焦点，"并不是去研究翻译的历史，也不是去探讨翻译的技术层面"，而是这一文化活动在何种意义上成为政治斗争和意识形态冲突的场所，是要"考察新的词语、意义、话语以及表述的模式，由于或尽管主方语言与客方语言的接触/冲突而在主方语言中兴起、流通并获得合法性的过程"。

自从严复在《天演论·译例言》中提出"译事三难：信、达、雅"之后，后来的论翻译者大多是从技术上阐释这个原则。不过，正如刘禾指出的，翻译的"信"和"达"已经被解构主义完全剥夺了其可信性，反而是"雅"耐人寻味。这个词语当然不是如林语堂理解的那样仅指"美"，也不尽如傅雷提倡的"神似"或钱锺书主张的"化"，反而是站在严复对立面的瞿秋白看出了严复翻译的实质："其实，他是用一个'雅'字打消了'信'和'达'。"严复坚持用雅驯的古文译《天演论》和《原富》等西方经典，一方面是他的文化保守主义立场使然，另一方面，他也有意无意地，利用这种中国最传统最权威的文体，令他理解和接受的西方思想迅速取得在中国思想界的合法性。严复译著的巨大影响表明，他的这一努力产生了应有的效果。刘禾的跨语际实践研究，指向的正是西方理念和话语在中国语境里"变雅"的过程。在此基础上，刘禾反过来对萨义德"理论旅行"的质疑才有了着落。

在一系列对中国现代文化事件或主题的分析中，刘禾充分展示了"海外学者特色"。从民族、阶级、性别三大立场出发建构文学史叙事，已经不是新鲜的话语策略，但是刘禾借助在东西方理论和文本之间自由穿行的能力,重新审视早已成为不证自明前提的经典叙事,仍能时时给人眼前一亮的惊喜。刘禾对向来被当作不二真谛的"国民性神话"考辨其源流,揭示其衍变,有力地动摇了这个神话的合法性;而对一直备受误解的"个人主义",能够梳理清楚东西方理解的歧异所在,已经是大有裨益之事。或许是有国内生存经验作背景,刘禾对国民性神话最大的偶像鲁迅,并未像某些海外论著那样矫枉过正,依然保持了言说的分寸,也并未忽略鲁迅对西方误读中国国民性的纠正,着重探讨的是鲁迅对西方思想的接受或拒绝之间的张力,"即使是在鲁迅似乎毫无保留地赞同时也不例外"。

随着阅读的深入,我们会发现,"跨语际实践"并不限于中西方之间的话语交流,它还涵盖了中国社会中不同话语之间的勾连和裂隙。如《阿Q正传》叙事人和作者之间、和叙述对象之间存在着"暧昧的游移",《骆驼祥子》里"经济人"角色的定位,以及欲望与梦幻、人称与阶级、女性话语与民族主义话语之间,无一不充斥着对话语边界的跨越与重构。而深入审视"《中国新文学大系》的制作"、《国粹学报》与《学衡》的言说策略,让人看到文化与商业的共谋,经典话语的挪用、权威资源的争夺,这些被经典叙事长期遮蔽的侧面，都在作者的解剖刀下一一呈现。具体的结论尚可讨论，但这些透辟的分析对于"跨语际实践"的阐释有效性，无疑是有力的支持。

刘禾这部论著是以英文写成，引用的资源中西各半，作者拟想中的主要读者显然是西方的学术界，但是全书仍然流溢着著者本人的"中国体验"。因此，这部著作本身就是一个"跨语际实践"的产物。记得李欧梵曾在文章中提到，他很想写一本真正的"双语小说"，完全自由地使用两种语言思维，但是他又悲观地说，这样的小说很难找到足够的"双语读者"。刘禾这本书大概也会面临这样的困境。翻译既然是一道防火墙，我们就不能指望看到完全没有损耗的论述，更何况中西方的"前理解"是如此的不同，跨语际的难度可想而知。

应该提到的是，刘禾在本书的"附录"中提供了海量的汉语中来自西方或日本的外来词、转译词、音译词的样本。作为佐证，它是本书有机的组成部分，单独看待，它也是研究中外文化交流非常有用的工具。这也在相当程度上增加了本书的学术价值。

相对论对"文傻"也是有用的

我承认《时间的形状——相对论史话》这本书最初引起我的兴趣,是《后记》里的一句话:"这本书我不取一分钱版税,所有我该得的版税全部由出版社代为用作宣传推广费用,我非常乐意为所有的读者免费打工42天。"

据我的经验,这种情形一般出现,是在诗人出版诗集,或是给家里长辈整理遗著的状况下。然而看书名,似乎不太可能是诗集,爱因斯坦也没听说过跟一个在上海的中国人有何瓜葛。那么只有一种可能:作者迫切希望与任意读者分享他的知识或文字。能让一个写作者有此激情的因素,只有两个:智慧或美。

看完本书我才发现,我并不是作者心目中的最佳读者。他最希望感染的,无疑是那些有可能爱上物理,进而走上物理之路的大好青年。而我是已经被方舟子及其粉丝判断为"文傻"的文艺中年,据说我辈的存在还影响了中国社会进步(据中青报调查)……这种尴尬的状况无疑会影响我评论的有效性,更何况我确乎是一个科盲,我也不知道作者写的这些东西对不对……好在书名副题里有"史话"两个字,科学史也是史,说到史我总还是有点发言权的,虽然我也不是学历史的。

作为我已经被这本书感染的例证,请允许我模仿爱因斯坦的口吻说上几句:

一本书好不好,取决于它的参照物为何。比如许多外国留学生来中国研究中国文学,随便逮着个作家就能吹得天花乱坠,因为他不熟悉整个中国文学的背景,尤其是现当代文学。用汉学界的行话来说,这个作家是不是个"大土豆",了解整个谱系的人是很清楚的,就不敢说过头话。但如果只精读过这么一个作家,论文也只写这么一个作家,难免现代性呀都市性一通乱捧。乍一听觉得,哎呀,这么伟大的作家我们怎么都不了解。其实如果不是政治原因,哪有那么大的遗珠等着你去挖。

扯远了,再说一遍:一本书好不好,取决于它的参照物为何。参照物的选定,当然跟写作质量有关,但更重要的是跟主题有关,跟写法也有关。选定参照物不仅能帮你判定书的好坏,也能帮助你尽快进入该书的语境,让你读过的一本本书勾连起来,而不是东一本西一本地乱放在脑子里的书架上。

作者自称是"磁粉",那我们就把刘慈欣的《三体》列为第一个参照物。我仿佛听见作者在抱拳说"愧不敢当",当然,在小说的想象力、叙事节奏以及结构能力方面,两者的确不可同日而语。我想指出的,只是有关相对论、多维空间、弦理论等物理学知识的演绎方面,二者有异曲同工之妙。《三体》将知识夹在叙事当中,更恢宏也更抓人,而《时间的形状》无疑更系统,知识的来源也描述得更完整。我愿意将《时间的形状》比拟为《三体》的某本"参考读物",正如你一边读《哈利·波特》,一边去读《霍格沃茨,一段校史》或《神奇动物在哪里》一样。

第二个参照物是人见人爱的《生活大爆炸》。要知道《时间的形状》最后讲到的那个超弦理论,正是谢耳朵痴迷不已并发誓要凭此获得诺贝尔奖的那个东东。我们设想一下,如果潘妮和莱纳德滚完床单后,潘妮饶有兴趣地问:"到底谢耳朵整天在干些什么?"可怜的莱纳德,书呆子不懂得敷衍无知的爱人,他就会认认真真地从——当然不是谢耳朵开口便是的古希腊——伟大的艾萨克·牛顿讲起,重点会是阿尔伯特·爱因斯坦与他的同行们。不过你知道,滚完床单很累的,潘妮不久就睡着了。体贴的书呆情人多半会找一本普及读物放在他的高中女孩床头。唔,如果《时间的形状》有英译本，他真的可以考虑去亚马逊订购一本。

或许你永远也猜不到我列出的第三个参照物是什么。先来看一段狗腿文字："笔法，却不是以往那些史书笔法。而是一种充满了活力和生气，字字都欲跃然而出的鲜灵笔法，在他笔下，人物不再是一个刻板的名字和符号，而是一个个活生生的人，那些事件更是跌宕起伏，叫人读来欲罢不能……"这段话可以用来夸《时间的形状》，大致不差。事实上，这段话是天涯网友给一个叫"当年明月"的人的颂歌。

就文字而言，我给《时间的形状》打分远远超过《明朝那些事儿》。且慢拍砖，这不是因为我自己也搞历史写作，同行相轻，而是基于我对历史与科学普及写作的不同认识。

我认为《明朝那些事儿》基本忠于史实，但在叙述中使用了过多的现代语词与现代概念，"那种简约化的对接，固然引人入胜，却也会示人歧途，让人忽略历史演变的细微处。而且我越来越相信，历史的本相，就在众多琐碎而杂乱的细节之中，一以贯之的历史，过度阐释的历史，虽然可惊可叹，但也予人靠不住的感觉"。这是我 2007 年一篇评论中的看法，现在我仍然坚持。

《时间的形状》文字非常活泼，有讲课，有破案，也有叙史（相对论在中国那一段），叙述中更是充满了对话体与小调侃，但这一切都是附着物，都不影响史实与推论的严谨：科学追求简洁而优美，历史则立足于人与事的复杂性，因此科学史的普及化写作，尽可以在叙述的花哨俏皮上出尽一切法宝，也不太会影响知识本身的严谨。

历史写作则不同，通俗化现实化一旦过头，跟历史本身的联接就岌岌可危，比如，当你把曹操比成CEO，读者也就直接将他想象成一个现代社会的CEO，问题是，现代职业经理人的政治、伦理、社会观念，都跟东汉差得天遥地远，用CEO思维去套魏武帝，除了亲切有趣，对于理解历史，坏处大于好处。

好了，三个参照物列完。我们大致可以判定《时间的形状》这本书的位置与属性了。

1. 这是一本有趣的书，而且是从常识出发，专业术语解释非常清楚，只要你喜欢《三体》或《生活大爆炸》，即使你是像我这样一个初高中物理都忘得七七八八的资深"文傻"，也能看得兴致盎然。

2. 虽然作者自谦说这甚至不是一本严谨的科普著作，只是一本茶余话后的闲书。但我觉得它的严谨性还是有所保障，至少书里的知识点都给了出处，不信你就去追查，查出漏洞来，咱们再一起扁作者。

3. 这是一本很必要的书。有谁不知道相对论呢？不过我们只是接受书本上给出的"常识"：相对论伟大，爱因斯坦因相对论而伟大。问题是何以伟大？我一直在研究1905年的中国精神生活。那一年的中国，我不敢说肯定没人，但知道这一年有一个叫爱因斯坦的瑞士青年连续发表了石破天惊的五篇论文者，肯定无限接近于零。可是知识一旦诞生，世界一旦混一，对接的速度非常之快，1922年，北大校长蔡元培不就打算邀请爱因斯坦来校演讲么？这位伟人不就影响了周培源与魏嗣銮两位中国青年么？一个世纪后，我想，让相对论的初步知识，成为中国社会高中学历以上者真正的"常识"，应该不算奢望。

最后我想说，对于我这样的"文傻"，相对论的常识也有触类旁通的意义。2011年，我刚刚完成了一本讲辛亥的书。我写的所有人、事，基本都局限在从武昌起义到清帝逊位，那短短的120天中。对于其间的每个人来说，这段时间的意义并不一样。有人已经活在新的国里，有人还在旧国度里浮沉。这样去套相对论也许有些可笑，但对于一颗正在思考叙事与时间关系的大脑来说，谁说爱因斯坦就一定帮不上我这个文傻的忙呢？

昆明大学生跑警报耽误了多少节课

和大多数人一样,我小时候有几样东西是最不爱读的,一是书前书后的序跋,一是地图,一是日记。

而今全然颠倒过来,拿到一本书,首先看序看跋。出门到一个城市,首先买一张地图。上了购书网站,用的最多的搜索关键词就是"日记"。

《浪迹十年之联大琐记》(商务印书馆2013年版)是一本"笔记体日记"。什么意思?就是说这本日记,不是鲁迅日记式的纯记事,或《莎菲女士日记》那样的狂热抒情,它是笔记体的,一段一段,世象万千,无所不包。这些段子,不,段落,并非按时间顺序,而是分地注事,主题相对集中。

日记的主人陈达,是近世著名社会学家,长期担任清华大学社会系主任,抗战时期清华并入西南联大,他担任历史社会学系主任,是费孝通的老师。他记日记,有着自觉的社会学意识,从告别海淀清华园,寄居长沙,远赴昆明,转迁蒙自,落脚呈贡,这一路风霜辛苦,战火频仍,陈达却细细地记录着人家门联、物价涨跌、劳工生活、旅途见闻、地方习俗、报章新闻……还有他指导的学生论文：联大时期，社会学系的学生因地乘便，主要调查研究校内与昆明的各类社会现象。

你大概看过汪曾祺的《跑警报》，听过刘文典在跑警报时骂沈从文的故事，那你知不知道联大学生跑警报耽误了多少时间？有位叫徐泽物的学生做了研究，从1940年5月2日到1941年12月24日，日军轰炸昆明最烈的一年八个月中，昆明共有各类警报219次，费时约300小时，以联大学生每周上20节课算，等于跑警报跑掉了一个半学期！

当时入滇之士甚伙，大家风传云南强盗特别残酷，别的地方强盗只劫财不杀人，云南强盗却是先杀人后劫财。陈达根据见闻推断：云南民风剽悍，而且食用艰难，因此一般人遇劫，都会拼死反抗，因此强盗打劫，索性先让被劫者失去反抗能力。他又举例福建广东强盗一般不劫携带南洋华侨寄回财物的邮差，因其牵涉太广太大。我想他要说的是"盗亦有道"，各地盗匪之道却因地而异，先杀人后劫财，就是云南强盗的"道"。

我在某次开会时读这本书，旁边一位同事正在看晏阳初的材料，突然问我，1939至1940年间，月收入400美元算不算多？我正好现炒现卖，翻这本陈达的日记给她看：当时昆明的黑市上，一美元兑换法币300元，一包美国骆驼烟卖240元，在美国只卖8美分。他又写道：初到蒙自，一磅咖啡只卖一元，两个月后就涨到5元。以此推断，物价飞涨，月薪领的是美元，就很保值，晏阳初月入12万法币，很富啊。

我想之所以从前不爱看日记而如今爱看的原因，多半是现在脑子里有了一个谱系，日记所记虽然琐碎，却能在我脑子里自动找到合适的历史位置，引发出许多联想，又能与别的材料互证，它带来的快感，正仿佛玩拼图游戏，每找到一块，都让人喜心翻倒。

如果能有亲身的覆证，那就更美妙了。今年八月，我正好去了一趟云南，路线又正好是昆明——呈贡——澄江——蒙自，归来再看陈达这本日记，极亲切有味。没去过的朋友，不妨参考这本书，自己设计一条联大社会学之旅。

武戏文唱的《古金兵器谱》

上世纪初北京有一位武生,叫杨小楼,人称"活赵云",梨园行尊为武生泰斗。有人总结他唱武生戏的诀窍是:武戏文唱。

也曾有人拿这四个字评价金庸的小说,以及胡金铨和张彻的电影。还有《卧虎藏龙》,从王度庐到李安,走的也是这个路子。

武侠小说流行的原因很多。好的武侠小说——"好的",特指金庸和古龙,还包括温瑞安的部分作品,谁不同意咱们再掐——如同一切好的小说,能够提供多重解读的空间,就是"道学家看见淫……"什么的。

在想象中超越身体的极限,是一般人迷恋武侠小说和功夫片的基本动因。这好比武生戏中的"靠子戏",手眼身法步,都得丝丝入扣,招招到家。有这个,才称得上武生戏。可是光有这个不成,没有文唱,那就变了纯图一个热闹。很少有知识分子喜欢成龙的功夫片,原因盖出于此。

对"武"的抒写,拳拳到肉,硬桥硬马,那是最笨的。

郑证因自个儿还会武功呢,写武打场面怎么都写不过一介书生宫白羽。诸艺相通,"写意"和"留白"也是写高手决斗的不二法门。前者如金庸,主人公能在千钧一发生死关头领悟到无招胜有招,最强处最弱的武学真谛,也就顺便将儒释道的无上境界打成一片,谁说不是在三教同源的华语文化脂肪上挠痒痒?后者如古龙,未战先论剑,天地满杀机,白衣一闪,生死立判,李寻欢对决上官金虹,干脆只写孙小红在门外傻等。人说是"后视角",我想到的却是"深山藏古寺""十里蛙声出山泉"等名画传奇。

当然还少不得一件诗意的外袍。被杀气绞碎的漫天红叶,决战于黄花绿叶之上,静静的长街,灯火昏黄的小巷。那曾经迷醉过多少代文人的符码,一定会继续发挥它们的药力。

不过,一部分(只是一部分,免得何满子老先生地下不高兴)知识分子对某些武侠小说的痴迷断不会只基于如此形而下的理由。王怜花在《古金兵器谱》里引王枫的话说:金庸的武侠小说是小说,古龙的武侠小说只是武侠。这话不够公允,古龙的也是小说,但这句话的关键在于点出了这批读者的阅读兴趣:他们要的是好的小说,而武侠,不过是一个用作状语的冠词。

而今不是铁马冰河的唐宋,不是"男儿西北有神州,莫洒水西桥边泪"的年代，知识者关注的不是具体的武力比拼，而是江湖世界的通行法则：快意恩仇，笑傲独行，生生死死的苦恋和令人感伤的沧桑过往。这就无怪在名闻遐迩的《古金兵器谱》里，基本找不到关于武功和打斗的专门论述。整部书是将虚幻江湖和现实生活进行"文本对读"。看看那些脍炙人口的篇章：《艺术家生涯》《江湖情色》《蠢男子之歌》《献给小昭的诗》……里面充满了自恋的味道，往事和诗歌拼贴在一个个凄美动人的细节之间，王怜花用文字跨越了虚幻与现实的篱笆，然后调和成药，用以洗他那把三寸七分长的小刀，准确地击中了一部分知识者的软麻穴。

回想这些文字在万科网站初刊时，多少人半夜在网上苦苦等待下一篇的首映礼，然后轰然跟帖，大唱赞歌，终于逼出了一个叫武林外史的新坛子。守候在万科网站的每一个深夜，这些知识分子和职业经理人在阅读王怜花，同时也在重读金庸和古龙，重读江湖与生活的互文。

在那个江湖里，有许许多多奇言异行的人和事。令狐冲在最有机会成为武林盟主一统江湖的时候退隐孤山，轻易放弃了任我行之流费尽心机不能摘到的果实；楚留香恪守"人无权私自杀人"的信条，在杀气纵横的江湖生涯里维持着不杀一人的纪录。那里还有之死靡他的爱情，刎颈无惧的友谊，以及有情皆孽无人不冤的华美的苍凉。江湖让我们发现了自己的身影，和愤青时代对生活的想象。

如果我说，纸上江湖是中国生活的一面镜子，是因为这面魔镜映出的，往往是我们生活的苍白与无奈。文人的侠客梦做了千年，不是翘首于大侠们的除暴安良，而仅仅是因为在镜花与水月之间，我们照见自己的欲望、心情与尊严。

《古金兵器谱》，王怜花著，中国档案出版社 2002 年版；
《江湖外史》，王怜花著，新世界出版社 2010 年版

施耐庵罗贯中吴承恩你们这帮路痴

我有一次跟老婆聊天,说起最想穿回哪个时代,她说她最向往还是穿回乾隆早年间,去问曹雪芹后四十回手稿在哪儿写的啥。我呢,我肯定得跟着老婆啊,不过我想问曹公的问题,可能会更复杂更无厘头:

"您把《石头记》弄成不知何时不知何地的架空小说,究竟是避席畏闻文字狱(抢龚自珍的版权),还是吸取了其他三部古典名著的教训,怕后人骂你也是路痴?"

曹公估计只知道"四大奇书",没关系,《金瓶梅》好像也没什么地理问题,其他三部,《水浒传》《三国演义》《西游记》那都是问题大大的。你可能会很疑惑:这是文学名著哎,地理问题重要吗?咳,曹公学究天人,才不会像你这么肤浅。

中国人的地理传统相当薄弱。读高中的时候,地理只有文科班才学,但真要考地理相关专业,却又得是理科生。地理是比历史或生物更边缘的学科。一班文科生吭哧吭哧地背着哪里哪里有什么矿产,中国有几条铁路干线,背得烟焦火燎却不知道这些对自己有什么用。乡土地理就更不用说了,你闭上眼想想:你能说出家乡省份的多少个县名?给你一张空白地图,这些县在南北东西你都能标对吗?

这不能怪你。我在搜寻晚清资料时,经常能碰到中西方不同时代的地图。中国古代大部分的地理图,具有很强的写意性,如果一个地理学得不太好的人,穿越回古代,凭印象画出的地图,就是那个样子,比例尺相对方位什么的几乎谈不上,而且画什么不画什么,也有很强的价值感。比如那么多府志县志里的城区图,都只有政治与文化、宗教建筑,你要想知道菜市在哪里,牲畜在哪里买卖,家具该去哪儿做,花街要怎么走……这些只保存在野史笔记与故老相传中。

后来我出版《民国了》,没有考虑在书里放二手三手的"历史图片"或人物头像,但我坚持在书中所写的每个省份后面,放一张能够标识出文中重要地点的地图。我觉得,要更深入、更现场地回到历史,知人论世固然重要,但那是中国叙事传统的长项,而空间观念,是它的短板。比方说,武昌首义,革命党人制炸弹走风的宝善里,挂出人头的湖广总督督署,首义新军驻扎的兵营,革命党要夺取的楚望台军械库,分别在什么位置,弄清楚这些,你才能厘清事情的缓急,从事的难易,才能对这一场不期而至的风暴,有更清晰的想象。

回想我们小时候看书,在地理问题上真是囫囵吞枣,习焉不察。谁想过过五关斩六将走的路是不是最短路程?谁想过唐僧西行走的是新藏线、青藏线、川藏线,还是滇藏线?谁想过宋江在江西题反诗,戴宗送文书上河南,为什么会经过山东的梁山?我们都老老实实的,作者怎么设定,我们就怎么接受,看了《水浒全传》那么多遍,我确实没有想过,为什么不管什么人,干什么,都会经过梁山?梁山是在全中国的中心点吗?

幸好,总是会有人脑洞大开。他们不去讨论四大名著的艺术价值,不去研究写作时代与人物索隐,不去纠结文学史地位与小说技巧,他们认死了"地理"这个问题,一锄锄深挖细掘,史料传说实地考察,一起上阵,用一个个的细细分疏的问题无比雄辩地证明了:施耐庵罗贯中吴承恩你们这帮路痴!

这些伟大的小说家们,为什么会成为路痴?我想又得归罪于中国薄弱的地理传统。我相信,施耐庵罗贯中吴承恩跟当时万千出色的读书人一样,从经典中获知了无数的名城名胜,说起它们的得名渊源,治所变迁,甚至风土习俗,都能头头是道,侃侃而谈。但你要他们搞清它们的地理位置,尤其是在大中国范围内的相对定位,他上哪儿去了解呢?根本没有精确的地图好吗?施罗二人,据说都参加过元末明初的战事,对经战过的地方,定不陌生,可是你要他连河南江西,四川云南,都能搞清搞楚,那就是强人所难了。

至于机心很重的曹雪芹公,虽然他架空了小说,我们没法指责他路痴。但是就在曹公自己设定的那个世界里,关于地理,仍然有很多大有趣味的细节,可资品味与辨析,甚至争议。

如果你对我说的这些感兴趣,你一定会喜欢看傅斯鸿写的《寻路四大名著》。看完之后,再有人跟你谈四大名著,那得开个新话题了,不要再谈"贾琏是不是暖男""赵子龙排第三有没有受委屈""宋江是不是投降派"了,你要问"平安州在哪里?""据说高老庄在云南?""曹操不走华容道行不行?"如果你哪天运气好真穿回明朝清朝,就可以去当面数落施耐庵罗贯中吴承恩:你们这帮路痴!

《寻路四大名著》,傅斯鸿著,同心出版社 2015 年 1 月版

损出一片新天地

兄弟我一向很反感跟风的出版物。呕!《兄弟》热卖,你就出《给余华拔牙》;于丹走红,你就发《解构于丹》,你这不是在跟着人家指挥棒转吗?而且你不能为解构而解构,打蛇得打到七寸上,让兄弟我也佩服拜倒才好。

下面就该夸夸许石林了。他的《损品新三国》(法律出版社2010年版)号称"中国第一本'全程跟踪式'电视剧系列评论",此言非虚。兄弟我跟很多人一样,看了两集《新三国》,就眼冤到逃离电视机,但许石林这组系列评论,却一直追捧追看。当时没想到能这么快结集出版,比曹操墓真相大白还快。

网上骂《新三国》的文字海天无边,兄弟我独捧许石林,就因为他能打蛇打到七寸上:他不跟你谈历史是怎么回事,也不跟你讲经典该不该忠实,甚至连老版《三国演义》也能不提就不提——那些都是无效攻击,编导早准备了一面面的盾牌在那儿等着呢,说不定一反过来还是吴宇森《赤壁》里的明光阵:观众不是你们,是90后;新拍经典就要有创新；你们不要先入为主；我们是"整容不易性"……BLABLABLA，吵个没完。

而许大侠，一上来就一剑封喉：你这"戏"不好！完了，你拍的是戏，戏不好，你还扯那些犊子干哈？这就是正本清源，把《新三国》放在它该待的位置上，卸去那些不必要的包袱，脱去那些忽悠人的伪装，咱们才正式开练吧。

兄弟我看过许多《新三国》编导的自述，老实说，立意并不差。但立意不差不等于效果不差，播下龙种收获跳蚤只能怪你地薄人懒。用兄弟我的话，概括起来，《新三国》的罪在于"粗鄙无文，价值观低俗，还自以为是"。粗鄙无文，才会出现那么多冬雷震震夏雨雪的台词，才会让剧中人互相直呼其名，搞得一个个都是九〇后穿越回了汉朝；价值观低俗，才会人人把私心杂念挂在嘴上，迫不及待宣布要踢开汉献帝另立中央，个个跟乌眼鸡似的；自以为是，才会低估哪怕是九〇后的智商，一点点宫廷斗争抻得像王大娘的裹脚布。

《新三国》的戏怎么个不好法？下细的分析，您还是得看《损品新三国》。兄弟我只想说，《新三国》的问题，稍有常识者都不难看出，批评起来一般也就是三五句话。只有许大侠甘冒矢石，不避智商下降的风险，一集集看，一集集细读，然后再掰开揉碎地讲给我们听。世界上怕就怕"认真"

二字啊，对于"史诗巨制"来说，攻其大要没有意义，因为他们早就准备了一套说辞来应敌，必得这么一集一集地品，一句话一句话地抠，才能榨出这些自以为是的创作者"皮袍下的小"。

许大侠一再强调，他不是为损而损，意思是他心目中其实有"好戏"的标准。虽然他总说不能让人"抬杠学玩意儿"，但其实《损品新三国》可以当作 Q 版的编剧入门来读。你看作者夸的是什么（许大侠也有夸《新三国》，不全是损），他最反感什么，最痛惜什么，正反结合，你就能明白作者的价值标准是啥，那比《新三国》标榜的"新价值"，高出太多了。

许大侠这样的人，知识分子圈里很少很少。兄弟我还记得某报想开一个比较有水准的电视评论版，却英雄无觅好的作者。知识分子要么不看，要么傻看——粗鄙无文也是许多中国知识分子的特色。

从前兄弟我看到难看的电视剧，还自我安慰曰：它的目标观众不是我。后来一想：凭什么呀？兄弟我也一年交那么多有线费，纳的税也参与养活着那么多 TV 和卫视，凭啥我该永远关着电视，只能从貌似非法下载的英剧美剧里找寻快感？那位说，娱乐嘛，何必那么较真？我不较真，但是我交了钱,就得吃回本来!娱乐也有高级低级之分,我要高级的!许大侠说得好:有什么样的观众,就有什么样的编导。有什么样的市场,就有什么样的产品。

像《新三国》这种闹出这么大动静的"史诗巨制",还要远销日韩扬我国威的货色,我们能不拿出对付三聚氰胺和毒饺子的态度来么?要是让这种货色大行其道,整个社会一声不吭,岂不让外邦笑我中华无人?

还好,有许大侠顶着。"全程跟踪评论",史无前例,后必有人。更值得一夸的是,每篇"损品"后面,附有新鲜热辣的读者评论,膜拜的有,不屑的也不少,这一来,就把这本书整成一个"公共空间"了,要了解中国普通人的"三国情结",还有娱乐观念,文化认同,这里都有。瞧,观察与对话,兄弟我就喜欢看这样的记录。

损品《新三国》,说不定就会损出一片新天地。

苏北是个语言迷

苏北是个文学迷。

前年,这位银行干部来北京,我去看他。一见面他就递给我一本书,以为是他的大作,不是,《再见,海明威》,古巴作家帕杜拉的小说。"我看着这书好,给你也带了一本。"

那才是我们第二次见面。

苏北是个汪曾祺迷。

我们头次见面,就是在汪曾祺去世十周年研讨会上。后来他出了一本《一汪情深》,专记他与汪曾祺的交往与读汪心得。苏北尝夸口:"国内有红学,没有汪学。要是有汪学,我可以当秘书长。"汪迷中,他是公认"最痴迷的一个"。

文学迷+汪迷,会重叠出一个怎样的苏北?你去看《那年秋夜》。

苏北也写小说,不过我看他的小说,跟散文也差不多。他的散文里也尽有很像小说的——汪曾祺说过,小说与散文之间只有一层薄薄的篱笆。更多的时候,小说,尤其是短篇小说,跟散文一样,是讲一个完整的短故事,还是展现生活的一个横截面,并不重要,重要的是捕捉住生活中的某种气味。

上世纪九十年代,有个著名ID,哦,集体笔名,叫"周洪",总是出来警告或忠告中国人。其中有一条就是"文学爱好者不要学汪曾祺",因为汪曾祺那种"风俗画的写法",完全不是小说的常规,很难掌握。

所谓"风俗画",其实也没有那么繁难,我可以总结为三条:(一)小说散文化。不能太戏剧化,情节性太强,故事也不要太完整,得像是从生活身上剜下的一块肉,泛着血红,还在微动;(二)现实的诗化。发现美的眼睛是稀缺资源,自然主义靠得住,还要作家干嘛?(三)删繁就简。汪曾祺常说:小说是删繁就简的艺术。冻虾里有一半是水,端上桌可不行,得是一只只虾。

其实还有一条最关键的,因为太关键,反而不值得提。那就是:语言。

小说散文化,或者说写美文,难就难在这儿。它没有戏剧冲突啊,大段对白啊,极端情境啊这些拐杖可以依傍,它就是硬斗硬,用每一个词每一个句子来拼。语言好不好,入眼便知,一个词用坏了,立落下乘,什么谋篇布局卒章显志都是空话。

中学语文总是教说:散文最好形散神不散。其实好散文是形散神也散，全靠语言团弄那堆物事。比如汪曾祺喜欢的西班牙作家阿索林，他平静地描述一个小镇，细微到花岗石铺的街道，下雨时路上跳动的水珠，你觉得他花偌大力气，总该说点儿什么事，结果他什么都不说，就此收束。

你在《那年秋夜》里随便翻一篇，就能感觉到苏北对语言的痴迷。他自己说：语言要不能给人带来一点惊奇，都不算文学语言。但险也险在这里，你不能太刻意，不能用那些只能写不能说的词句。你得让人从熟悉中读到陌生，于天上看见深渊。

这些篇什里，我最喜欢苏北写皖北山村的那些篇什，其实也没说什么，你想概括中心思想很困难，但你能感受到夏天午后村镇街道那种滚烫，滚烫的空气中青年苦闷的心，路人对一个不甘运命的人冷冷的侧视，还有一点儿朦胧的美好，一个姑娘光洁的面颊或一道佳肴带来的欣喜与慰藉。执着于地域，看似是某种乡土迷恋，其实是要为语言捕捉气味，找一个合适的舞台，没有比一个宁静的村镇些微的异响，更能带领气味的波动与语言的追逐了。有时会让人突然想起李劼人的《死水微澜》，巴金的《憩园》。

反而是苏北立意要学汪曾祺，甚至同题同结构的诸篇《小学同学》，让我们看到某种差距。苏北笔下的小学同学，太完整，抓不住可以诗化的细节，反而缺了神气，倒像是该小学委托一位校友弄出的学生列传。有时，即使汪迷如苏北，亦不免会偏离导师的指引。

为什么是纳兰?

纳兰迷,迷什么?

大清赐进士出身一等带刀侍卫纳兰性德,三百余年来从未成为史学界、文学界的热点。其原因不外一条:简单。他的身世、交游、词作乃至身份认同、政治立场、学术见解,都没有太多可议之处。

可是此人之肉,彼人之毒,史书中颇有些寂寞的纳兰,却在今日拥有史无前例的众多粉丝与解读者,七年前曾经有篇著名文章叫《京城有群"纳兰迷"》,介绍了这位只活了三十一年的天才词人如今粉丝团的规模。说单是北京,就是五六千"纳兰迷",这说法很难让人信服,恐怕是以讹传讹,将点击数当成了人头数。不过,"渌水亭"网站的建立,粉丝团定期在宋庆龄故居与上庄的聚会,以及为数众多的纳兰词论书籍的出版,仍让人忍不住想给纳兰加冕"大清快男"之类的头衔。

一个时代的风潮流转,总是有它内在的缘由。纳兰的好处，正如《纳兰词典评》封底所言，"一位几乎拥有世间一切的惆怅男子，一段三百年来倾倒无数后人的传奇"，个中的关键词正是"拥有"与"惆怅"，我们若要给纳兰找出前生后世，那么，前有李后主、晏小山，后有袁寒云、徐志摩，其实曹雪芹也可以列入这个QQ群，如果他只是前八十回中的贾宝玉，家道尚不曾中落时，在静好岁月中感知人生的无常易散。

纳兰词的主题真的简单，伤离别，悼早逝，怅永年……大抵是将自恋放大成整个世界，因其精巧细腻，倒将"词"这种文体的本质与特长发挥到了极致。而纳兰词所写的情感，正是古典主义者所谓"永恒的人性"，尤其在一个衣食无忧物质富足的语境中，这些情感确实容易被放大、被凸显到覆盖人生与世界的重要位置。明乎此，就不难了解何以容若公子在三百年后有这许多知音，"面对这样清清爽爽的一位少年公子……那么多的少男少女一旦捧起了纳兰词，便再也放不下了"。（《京城有群"纳兰迷"》）

贾宝玉是中国文学中典型的"多余人"（零余者）形象，以此类推，前面提及的诸位大抵都可以归入这一形象系列。他们的时代，他们的位置，都决定了他们无力改动这个世界的分毫，他们只有力量在周边构筑一个貌似完美的天地，再于纸上复制与想象自己的四季。纳兰救吴兆骞，大约是平生唯一可以称为行动的行动，最终仍是因人成事，最终仍是成就了几首绝世的《金缕曲》，仍是在心灵史的意义上得到救赎。

用纳兰的处境比照当下，大致可以想象纳兰词对于青年男女造成的心底波澜和映射效应。让最大多数的作者可以投射自我，确乎是流行的重要元素之一。当年《鹿鼎记》刚连载时，许多读者投书反对，就因为以七十年代道德水平，读者难以将韦小宝作为代入对象。纳兰在当下的重归流行，原因大概正是苏缨说的"容若就是一面适合许多人的镜子，我们总是能在他的身上发现自己抑或是臆想中的自己"。

为什么是苏缨？

苏缨解读纳兰词，仍然不是学院式的，这意味着不负责文学史的定位明晰，不在乎词作本事的考辨真确，她要做的，是写出她心目中那个纳兰，与读者分享，并努力成为纳兰隔着时间之岸的知音。

在苏缨笔下，纳兰词本不必提升，也无须提升，只爱它自然的好，王国维所谓"以自然之眼观物，以自然之舌言情……北宋以来，一人而已"，实际是对南宋以降饾饤秾艳词风的反拨。北宋,词的少年时代,正是崇尚天然,讲究浑成,秦少游所谓"便不识字人,也知是天生好言语"。王国维因此称许纳兰,因为他宗法北宋,不往七宝楼台一路上努力。苏缨是懂得这一点的,她说"容若的名句却是另外一种风格,直抒胸臆、脱口而出、不加雕琢、平淡如话,譬如'人生若只是初见',譬如'情到多时情转薄',譬如'当时只道是寻常',都只是男女世界最平常不过的感情,容若有过,你我也或多或少地都曾有过","容若的好,却在于明明白白、直指人心,弹指间便道破了世间每一个情中男女的心事,只一个照面便会使人落泪。"

但这并不是说,纳兰是原生态歌手,全凭天赋好嗓子,生于清代,一个集历代文体大成的时代,人人胸中都有一部语词的历史,纳兰又岂会例外?他与时人的区别只在:那些前人的心血吟得,并未成为"因袭的重担",给他以"影响的焦虑",相反,他化用得是如此的不着痕迹,知与不知,同样能从纳兰词中得到审美的愉悦。而苏缨解纳兰词,又如何处理"用典"与"本文"之间的关系?

陈平原先生曾言,对纳兰词的"民间解读",也是进入"古典中国"的一种视角。不要一说到"民间解读",就以为是不负责任如"于丹讲论语","民间解读"只是降低读解的门槛，不为历代选本注本的层积所累，从原典中读出真味，及与当下生活的勾连。苏缨的解法，大致是平实的，有典故时介绍典故，但不放过作者自身情感的微妙注入，同时也时时警惕过度阐释的危险。顺便，她也将纳兰词作为了古典诗词的样本，像"瘦马""玉笛"这样传袭的意象套用，的确是中国古典诗词的特色之一，五四诸贤曾猛力批判，但不理解这一点，便难叩开古典诗词解读之门。苏缨如是解释：

> 比如，同样听到不知从哪里传来的笛子声，如果你想表达君子情怀，那就说"玉笛"；如果你想表达乡野之情，那就说"竹笛"；如果你想表达豪客沧桑，那就说是"铁笛"；如果你写武侠小说，那就写成"金笛少年"。只有笛子是真的，那些玉、竹、金、铁一般只是诗人为塑造意境而主观加上的修饰，不可当真。

"民间解读"另有好处，是不怕暴露作者的时代与阅读经验。学术是有代圣贤立言性质的，谐语艳语市井语等一切芜杂均不得入，但自由写作不讲这些，我看见苏缨并引叶芝的诗与达明一派的歌词，解词用古典韵味的语句，一转头又带上网络语言,告诉你什么是"探花",举的例却是"小李探花李寻欢"……我不觉得这是本书的毛病,反而有一种活泼泼地会心。苏缨觉得她和纳兰一样,不在乎"诗正词闲",愿堕泥犁而不悔,大约便是王国维称许的"初入中原未染汉人风气"的"真切",这是苏缨的好处。

苏缨选择解读纳兰词是对的,因为作者笺者,有许多情感交会的所在。她就不适合去解杜甫或辛稼轩。但偶尔的旁逸仍然潜伏着危险。如纳兰吊明陵的《菩萨蛮》,苏缨很迷惑于何以满清治下,一个青年贵族追怀前朝而没有惹火烧身?其实清代文字狱,严于满汉之防,主要是压制或有异心的江南士人。而且,清为了证明自身正统合法性,反倒对明陵保护有加,清初诸帝也曾数度拜谒孝陵。《菩萨蛮》那种泛泛的怀古追远,应该没什么政治风险,纳兰当然不会想到,这首词会让三百年后的读者,白担了这一场心。

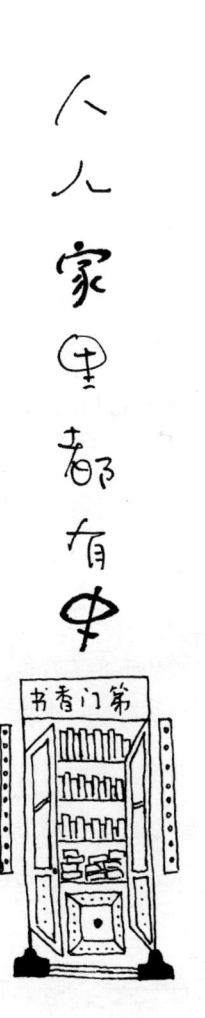

人人家里都有史

书香门第

人人家里都有史

将《天晓得》与《荷尔蒙》放在一起合册出版,是一个英明的决定。

为啥子恁样说?如果只是《天晓得》,作者是石头妈妈,是我的长辈,我写这篇序就比较缚手缚脚,又不敢推辞,又要表示尊敬,末尾还要署"晚辈杨早敬序",搞不好就是一篇石头爸爸最讨厌的官样文章。

有了石头的《荷尔蒙》作陪,我就可以多一点打胡乱说。事先声明,本序中的一切褒奖归石头妈妈王晓天老师,有里扯火的地方,都怪她的小儿子石头,读易洞洞主邱小石,把我带挈歪了。

石头自己说,他是一个四川话说的"讽讽",用另一句四川话说,就是比较"扯"。这两个词咋个翻译成普通话呢?二?不对。轴?也不对。只好借一句粤语,跟"无厘头"差不多。

我没见过他写过一篇长的啥子东西,他的微博永远没有标点符号,只用"/"区隔句子,搞得像版面没给够的现代诗。

他发朋友圈又不搞这一套，可见不是习惯，而是搞怪。《业余书店》有一些稍长的千字文，但石头最擅长的还是散打，比如《事B》，二十几件事凑成一篇文章。更比如说《逗猫惹草》，完全是《论语》的写法。

你可以说这是因为石头的当行是广告，传播需要精炼，需要有句无篇。我却认为这说法是倒果为因，石头不是转行搞广告（他大学专业是食品工程）才锻炼出这种特质，而是他有这个天赋——从生活中打捞出有趣的碎片，记录下来，呈现出来，就是喜剧化的生活。

石头长相比较憨厚，而且他说话最常用的表情，是皱眉凹脸地对着你，很认真地说一件他觉得很荒谬、很无聊的事，最后总能将世事描绘成一场黑色喜剧。前几天我与石头爸爸陪一个老乡去洞里，大家谈起北京该死的雾霾，石头说他有一个治霾的设想——每天早晨起来，全北京的人都往东边吹气，说不定能把霾给吹走。"为啥子是东边？""因为西边有山，霾会过不去……"他突然变得很沮丧，两条眉毛垮起："霾都吹到东边来了，我们这儿的房价肯定就不行了……"

我们那个老乡是个小姑娘，正在北京大学读物理学硕士，头一次见这位大哥，不知道作何感想。她如果读过《荷尔蒙》，就会知道这是书里的典型风格。

随便举一例：

　　逗带猫去踢球。
　　教练问猫：你妈妈怎么没来啊？
　　猫抬手指着逗说：
　　他老婆的事情，我怎么知道？

（逗是石头，猫是他儿子敢爷）

再举一个夫妻间的：

　　逗坐火车从南昌回北京，七点半快到北京的时候给草发短信：
　　"有一个女的，从我六点半起来一直到现在，一直在化妆，她以为一下车能见着毛主席啊？"
　　草回信："你看她那么久啊？"

这些都是真实的对话，也莫得好特别。但是，孜孜地把它们记下来，还整理，还传播，自己印一本，豆瓣上传一本，现在还要正式出版，可能只有邱小石邱总干得出来。

看完《荷尔蒙》，你会觉得这一家人，简直是演情景喜剧。这就对了,将生活喜剧化,是一种本领。一般人叙述自己的生活,不是得意洋洋,就是苦兮兮。能将生活喜剧化的人,是因为他能从得意与苦中,看出人生的荒谬感来。

天赋绝非凭空而来,《天晓得》再次证明了这个道理。这两年写家史、个人史蔚然成风,但在我看过的这些"史"里,出版的没出版的,我特别喜欢石头妈妈的这些篇什,还找石头要了几篇发在《中堂闲话》上。《天晓得》里,最打动我的,是石头妈妈叙事的态度,还有记录细节的能力——果然天赋渊源有自啊。

石头妈妈当然不是讽讽,也决不无厘头。但她很会过滤生活,表达记忆。比如《工作调动》那篇,在中国长大的人都能体会(到今天我们一生中还要总共办103个证),随便办一件正常无比的事,总会在握有权力者之间,像踢皮球一样被踢来踢去。《水浒传》里戴宗对宋江说:你就是我手里一件行货!我想中国人多多少少都当过行货。

不过石头爸爸妈妈经历过的年代更荒谬些。他们受制于严密的行政体制(你没有选择工作与居所的权利),没有人在乎两地分居想儿盼夫的苦辛("你二十五岁就结婚了,好多人在你这个年龄还没着落"),要碰运气地等待一纸调函,可即使中了彩,这边要人,那边也同意放人,过程仍然是历经磨折，隆昌富顺八十多里路来回跑，最后一关，却发现"领导们不知跑到哪儿去了，所幸的是学校公章在教美术的胡老师手里。可是胡老师也回自贡市乡下的家，家在哪里呢，说只有回自贡市区的王主任知道"。

但总算有了盼头，神奇的事有了神奇的解决：

> 第三天一早明熙出发去自贡顺利找到王主任问好了胡老师所在地，只知一个小地名，亏得明熙问路找到大方向径直前往，凑巧的是那位老师出门赶集竟路上遇见了（他们过去是认识的），胡老师不是领导却管着公章，明熙自己为隆昌二中写了同意我调动的信件，胡老师在上面盖章，同时在我的申请函上签署同意并盖章，明熙如获至宝赶回富顺。

看到此处，我不禁要庆幸那时的中国还是熟人社会，不然一无地址，二无电话，跨县市找人岂非大海捞针？写到此处，仍不免是个人或家庭的小悲欢，更有意思的是后面一段：

> 这天下午看见李征和余策彰二位老校长，我抑制不住内心欢喜把调令给他们看，我以为他们很高

兴，没想李校长说你不要走我们想法把你爱人调过来。我一下眼泪夺眶而出，你们帮忙，你们在位时没有做到，现在权力都没有怎么可以呢？但我相信忠厚的李征校长说的是真心话。有意思的是管公章的人有权力，而我的调动是由一个普通的美术教师和一个下台的法院院长决定的。因为他们手里有公章，即官印。

调动是以喜剧收场的。石头家终于团圆。但这篇记录的意义并不因此而减弱半分。正因为它是如此平凡、个体甚至渺小，它更代表着发生在千家万户的悲喜。为了从权力的桎梏中挤出一点空隙，为了增加一点选择的自由，离合家的幸福再近一点，中国人需要付出多少的耐烦，积攒多久的人品，等待多大的运气？

作为叙事者，石头妈妈表现出了那一代人罕见的自制，没有任何的评论与引申，把思考的空间留给读者。《天晓得》十七篇文字，都是这样的写法。这种写法，反而扩大了个人史的公共性，即使是异地异代的读者，也能从文本中收获自己的感慨。

《天晓得》与《荷尔蒙》是一家三代人的生活记录，两个文本之间的映照与致意,也常常让人忍俊不禁。石头妈妈用一篇《与荷尔蒙无关》颠覆了石头的命名——如果"荷尔蒙"真是医学意义上的解释。

而按我的疏解,"荷尔蒙"可以解释为"(父母)负荷着你(指儿子)人生启蒙的责任",这样比较符合全书的主旨,我以为。像石头写的那则《告诉儿子的事》题记:

> 真正能促使你理解个体差异,
> 是你一手调教的子女也和你意见不一致而无能为力。
> 知识之外的教育可靠性都不高,
> 顺其自然,各有各命。
> 作为父母,学会放弃。

另有一则说到石头不喜欢敢爷的某个朋友,但纠结于该不该告诉敢爷。他不仅仅是怕敢爷不高兴,更是不愿意过多干涉儿子的生活。可是不说,似乎又背离了将自以为正确的价值观灌输给儿子的责任?在中国的家庭教育环境中,这是一份可贵的纠结,因为我们看到过太多替儿女做主的父母,太多强加一己好恶于后代的父母。

与儿子的交流,要告诉儿子的事,并不止于幽默与戏谑,趣味与调侃,同样有催人泪下的艰难往事,像这一则:

逗的哥哥在珠海开了间广告公司,逗投奔之。

逗什么事情都干,给公司员工订饭、校对、出片、快递、盯印刷厂。

甚至,催款。

有一个生产八宝粥的客户欠了很久的钱,要不回来。

逗就到那客户家里去催。

逗从下午两点坐到晚上八点,一动不动,连厕所都不上。

眼睛就盯着客户,客户四五岁的儿子只要出现,逗就盯客户的儿子。

客户实在没法了,就给了钱。

郊区,天黑了,没出租车,好心的客户要送,逗不敢,拿了钱消失在黑夜中。

猫要记住的是,如果那个客户死活硬是不给钱,就算了。

还有自省：

> 逗刚开始工作的第一年，在一家生产奶制品的企业工作。
>
> 有一家广告公司帮助策划了一个活动，说如果逗说服企业搞这个活动，就给逗1500元回扣。
>
> 1500元！当时逗一个月的工资也就不到200块。
>
> 活动准备前后一个月，逗紧张死了，睡不着觉。
>
> 活动当天，也算成功，但逗的心思完全飘浮在空中。
>
> 那个广告公司的人也还实在，在活动间隙的时候，把逗拉到厕所给了逗钱。
>
> 逗再遇到同事，就不敢看对方了。事隔两天，逗就从单位辞职了。
>
> 从此以后，逗再没干过这种事。
>
> 猫要记住的是，人性有漏洞，也应有羞耻之心。

敢爷今年十六岁了，他怎么看这本《荷尔蒙》？他能接受多少其中的微言大义？我相信石头夫妇其实没什么信心，但是，敢爷有自己的天地，形成自己的三观，这不是一件坏事。我很尊敬的一位前辈女学者说过：儿女未成年前，父母应当是一堵透明的墙，帮他们挡一些糟糕的东西，但尽量不让他们感觉墙的存在。

成年了呢？成年了父母只负责一件事：他们受伤了，接住他们。

《荷尔蒙》里也有敢爷的一些日记，还有诗。"前半生，父母养；后半生，老婆养"的"理想"或许该看成童言笑谈，比较有意思的是敢爷这则《怂蛋》：

我们做到的不应该是去适应教育体制，
我们应该试着去改变它，尽管我们可能等不到改变的那一天。
否则，当我有了孩子的时候，
当Ta问我有没有去尝试改变教育的时候，
我却说出一个"没"，
Ta绝对会嘲笑我，心里想着：
原来我爸是个怂蛋。
我不愿意做个怂蛋。

像不像是石头写的？有其父必有其子。

另外,还有对抚养自己长大的奶奶无底线的爱:

猫说,长大了我要找一个漂亮的老婆。
逗问,多漂亮?
猫答,目前为止,全国各地,就是奶奶。

《奶奶》
奶奶,
有漂亮的奶奶和不漂亮的奶奶,
奶奶漂不漂亮,
那就要看
是不是我的奶奶那类型的,
是,就漂亮,
不是,就不漂亮。

通过《天晓得》与《荷尔蒙》,我们能从这些记录碎片拼出一个三代之家的家庭史、教育史,尽管它看上去满是笑点,但笑点后面有着人生普遍的况味,泪水,欢笑,琐细,与永恒。

我这篇序的题目来自石头、绿茶与我创办的"阅读邻居"

读书会某期的主题。那期主题我们头脑风暴了好久。这个短语由我提出,由于石头的坚持而定案。石头对什么"大家小史""记忆小屋"通通不感兴趣,他的理由是:

"人人家里都有史,平淡中有厚重,未必是废话,有种怦然心动的打击力,无修饰,去门槛,想自己不曾想过的事,原来我们曾经来过。"

这句话,用来评价《天晓得》这本书,也还使得?

最后奉送一个段子:有一次我介绍一本杂志采访石头,谈他们夫妻怎么创办出读易洞这个家庭书店,也是全国知名的小书店。谈了一个上午。结束后,采访者毫不掩饰对石头的欣赏:

"我知道他已经结婚了。不过,听说他还有个哥哥,你帮我问问,有没有可能?"

筒子们,这叫啥?要我说,这才是家风啊。

2014年2月26日于阅读邻居所在的豆各庄

《天晓得》,邱小石、王晓天著,中华书局2014年8月版

十年日记　百科全书

《〈读书〉十年》是一本奇书。尽管看上去，它只是记录一位学者编辑生涯的日记选。

《〈读书〉十年》是新作，第一册出版于2011年，二、三册出版于2012年，但内容却是不折不扣的"述旧"。该书是扬之水1986—1996年间的日记选本，而本名赵丽雅的扬之水，正是当年"《读书》五朵金花"之一，稍明《读书》在二十世纪八九十年代文化界位置的人，都知道这套日记的重要性，它还原了"可信的"那个年代。

日记内容无非是记事与记感两类。而自古得能流传的日记，不只能见出作者生平、性情，还要能从中看出交游、艺文、时事、世情，堪称一部"全书"。风行一时流传不衰的如《越缦堂日记》《缘督庐日记》《湘绮楼日记》都有这种特点。反之，流水账式的《鲁迅日记》就不够自足，需要读者研究者以大量史料与想象来脑补。

自然，日记作者名气愈大，地位愈高，而愈易流布。但好的日记还要满足两条：一是作者并未自觉日记的传世可能,写作时不隐恶,不讳饰,不矫情。二是公布的版本,也能少删、不增,尽量留其原貌。因此,日记之真伪与作者入世之深浅,有时恰成反比。史界重视的《忘山庐日记》《退想斋日记》,研究价值不输于名家手札。

再来就说到文笔。鲁迅在答太炎师问时尝言:"学以启人思,文以增人感",将日记当小品写,原是古时常事。近代以还,私人日记功能性增加而审美性趋弱,往往只适合研究者爬梳史料,而无法讽咏诵读。世人亦不以美文视日记,然而日记的文学价值,无疑也是这份日记是否适于公共阅读、是否成为审美教育范本的一大标准。

全面、真实、文采,这些优点,《〈读书〉十年》俱全。作者有言:"当天的纪事,总还可以依赖(整理过程中,只有减法,绝无加法;极个别的字句之外,绝少改动),至少能提供一点还原现场的线索。"这是真实。

说到全面,篇中片断,可作回忆录看,可作游记读,也可作精神生活史材料研究。如一九八八年八月十四日的日记,由《中国作家》上的小说《沉重的城墙》,想到小学一位当过妓女的班主任老师,在"文革"初被揭发后的遭遇,再联系到同学张某某对作者外婆自杀后的羞辱,短短数百字,那段历史的气息便已扑面而来。这样的记忆碎片,日记中尚有许多，作者的生命沉淀在这部日记中，自然也有了回忆录的况味。

这种回忆又不止是大事或痛事，一九八九年四月廿一日一则由听吴彬说香椿芽儿刚上市卖至八元一斤，这两天也得三四块钱（物价史材料！），忆起插队时吃香椿：

> 更忆起插队时节在会青洞，春日里没一点油水菜蔬，只望着庄稼地里零星长着的几棵香椿树，每是我够下芽儿来，切成细段开水焯了，撒上盐，就是极香极香的好菜儿，有一回，几个人凑了一块钱，找着上头的老颠儿婶，换了十个鸡蛋，吃了一顿香椿炒鸡蛋，真是美死了。这也不过是几日里的事，过了这时节，更哪里寻一点点牙祭！

这却是明末小品的风味。类似短章，日记中亦极多。

而《〈读书〉十年》更为读者称许之处，却在记"书"与"人"两层。作者彼时供职《读书》，又是痴迷阅读之辈，日记中购书借书读书谈书的记录，几乎到了无日无之的地步。有人说，将日记中提到的书名辑录出来，就是一部《八十年代京城精神生活提要》。

而"人"就更为丰富繁杂了。编辑、作者、朋友、师长、读者、亲人,北京的,外地的,国外的,一个个都在寻常日脚中凸显出来。其中尤以金克木、徐梵澄、钱锺书等时时请益的前辈,沈昌文、吴彬等日日相处的同事,面目最为生动。

作者曾于一九八九年六月十六日日记中自言:"《读书》这个'小气候'是极为难得的,必当珍爱它。也许若干年后,我会写下关于《读书》的回忆录,那时想想这些小曲折,一定更会觉得有意思。"其实,《〈读书〉十年》已是绝佳的回忆录,从中不仅可以窥见各路学者的侧面音容,更有各饭馆的菜色,有日日经手的书单,也有车票点心唱片的价格。从《〈读书〉十年》中,我们至少可以还原出一部可信的生活实录,一辑精准的人物剪影,一册雅致的美文短章。

可以说,这套日记,将是多年后二十世纪八、九十年代中国社会研究者的福音。我们有幸作为同代人先睹为快,也是一种难得的缘分。

这些年,由于社群固化与学派分裂日益加剧,"知识界共识"成为某种可望不可即的理想,因此上一个"共识年代"(上世纪八十年代)被书写成某种神话,追忆之作也纷纷浮现,但回忆是那样的靠不住,而有资格回忆者又集中于当日的领风骚者,当年普通的精神生活与日常记忆反而隐没入黑暗中。《〈读书〉十年》则以无可质疑的忠实与复杂,全方位地复原八十年代的知识生活。由于这套日记表面的琐碎与个人化,它出版后并未受到许多还沉浸于往日传奇的读者的足够重视。随着时间逝去的洗礼,回忆与传奇会渐渐褪色,真能留下的,怕还是这一部个人的真实记录。

《〈读书〉十年(一)~(三)》,扬之水著,中华书局2011—2012年版

《四明别墅对照记》之落生

大约是在 2007 年秋末,太太从她学校图书馆借回一本书,名为《上海弄堂元气》,张伟群著,上海人民出版社 2007 年 5 月版。上海弄堂是我们关心的题目,"元气"是啥意思,姑且不管。而书的副题,让我们觉得这书跟别的上海研究著作会不太一样,副题是"根据壹仟零壹件档册与文书复现的四明别墅历史",档册、文书而达 1001 件,上海话说,结棍(厉害)!

读了一半,已经觉得确是不凡,但好像从未听人谈起,似乎只是误打误撞被大学图书馆购进,又无巧不巧被我们借到而已。正好其时在为某家杂志撰写短书讯,就将此书写成一则:

"城市研究如今是热点,上海研究更是热点中的热点。可惜高屋建瓴的多,以小见大的少。说起上海弄堂来,谁人不知哪个不晓?但究竟弄堂是啥个样子?呒人说得清,大家只好借助张爱玲和王安忆的小说。张伟群此书补上了弄堂研究的空白,他从公安局、街道办的档册入手,辅以图书馆、文史馆的资料，更有许多老住户的访谈配合，逐一展现四明别墅这条弄堂的建造历史、建筑格局，居民的分类、身世、生活及其变迁，弄堂日常生活样态与名人轶事趣闻，于是乎一条苍老沧桑、又跃动着勃勃元气与鲜活面容的弄堂，缓缓在阅者面前展开。虽是微观研究，但见微可以知著，老上海的前世今生，其实也就在一条条弄堂的生老病危之中。历史细微之处的迷人，也并不在小说之下。史学大家张仲礼评其'貌似学术，娓娓道来，可读耐读，意味深长'，未为过誉。"

这则短讯也顺便发在我的博客上。未料此书作者张伟群，大约是在网上搜到了这段文字，留言与我联系。正好《上海弄堂元气》已经还掉，想要留存，也买不到，张伟群先生遂慨然允赠，而且一下寄来五本，供我分享于同好。

这就算结下了一段书缘。之后邮件往复，谈学论道，颇多意趣，才知道张先生年近六十，彼此素无瓜葛，也便忘形尔汝，我直呼"老张"，交流起来，可免去许多内心的拘束。

老张出生在四明别墅，客串过大报记者，后在上海某校做行政工作。他发愿写自己生长的弄堂，又能舍得下工夫、有资料相济，在我看来，真是十全十美的搭配。老中国读书人一向重视乡邦文献与乡土书写，示不忘本。我自己虽不能至，心向往之，对老张的工作佩服得紧。何况上海弄堂于中国都市社会进程、城市化研究的重要性又非别可比。本来觉得《上海弄堂元气》已经相当出色了，待听得老张说想出增补本，而且材料与图片都将大大加多时，真禁不住欣闻乐见之情。

老张讲，出《上海弄堂元气》，主要还是利用派出所、街道办的档册、文书，不想书出来后，这条弄堂的住户顿时对这个本地出去的作者刮目相看，评曰"伊从哪里弄来介许多材料？而且捉不到伊啥板头（差错）"，陆续就有人主动将家里的相册、藏件提供出来，也愿意讲述自身与长辈的往事。老张讲，这一来，整本书的材料就有了"实质性扩充"，文字增加了十余万，图版更是达700多幅，塞得一本书满满当当。

原以为可以坐待新书出炉，但老张说种种原因，原出版社接受增补本可能有问题。咦呀！介好的书哪能不出呢？我主动说：在北京帮你问问好吧？老张同意了。

老张真是下了本。他自费找人排版、打印，做成样书寄给我，意思是：照片位置、文字版式，我都定了，出版社如乐意出，自然省事。看样子，要加改动，不容易。

果然在这问题上有点卡。有大出版社对书的题材感兴趣，但对书的写法、版式、照片摆放，都有自己的看法。出过书的人都知道，这些问题上总归会由一方做主，店大还是客大，因书因人而异。我将意见反馈回去，果然老张很坚持，甚至宁不出版亦不愿任人擅改。

那一段与老张私信来往频繁，中间老张甚至有拿回上海再试试的想法。我没有什么决策权，只能尽量寻找可能性。但是有一点认识一直很坚定：这是一本很有价值的书，只要能出版，以我之见不妨做任何妥协。这一句话我跟出版社朋友讲过，也跟老张讲过。

老张不求利益回报，但一定要按照他的心意出，包括封面设计，也是他先看上胡颖的作品，再托我联系，自费邀请。我一边感动于他的坚持，一边也替他犯愁，因为这还不是个存之名山的事儿：弄堂老住户正在相继辞世，早一日出版，也许就能多一些人看到自己的生活流传世间。

天从人愿，帮读易洞老板邱小石出过《业余书店》的中央编译社张维军兄有了允意。张维军本来就是我想介绍北京出版的首选编辑，因为《业余书店》就全是由邱小石、胡颖合作完成，维军自称只是起一个把关的作用。这种垂拱而治，正是像老张这样的作者需要的呵。

就这样，这本厚厚的弄堂书终于在通力合作之下面世。据说市场的反响不坏，尤其上海某些弄堂甚至出现抢购潮。

我们一起聚时会讨论：出版过程中责编是该深度介入，还是无为而治？大概也是要视个案而定。反正我也很憧憬有朝一日能全方位把握自己的出版物，就像拥有对自己孩子的教养权。

维军说要给我挂"特约编辑"，我看成是站台，一口答应。事实上我做了什么呢？内容与版式都是老张的，封面是胡颖的，助产士是张维军……对，我帮着确定了题目。

《四明别墅对照记》的主题定得比较早，老张认为与《上海弄堂元气》相比，"照片"是新书的重头戏所在，要有那么多图片，才不枉了"对照"这种题目。至于副题，老张的野心很大，曾想过叫"从一条弄堂看见所有"，他在《对照记·自序》中讲：

> 上海曾经是一个拥有海量弄堂的城市，单单其中之一的四明别墅便可以这样讲上几十万字、占了495页，那么骄傲。这不是拙书的成绩，作者也只是个挖掘和整合者，而由点及面，推而广之，会发现上海弄堂的历史文化底蕴极有可能被低估了。上海弄堂被寄予了太多的想象与读解，也意味着遮蔽与简化，其实际存在的丰富程度，想必将超出人们

现有的记忆和保守印象。

"看见所有"是想突出"丰富"。我后来跟老张商量：书名首先要让人知道书中所写为何，能概括特色自然更佳。"对照记"没有歧义，"四明别墅"外地人、年轻人会弄勿清爽，但是这个符号又很独特而重要，那么在副题中应该标明"上海""弄堂"这两个元素，才能让人抓住要点。因此我代拟的副题是"上海一条弄堂诸史"。因为这本书，正是见微知著，为四明别墅这条弄堂作传，有建筑史，有生活史、政治史、社会史，亦有家庭史、个人史，更兼图像（照片与绘画）的记录，的的确确只是"上海一条弄堂"，却写出了"诸史"，想来也就传达了"看见所有"的意思。

匪兵、拾荒者与解梦师

慧瑜与我的北大岁月，可谓失之交臂。当他在2001年秋走进戴锦华老师主持的文化研究工作坊，曾经的参与者我，已经成为博士一枚，进入到导师认为我去听课是浪费资源，往外轰我的阶段。虽然我于2003年还是忍不住跑去听了戴老师的电影解读课，以继续提高自己在买碟方面的品位，然而并没有因此认识慧瑜——即使或许他也在那个课堂里虔诚地坐着。

说到"虔诚"，我是以己度人了。从1998年到2000年，我一口气选修戴老师三门课时，听讲之认真，确乎可以用"虔诚"两个字来形容。毫不夸张地说，我后来会做一些当下文化研究的课题，从眼光到方法，受戴老师影响至深。

不过，2001年之后，我基本是在清末民初的报刊堆里打转，离文化研究越来越远。直到2005年底，几位朋友兴之所至，成立1217俱乐部，谋划出版《话题2005》，才又与文化研究这行当接上了榫。

我找到戴门的大师姐滕威（其实我认识她时，她还在读大四,被戴老师亲昵地叫作"小滕威"),约她写专题,让她在"超级女声"和"芙蓉姐姐"里任选其一(我知道两者她都一直关注)。滕威选了超女,推荐师弟慧瑜来写芙蓉——算起来,慧瑜刚上博一,方从私淑弟子登堂入室,成为戴门一员。

我没见过慧瑜,一度认为是位女孩(这个错误后来犯的人非常多,似乎这两字已成女性专用),约稿都是通过滕威,直到稿来了,《"芙蓉姐姐"的迷思》,我看完,编完,交稿,出书。慧瑜一直也未谋面,直到次年四五月,在社科院开《话题2006》的例会,一群戴门弟子包括滕威光降,才第一次得睹慧瑜的尊范。大家都是微胖界的,自然心有灵犀。

我深知在北大中文读博有多辛苦,多无法分心。所以后来也没敢打扰慧瑜,只是间或听见传来对他的赞誉,比较不低调的说法是:"张慧瑜"三字,在某些场合,就等于"学问"一词。哈哈,慧瑜该脸红了,微胖界一脸红就特别萌。

直到2008年末,慧瑜主动给我寄来一篇稿《"谁的"爱,奉献给"谁"——抗震救灾中的"人道主义"话语表述》,又让我窥见了久违的戴门风采。不必讳言,刚刚结束博士论文写作,慧瑜的笔还有些紧,与《话题》追求的活泼平易的文风未必一致,但我与另一位主编萨支山,都看重文章中的思辨力,看重他对在大灾之前成为某种霸权话语的"人道主义"条分缕析,从"底层""80后""中产阶级价值观"多面攻打的运思特质。这种批评的复杂性,以及"评论之评论"正是《话题》系列的追求。我们为慧瑜这篇稿的辞句调整花了很大的力气,主要想在加强表达有效性的同时,亦能保留他思辨的元气与深入。

次年再看慧瑜的写作,就松快多了。学院写作(狭义的,写给评审委员会或同行看的)会制造一种笔下的紧张感,我本人深有体会。如何在不放弃深度与复杂的同时,摆脱学院写作的晦涩与匠气,是一道很难突破的关卡。后来我想,慧瑜大概亏得有网络影评的底子,所以能够从学院写作的阴影中快速挣脱出来,他的文化时评,尤其是涉及影视的,可谓轻灵厚重兼而有之,足以让读者轻易感知思辨的快乐。

慧瑜给自己的论文集命名为《匪兵匪语》,实有深意存焉。"匪兵"的被命名被指认,与"官"的互为转化,以及边缘地位导致的无名化,都很可变成某种对于文化研究者的隐喻。在学术界,文化研究一直不是特受待见的行当,以其"浅"(对象之浅)与"新"(现象之新)让许多人认为它是"评论"而非"学问",而在大众媒体构建的所谓文化圈,文化研究的姿态同样不受欢迎,它不能向任何一方提供利益,也无法向受众提供酷评那种"爽"的感觉。文化研究写作力求抽丝剥茧的写作,有时成为喊出皇帝新衣的童声,有时又是不知所云的冗谈,更多时候是多此一举的消毒剂。当大众迷醉于大众文化制造的幻象时,你却指明华丽衣袍下的腌臜,或炫彩泡沫中的乌有,谁会感激你呢?

当然,"匪兵"还有一重含义,就是它的抗拒姿态。然而,与戴锦华老师的绝对精英立场不同,生长于大众文化喂养的七〇、八〇后学人,对大众文化的利弊难分,好坏交杂,比长辈确实多了一份体认。

从这个意义上说,我更愿意把慧瑜和我从事的活计"影像书写与社会观察",比拟为一个"拾荒者"的形象。无意攀附本雅明的经典,但拾荒者确实是这个自产自销的文化体系中,我们唯一可选的角色。中国的大众文化的生产与传播,还没有发达到容许严肃的文化研究学者参与其中的地步,它仍然像一个无所不包的垃圾场,而文化研究者就像一个个拾荒的人,面目模糊地在芜杂与恶臭中辨识整座城市的生活。这些人很容易被无视,又很容易被收购,很多人真的就参与到了废品再加工与仿造的行列之中。可是真正的拾荒者,不仅仅是为了在垃圾场里找到当晚的面包,他更想知道的,是这些成山成海的社会碎片之中,隐藏着怎样的一些轨迹?生产、出售、消费这些制品的人,如今被塑造成了什么模样?

当我们直起腰来,开始讲述与分享我们拾荒的心得,角色又一次转变,我们凭借辨识垃圾的慧眼,占有碎片的丰富,瞬间化身了文化迷梦的"解梦师"。戴老师总说,有墙的地方总有门,又说,每一个硬币都有两面。世界大千,总还是有听众不满足于看孔雀开屏,而想知道屏为何而开,如何绽开,那美丽的尾羽凸显了什么,又遮蔽了哪些。

梦有好有坏,有美有恶,但每一个梦都需要解析,可能是过度阐释,也可能是杯弓蛇影,但解梦的好处是穷尽各种可能,让隐藏在阴影中的机巧、算计、欲望无所遁形。当一个梦被拎出来放在台上时,无论温暖或冰凉,它是熟悉的,与生活息息相通的。随着解梦师的分析,听众们惊异地睁大瞳孔,张开嘴巴,他们在我们的讲述中听见了一种陌生的生活,一个陌生的自我。

这些年拾的荒,解的梦,被一个匪兵撽拾到一起,于是你看到一本手记,这本手记可能叫《匪兵匪语》,也可能叫《话题 2012》,不管书名与装帧、开本为何,你能从中了解到的,是我们时代的一些秘密。

2012.3.19 于京东豆各庄

怎样让孩子认知恐怖主义

这本书是怎么来的？肯定不是我买的。大概是哪位离京时留在我这儿的？或者干脆是某网站购书时送的？完全没有印象了。而它现在哪儿，也完全没有在脑海里存盘。

书名叫《但不愤怒——孩子们写给恐怖分子的信》，〔美〕舒尔特、西尔塞编，梁卿译，民主与建设出版社2003年3月版。其时距"9·11事件"还不过一年半，属于跟热门时事沾边儿的书。绿色的封面，有不少孩子欢笑游戏的插图照片。才146页，很容易翻完。看过就撂开了，也没有想保留。

这几日因为昆明火车站的惨案，网上一片哀悼之声，也夹杂着杀气。很多人说昆明惨剧是"小型9·11"，由此突然就想起了这本书，这本薄薄的只有146页的小书，意蕴突然变得丰富起来。

如果我没记错，这本书是两位美国的小学教师，让班上的十几位孩子，每人给恐怖分子写一封信。于是，每个小学生都用他们的"美国思维"去理解这场喧传众口的灾难（它甚至被称为"有史以来美国本土遭受的最严重袭击"——珍珠港毕竟在遥远的夏威夷)。

我从网上查到了一些从书中摘录的语句:

> 你有一个问题,一生气就管不住自己。
> 你的方法破坏太大。
> 安静下来,想些美好和平的事吧。
> 平静的把你的想法说出来,你会成为英雄。
> 你可以变好。如果你愿意,我们会帮助你的。
> (第13页)

> 我觉得搞恐怖主义是胆小鬼们做的事。(第74页)

> 但是我长大以后,懂得了一个道理,就是如果出现问题,千万不要用暴力解决……你认为活着就是为了复仇吗?要是这样,我就不再为自己的国家难过,反倒觉得你很可怜了。(第103页)

> 我为你难过。也许人们今天叫你英雄,可明天就会忘记你的名字,或者以你的行为感到羞耻。这是早晚的事。(第120页)

我们建设，我们很骄傲。你们破坏，你们很骄傲。

我希望你想一想：谁是真正的坏人？（第138页）

而此书给我留下最深印象的，是一个小姑娘对恐怖分子说：你是找不到工作才这样做吗？我可以叫我爸爸帮你找一份工作。

没错。这样的话连目录里都是：

1 你该去看心理医生……或者找份工作！

2 问题：为什么……怎么……？

3 噢！好吧……

4 心灵与爱你的敌人

5 给恐怖分子的忠告

6 续篇：你是个失败者

我想会有很多人像我当年一样，觉得这些话"图样图森破"，觉得恐怖分子岂是一份工作或心理医生可以改造的？你说他们是坏人，是胆小鬼，很可怜，很可耻，难道就能让恐怖分子迷途知返放下屠刀？

其实,回到中国的语境,大多数人都抱着类似的想法——他们不好好工作,懒得出奇,总想着坑蒙拐骗,他们仗着有民族政策的保护,肆意妄为,终于酿成了今天的祸事。

"9·11"已经过去了13年。事件之后的报道与研究告诉我们,肇事的恐怖分子并非都是人们想象中的穷困潦倒铤而走险,他们中的很多人受过良好教育,过着中产生活,怎么看都不像是一群LOSER,更不必说已被击毙的首领本·拉登,按照纪录片《华氏911》所述,拉登家族与美国政治上层从来就有着千丝万缕的联系。

种种芜杂的信息,都造成了"用日常经验去理解恐怖主义"的难度。有学者指出,"9·11"带给美国人最大的冲击,在于他们自认为举世无与伦比的优良价值观,却被那些劫机者弃如敝屣,全面颠覆。崇尚自由、民主、法治、个人奋斗的美国梦如此美好,他们却宁愿牺牲自己的生命也要破坏它。

这种困惑并未随着时光的流逝而减弱,相反,它遭遇到更大的挑战。比如斯诺登,他自述站出来指证美国政府棱镜计划的动机,是因为那些做法"侵犯自由"。有人认为他是个叛国者,有人却坚持斯诺登是一名自由斗士。无论如何,反恐十余年,很少有恐怖分子被自由、民主感召,人们却惊奇地发现,主持反恐的政府借机变成得越来越为所欲为,这场旷日持久的战争正从对立的两个方向在吞噬着宝贵的个人自由与权利。

不扯远了。我从中学起，就有一个认知：别人的一千份痛苦抵不上自己的一份痛苦。反过来，你也不可能要求别人对你的切肤之痛感同身受。13年前，北大校园曾经响彻欢呼声，而抱着奇观心态看待"9·11"的中国人是大多数。跟13年后的悲痛难抑相比，并非中国人性有了飞跃或质变，而是，同样的伤害进入了我们的"想象的共同体"。

对于大多数中国人而言，"9·11"是电视上的奇观，是另一个世界里发生的冲突。我们看见一个男人从双子大厦的上半部一跃而下，我们不会去想象他的故事，他的家庭，他的日常生活。可是昆明火车站完全不同：有一个人为了省钱，要在火车站待上一夜，第二天坐火车去浙江打工，没想到撞上了屠杀……我们不用看照片，不用知道名姓与籍贯，一个中国故事就已经跃然脑海。想想"7·23"动车事故，想想"7·21"北京雨灾，我至今记得那位在微博留下最后一张动车影像的小女孩，和在广渠门桥下被雨水吞没的杂志编辑。人的同情心需要环境、细节与想象共同构建，如果没有捏合成"想象的共同体"的基础，那么我们对于杀戮与死亡，只会是笼统的谴责与同情。

再进一步追问：不同的情感体验，仅仅是因为有关无关吗？距离遥远与漠不关心，不能解释"9·11"当晚北大的彻夜欢呼，还有网络上"美国人挨炸了"的兴奋难言。难道这里面不存在两种价值观的冲突？一种价值观说，对生命的珍惜与保护是一种普世价值，任何不人道的杀戮都必须用最大的气力、最黑的词语加以谴责，而另一种价值观说，凡是敌人拥护的，我们就要反对，凡是敌人反对的，我们就要拥护。

所以，13年后，我看到他们指责美国大使馆使用"毫无意义的杀戮"、CNN对"恐怖分子"打上引号是对反恐采用双重标准。真有意思，难道双重标准不是一直都存在吗？亲疏有别，政治立场有别，意识形态有别，谁会对别人身上的伤口真的感到剧烈疼痛？

还有人要别人跟着自己念：我们"不听你们的故事，不听你们的诉求，绝不原谅，格杀勿论"。在事发次日，我放过了这种说法。我同意网友破破的桥所言，在灾难与惨剧刚发生时，不要问WHY，而要问WHO，谁施害，谁受害，制止、抓捕与救援、保护同步进行，是重中之重。但是，当表面上的事件渐渐平息，当热点开始转换，遗忘曲线进入下行轨道，我们是否可以做到永远不去听一些故事，了解一些诉求，而只相信以杀可以止杀？

那些美国孩子，他们多么善良，他们从父母与老师那里学会了谴责暴力（"如果出现问题，千万不要用暴力解决"），学到了宽恕（"爱你的敌人"），因此他们这些信的结集叫作《但不愤怒》。他们甚至在热心地替恐怖分子设想一条出路：努力工作，寻求心理医生帮助，不当一个LOSER。只是，不知道有没有人告诉他们：历史证明，人类无法靠这些常规的鼓励与训诫消灭恐怖主义，因为这个世界上，并不是只有一种价值观，当价值观冲突的时候，素不相识的两群人也会互相仇恨，相互杀戮。财富、情感乃至生命，在这些冲突面前都显得软弱无用。

所以世上最难的事或许并非宽恕仇人，而是擦亮双眼，去看清敌人，他们从哪儿来，他们长什么样儿，"他们"何以与"我们"为敌。将世间万事，置于自己日常生活经验世界之中，诚然是一种省力的做法，大部分时候也能让人安然度日，享受静好，只是一旦日常生活之外的世界露出狰牙，举起屠刀，我们又该如何面对？我们可以让渡更多的权利，让别人替我们解决那些恶梦，寻求统制下的良好秩序，是的，很多人正在发出类似的吁求。只是,这样能延续多久的好梦？

谴责恐怖主义是轻而易举的，因为恐怖主义颠覆人性的根基，然而要消除恐怖主义，首先得去了解与理解恐怖主义的生成与爆发。不想永远扮演事发之后哭泣的羔羊,那么在满网疯转的防恐攻略之外,我们还需要足够的知识、信息与想象,我们需要扩大我们的认知世界。没有了解,谈何遏制?没有真相,谈何和解?我信这个。

一群孩子,能做到不愤怒,直面社会问题,已属难得。但全社会不能都是一群写信的孩子。我们的孩子还小,教会他们仇恨恐怖分子很容易,但他们在渐渐长大,如何让他们认知恐怖主义,知道如何与恐怖主义斗争?我心里没底,你呢?

闲笔未让丹青妙

初晓得叶浅予,是小时在《连环画报》上看了节选的《王先生与小陈》。

立即就迷了进去,王先生和小陈招女秘书,来的却是自家老婆和女儿,哈哈!王先生谎说要去当官,骗小陈钱了一次又一次行,哈哈!小陈真上南京当官,火车不买票,却拉阔亲戚把查票员吓得噤如寒蝉,哈哈哈!王先生到山东去,看当地人憨厚,每次餐后会钞说钱包掉了,下次给,最后被一堆饭庄老板追打:"俺们山东有这么多贼吗?"哈哈哈哈哈哈……

没看过原漫画的人一定觉得一点都不好笑。看过的呢,一定会觉得我的笔太笨,多好玩的漫画,被你写成这样!

这是真的,漫画有它独特的味道,别的方法替代不来,莫说在下一支拙笔,"王先生"在20世纪30年代走红后,十年内连拍了11部王先生影片,部部卖座,90年代张建亚导演《王先生之欲火焚身》,极尽反讽戏仿之能事,可是,尽皆过火,尽皆癫狂,怎样都传递不出叶浅予画笔下那种平易的、温润的、略带辛酸与悲悯的笑谑与快乐。

对于这位曾带给我的童年无穷欢乐的画家,我一直存着一份默默的感激。但是,《细叙沧桑记流年——叶浅予自传》不只是让你重温儿时的喜乐,它还掀开幕布,给你看看那个有一支魔笔的人,走过了一条怎样的道路:

上学,辍学,谋食,结婚,成名,分居,同居,分手,再婚,沦陷,逃难,访印,访美,教书,离婚,再再婚,被打倒,蹲大狱,丧子,丧偶。如许惊心动魄旧事,赢得细叙流年的云淡风轻。

我是极爱看自传的人——胡适曾大力提倡每个人都写自传,因为每个人都是一部活的历史。而自传中尤好看者,有两类:一是有心的传主,数十年日记不辍,而且大事小事有闻必录,他的日记不像方鸿渐尊翁的那样为了训示后人,也不像莎菲女士冰莹女士那般专记内心波澜,他似乎只是为了记录历史的断片,让后来人知晓,从前有过这样的日子,这样的人生。

另一类是有本事画出所见风物者。近两年出版的妹尾河童作品,是我见过此类人物的极品,见到每一样新奇的物事,每一处初到的所在,他都细细地量、描、画,他简直把自己的眼睛借给了你。

这两类自传的优点,在《叶浅予自传》中强强联手,水乳交融,一部四百余页的大书,记事、写人、绘景、传神,那才叫山阴道上,目不暇接!

优点不止这些,叶浅予的文笔出奇的好。不是胡兰成的浓稠绵密,不是张中行的絮絮叨叨,只是气定神闲,娓娓而谈。叶浅予记人生,文如其画,是"速写加线描",几大部分轮廓分明,记游便记游,评画便评画,说受难,谈婚姻,都是寥寥几笔,其形立见,再细细描摹,引日记,引书信,一言一动,如在眼前。观念呢,在不新不旧之间;文字呢,不带欧化气息,文白互见;总之,一切皆有法度,不衫不履,却全无粗服乱头的小家子气。

读书时就发现,理科生的字大都比文科生强,因为理科生记笔记少,也不用笔混饭求上进;后来又发现,文艺圈中,美术音乐电影诸方家的文字,往往别成一格,不带匠气。不计功利,才能随心所欲,正如读书,读尽天下书,不过是书橱一只,把天下书都读成闲书,方是真读书者。

《叶浅予自传》真是一本闲书,是一本可以存留在架上,时时翻看的闲书。

至此本当收束,文人积习,口占得一绝,写下来。编辑先生嫌烦,尽可删去:

无人不识王先生,访印游美万里尘。
闲笔未让丹青妙,始信文章老更成。

香港那个欧阳

初次听说欧阳应霁,是他在内地出了"HOME 书系"的前三种《设计私生活》《回家真好》和《两个人住》。当时还满拒斥的,又是小资情调,仗着地方大钱多,给我们上家居装修课来啦?就咱们这点儿收入,没用!

后来他出了第四种,叫《半饱》,并因此上了央视的《非常食客》,带领观众探寻香港美食。香港的美食我是很尊重的,觉得不太"装",大家齐心合力一门心思琢磨怎么把东西做得好吃,而且小店守得住,小街小巷也不大会拆,动荡的都市中,反而有一种稳固的欣悦。所以便看下去。

欧阳应霁带着央视的摄像机东跑西颠,到这家街市买肥的蛇,到那间菜馆请老板娘拾掇,自己买菜,跟菜贩混得溜熟,乐呵呵地回家做给朋友吃。他很认真地介绍什么好吃,不时开心地大笑——我有点儿喜欢上这家伙了,觉得他是个热爱生活的人。我喜欢一切热爱生活的人。

《梦·想家》(欧阳应霁著,三联书店 2005 年 12 月版)已经是欧阳应霁"HOME 书系"的第七种,同时也是连续六次加印的《回家真好》的续集。欧阳应霁仍然干着他在《回家真好》中的老行当,带着照相机、笔记本,敲开别人的家门,然后肆无忌惮地拍摄、素描,再加之以肆无忌惮的描述、评点,汇集成一册"别人的家"窥隐大全。信手点点,这次被他侵权的家庭又多达18处。

人以类聚,欧阳应霁造访的家庭,主人不外是大陆香港台湾的艺术家,艾未未呀、红胶囊呀、朱朱呀。艺术家的特点,是有品味,好不好且不说,总有独特的风格。这批艺术家的特点,是都比较有钱。品味不能靠钱堆出来,但品味需要资本作为平台,才能在可能的时空内尽情舞蹈。

欧阳应霁的做法让我每每想起三联另一种系列的主角,妹尾河童("妹尾河童系列"包括《窥视印度》《妹尾河童旅行素描本》和《窥视日本》)。两人的窥看方式有相似之处,都注意生活细节的精确描述。不同的是,欧阳的文字要漂亮得多,显得轻灵远逸,大约因了对象都是非凡的高人。而河童关注的大都是普通人,或普通的惊奇。

我有时嫌欧阳的文笔太过漂亮,太抢图片的风头,反不如河童的朴拙得有趣,老老实实扮演图片的注解。

之所以"嫌",是因为觉得欧阳应霁并非只会风雅,同样有大巧不工的一面。谓予不信,请去看"HOME 书系"

的第八种:《我的我的天——应霁漫画前传》(三联书店2006年1月版)。"前传"云者,因为这是欧阳的"少作",所以不如《回家真好》《梦·想家》那样的温和平易,而是有着少年和上世纪特有的叛逆与幻灭。这些从1982年起在香港、台湾各大报刊登载的四格漫画,充满着少年人对世界的冷笑和讥讽,不那么和顺,却携有直指人心的力量。

蔡康永在评论欧阳应霁漫画时写道:"面对欧阳应霁的漫画,就像面对端上桌的甜酒热冰淇淋一样,虽然是我们所熟悉的冰淇淋,但又似乎拥有着一种不可解的面貌——热冰淇淋、自相矛盾。"要我说,这种自相矛盾,正是上世纪末香港人的典型心理症候。正如《麦兜系列》的作者谢立文所说:"读了那么多悲情作品,始终悲情不起来,因为我是香港人。"香港人血液里流淌着消解的因子,他们的愤怒,也是背转身去的愤怒,表相上仍是带点嘻嘻哈哈,玩世不恭。热与冷,就是这样融合。

关于香港的知识分子,我始终有一种莫名的好感,觉得他们和香港的食物一样,可以在草根的生活中享受生命的乐趣。比如从《回家真好》到《梦·想家》,香港人的寓所,大抵比大陆或台湾艺术家的居处要拥挤、逼窄,布置起来当然不太可能大气恢宏,可是很舒适,很家居。让读者有"彼可取而代之"的感慨。

在我的感觉里,香港是一个融合得比较自然的城市,不像北京、上海和台北,不同层次的人好似生活在不同的世界。香港是将中西雅俗打成一片的,李欧梵说他最终选择了香港养老,因为"这里什么都有"。可是你不能说香港就是文化沙漠,就是庸俗和缺乏格调的。香港有着它独特的品位,而且在化用各种元素时,没有那么多沉重的包袱。拿来,就用。像麦兜他们学的"两文三语",说什么无所谓,能揾食就行。

实用的生活到了极致,反有一种自为的潇洒。不管欧阳拍了什么,写了什么,画了什么,那始终是一对香港人的眼睛。看欧阳应霁,留意他书中香港的味道。

十年辛苦说《话题》

《话题2006》

杨早、萨支山编　生活·读书·新知三联书店2007年4月版

当去年《话题2005》出版并标明"年度书系"时，很多人认为不过是一种噱头，不料竟真有了续篇。较之《话题2005》，《话题2006》最大的进步在于标明宗旨，整合体例，划清界限，书首增设编者综述《这一年》，书末附录"关键词2006"，多少做出了些年鉴的样子。编者申明其目的在于"与公众对话"与"存留文化见证"，简言之，即将年度文化新闻放置在历史化的语境中，追寻事件背后社会精神生活的点滴变化。每篇文章后附有补充的网上讨论和现场讨论的实录。网上讨论部分使该书的阅读富有时时在线的网络感。而现场讨论的部分，则仿佛大学的研讨课，在主题发言之后即刻看到听众的质询和作者的应答。通过这一方式，话题的深度和广度得到扩展，而普通读者也能以最便捷的方式体会到思维碰撞的乐趣。

《话题 2007》

杨早、萨支山编　生活·读书·新知三联书店 2008 年 2 月版

这是《话题》系列的第三本，关注这个系列的读者会注意到，从《话题 2005》到《话题 2007》，全书的编排体例和文字风格都有所变化，但是编者的"野心"倒是始终如一，用他们自己的话来说，就是要"以个性化的文字和人文立场，将那些影响或改变着我们精神生活的热点事件，转化成一本年度记录，借此为流动不居的时代留下一份见证"。电影《色，戒》所引发的争议带出知识分子群体的分化；全民皆股背后隐藏着的大众心理和社会问题；学术行政化问题让我们重新思考何谓"大学精神"；或是从年头热到年尾的于丹，带来怎样的文化思考……《话题》的作者面对纷扰的 2007，试图给出自己的阐释。对每一个话题的探讨之后，附录着作者和不同关注者之间的讨论记录，这些记录以一种更加"鲜活"的姿态，将这个时代的芜杂和喧嚣记录在案。对于《话题》系列来说，要做到"把个性化的思考留给历史"，在眼下看来，也许还标的过高，但它是《话题》的作者群对自我的期许，也是所有关注历史和当下的读者应有的期许。

《话题2008》

杨早、萨支山编　生活·读书·新知三联书店2009年1月版

这是《话题》系列的第四本,从2005年起,《话题》的编者和作者都在进行一种尝试:想在流逝的时间中,留下一些什么。用他们自己的话说,是要"把个性化的思考留给历史"。2008年本身的特殊性使得这本集结了年度敏感话题的书显得比以往更加沉重,从年初的冰雪到年中的地震,从奥运的高潮到经济危机的谷底,从纷纷扰扰的"艳照门"到众声喧哗的影视剧改编……这一年的话题分外地多,也分外地难以选择,甚至是难于言说。《话题2008》的作者们选取各自感兴趣的话题,并努力将现实和历史进行勾连,想为这个时代的某些事件梳理出来龙去脉。也许这些个性化的思考会和你不谋而合;也许他们的书写会提醒你从另一方向去看待那些刚刚过去的人事和历史。这是一个"显眼"的年份,这一年衍生出的无穷话题,也许会在将来反复被人言说,而《话题2008》将留下身处这段历史之中的我们最初的声音。

《话题 2013》

杨早、萨支山编 生活·读书·新知三联书店 2014 年 1 月版

我在微博上晒出那张玫红色的封面，有一位叫 @溯热望的网友评论说：

"连续买了两年了，虽然觉着话题 2011 写的比话题 2012 赞很多"。

我回："大概跟你的专业与兴趣点有关。"要我自己说，《话题 2011》是"热"，《话题 2012》是"广"，《话题 2013》是"锐"。

大家还记得《话题 2011》的重头戏吗？萨支山写的药家鑫，施爱东写的钱云会。很猛对不对？一般读者印象最深的都是前三篇。但我写的第三篇《激辩辛亥》有点温，一般人未必能深读。倒是金浪那篇谈重庆模式的，后来被认为是一篇有预见性的专题。

《话题 2012》呢？第一篇是莫言，但莫言获诺奖，并不是一个所有人都感兴趣的大众话题。李洁非疏解《讲话》，是非常好的一篇，但是也相对小众。这一集抢眼的，或许是施爱东与断桥对于"韩寒"迥然相异的解读。我自己喜欢的，

倒是黄永的《志明为什么爱春娇》，这篇文字激发了黄永今年专程访港一月，并将访谈放进了《话题2013》，有续篇的话题，说明了它的延展性很强。

《话题2013》中有很多在我看来十分重要的点，有可能被证明是预见的，甚至可能产生连续话题的。萨支山写的"舆论斗争"，决不会就在2013画上句点。我写的"儿童战争"，当然也不会就此停息。爱东的县城春节，最个人，但涉及的问题最大。李芳就张晖之逝引申出"士"的话题，希望2014我们能有更深入的讨论。

我爱每一本《话题》，就像爱自己的每一个孩子（如果有的话）。它从来不是应时的书，所以有些读者刚读到它，会觉得不解渴。然而涓流点滴，微风青萍，你永远想不到，某一天，某个话题会发酵成什么。这是一本充满可能性的猜想之书，我想，这也是我坚持编到第九年尚未厌倦的原因。

把《三联生活周刊》变成《话题2013》的广告

2014年1月12日早上，我一边吃早点，一边补看最近两期《三联生活周刊》，这一期封面专题叫《2013年度生活方式》。

看着看着,我觉得有点感触。正好饭也吃完了,我拿起手机发了一条微博:

> 《三联生活周刊》这本著名白领中产杂志,做专题"2013年度生活方式",从跑马写到旅游,从禅修写到网购,从素食写到美剧,他就是一个字不提我生命中最重要的事:阅读。你说他们是咋想的呢?

评论也是五花八门,有叫我去看《读书》的,有说"阅读是常态"不需要再提的,有说阅读不是在白领中产的生活范围里的,还有说"谁叫你既不是白领,又不是中产"……其实大家太在意我说的"阅读"这一项了,我只是从自己出发举个例,从整个专题来看,我觉得漏掉了太多"生活方式"。

当然,你不能要求一个专题面面俱到,写尽大千世界。不过,选择什么,不选择什么,其实是很有意味的决定。回头解读"2013年度生活方式",一般我们说"年度"什么什么,总是意味着一种肯定,一种凸显,强调的或是代表,或是高端，或是时尚。

为公平起见，先将这一期专题的目录抄在下面：

霾：无处躲藏的抗争

跑痴苏里

北京的城中"骑士"

写字改变人生：林糊糊和她的学生们

鲜花里的生活美学

禅修：内心宁静的日子

投资美股的潮流与梦想

比特币江湖

自媒体自画像

手机APP：每个生活场景的改变

新农夫进阶：订制的田园生活

素食主义：寻求的目标和改变

去西藏，现实的镜像

唐望的茶事春秋

美剧2013：我们看什么

网购10年：从小众到主流

普通人的飞行梦

杭州"V车队":微信车队的曲折生长

洋洋大观,但我还是看不出一条清晰的思路。有些是2013的新事物,如比特币、V车队。而素食、写字、禅修、去西藏,难道就是比阅读、观影、饭局、朋友圈更有代表性,或更常态的生活方式?

大概,这只是专题策划者心目中最"IN"的生活方式吧?即使是美剧、种花、网购这样的大众生活,他们也是要找到所谓"达人"。

《三联生活周刊》会在下一期对上一期专题有一篇读者点评,虽然不是编辑自写,选择什么样的评论也基本符合他们的自认吧? 769期的评论是这样的:

> 形形色色的人,各式各样的日子,各自追逐的梦想,汇集在一起,就是一幅2013年有品生活的画卷。辞旧迎新之际,很愿意对照自我,看看可获哪些启示。很显然,这些人活得清醒,明白自己要什么,过的是日子,却体现极高的精神追求。自然,疲于职场的我等,通过这些故事,得以一窥生活的精彩在何处。

有品生活、活得清醒、极高的精神追求、一窥生活的精彩在何处。这些关键语词,清晰地表明了策划者追求的效果。从前有句话是"生怕别人不知道自己吃着好饭",媒体急人所急想人所想,展示出一桌心目中的好饭,也是"生活"类周刊题中应有之义。只是,这样一些报道,勾勒出的,是怎样的一幅中国生活图景呢?

说到这里我就想打住了。同意我的人大概已经同意,到现在还没有看懂的人,多写两段他也未必看得懂。下面是广告时间。

我觉得自己不是在硬性植入,而是捂着第二颗钮扣猛然发现:我认为《三联生活周刊》忽略掉的许多生活方式,在《话题2013》里都有所呈现,或许两者互补,才是相对完整的年度生活方式?所以我要把《三联生活周刊》"2013年度生活方式"这一期,变成《话题2013》的广告。

《话题2013》里有广义的政治生活(萨支山写的"舆论斗争"),有县城春节时,同学们聚会时的人去人来,语言不通(施爱东),有养育儿童的希望与恐惧(杨早),有在朋友猝逝时自省"我们为什么哭泣"(李芳),有对中国电影"青春袭人,黑暗无边"的解读(张慧瑜),有对大陆图书出版现状的观察(绿茶),有男性社会是如何形塑出"绿茶婊"的(颜浩),也有反思"中国深入世界"时为什么总是受伤(贺照田),还有"治民谣,更要治官谣"的呼吁(王旭明)……不一定更高大上,也很难让人看见"有品生活",不过,不大言惭(借胡颖一个词)地说,我更喜欢《话题 2013》呈现的生活,不仅仅因为它是我编的。

2007,四姊妹来到大陆

从已见到的报道与评论看,关注焦点多半在"八卦"上面,甚至探讨"为何四姊妹都嫁得如此成功"——从传统中国名门的角度出发,四姊妹嫁的不是戏子,就是酸文人、穷教员,还有洋鬼子!算什么成功啊?四姊妹的干干(保姆)们都持这种观点,老觉得心爱的小姐都吃亏上当。

作者的意思,无非是想通过一个名门的兴起与离散,窥出19—20世纪中国社会的动荡与动荡之下的沉静。张家四姊妹提供了最合适的样本,她们的先辈从一介草民,因军功而成贵族,但父母与她们终因世事变迁、家道中落而重新回到平民生活,但又因曾经的富贵而葆有一种与众不同的高洁气质。这一切混杂在一道,再好不过地呈现着中国一个多世纪的"叠加的历史",那当然是"外国人几乎无法想象的天地"(美国《文学评论》)。对于今天的读者来说,那也是"一个消逝的世界"。(《纽约时报》)此书2005年有过台湾译本,文笔颇为古雅,大陆译本考虑到金安平本来即为西方人写作,遣词用句上便也不妨简实平易了些。

《合肥四姊妹》,〔美〕金安平著,凌云岚、杨早译,生活·读书·新知三联书店2007年12月版

革命与生活的"相关"与"无关"

据不完全统计，2011年出版的包含"辛亥"关键的图书，超过一百种。在这股纪念出版大潮过去半年一年之后，还敢抛出一本《民国了》，还是在讲辛亥年的往事，作者出版者，得有多大的勇气，才敢炒这锅冷饭啊？

读毕是书，倒不得不承认：蛋炒饭必用隔夜饭，回锅肉也不一定不如鲜肉香。《民国了》跟去年那些风行一时、及时应景的书们相较，至少有它的新鲜之处。

《民国了》所写大致是从武昌首义到清帝逊位这四个月中，数个重点省份与地区的故事。当然也包括某些"前史"如秋瑾徐锡麟等，主要材料来自历史文件、日记、回忆录甚至小说，坦白说，与已出的辛亥书如《辛亥：摇晃的中国》《1911年中国大革命》《大变局：1911》等相比，并没有什么独家材料。《民国了》的特色是用"新闻特写的方式"来书写这段历史。

所谓"新闻特写的方式"，首先是强调大量的细节。作者在微博上说过他自己是"细节控"，大量的事件细节才能让故事显得丰满鲜活，才能尽量试图还原现场的气氛，以及那些历史关键时刻的可能性。

"历史新闻特写"的另一特点，便是关注私人视角中的时代巨变。作者并不太刻意去写那些众所周知的"大人物"如孙中山、袁世凯、黄兴、黎元洪，反而更关注那些参与历史的小人物：一位士兵，一名学子，一个顽抗的清军头领，或是革命过程中一些有代表的模式，比如四川一个县是怎么完成独立光复—重建政权这件大事的。任何的时代风云，对于不同阶层、位置、处境的人而言，都有着不同的幻影变相。只有写出很多人眼中的革命，辛亥才不仅仅是孙袁斗法的辛亥，也不仅仅是运筹帷幄的辛亥，改天换日的辛亥，而是变中藏着不变的辛亥，万千人物各有怀抱的辛亥。

地域的强调，是本书的又一重点。独立十四省，每个省的光复，都有它与众不同的起因、形式、制度、文告、经历，这与各省的地域文化、开化程度，独立前在全国的地位，都息息有关。有些省早有准备，有些省随波逐流，有些省恶斗连连，有些省波澜不惊，这些故事，在正统的宏大历史或许不过是小小一段，但在《民国了》这本书里却给每个省一两章的篇幅，北京、湖北、四川、陕西、甘肃、湖南、山西、直隶、江苏、上海、浙江、安徽、山东，十一省二城，如不同的熟人，在时代转折点上显出的是不同的面相。四川人的乱，湖南人的蛮，江苏人的稳，浙江人的悍，北方革命党的惨，——在一个又一个故事中细细展现。

最有意思的是，全书都是各地光复的故事，第一章偏偏选在与光复无关的北京。这一章名为《三位北京客的辛亥年》，选了前翰林学士恽毓鼎、现湖南布政使郑孝胥、清华学堂一年级新生吴宓，这样三个年龄、身份相去甚远的人，写他们的辛亥年。揣摩作者选这三个人的原因，一是因为他们都有很完整的日记记录；二是这三个人都远离革命核心，又各有代表性，他们的生活与观感，其实更能反映"革命之外"又关心革命的各阶层的状态；三是三个人的政治立场分别近于保守派、立宪派与革命派，这三种立场基本可以概括当年中国的主要思潮。这一章也并不是只写这三个人与辛亥事变相关的见闻想法，而是力图将之融入到他们的日常生活当中，让读者可以看清，革命与日常生活的"相关"与"无关"——这大概也正是《民国了》想说的主旨所在。

彼时尚不耻以日为师

1905年,清廷派五大臣留洋,考察宪政。五大臣之一的端方,回国后即转任两江总督。1907年春,我的高祖杨芾(族中称为若米公),接到端方咨文,赴日本考察。此时杨芾的职务是"记名军机章机、陆军部郎中",与两江总督并无属辖关系,端方会请他赴日考察,应该与两人庚子前在京的交谊有关。像这种地方大员委任相熟能员考察的形式,在彼时相当普遍。而且派出去的人,回国后须写日记,作为给委任方汇报材料,有机会可以出版,很受上海各书局欢迎。

如1903年,王景禧受直隶总督兼北洋大臣袁世凯委托,护送师范留学生二十人东渡,回国后即有《东游日记》付梓。1904年,江宁候补道许炳榛(他有两个著名的侄辈,一是粤军总司令许崇智,一是鲁迅夫人许广平)为两江总督兼南洋大臣魏光焘所派,送江苏法政留学生二十人赴日。许炳榛在日时间甚短,只有一月,但他留心商务,记载各地出产、神户等港口进出口货物甚详。

1905年5月,有一位直隶玉田县的绅士张维兰,因为直督袁世凯令直隶各县选派绅士赴日考察学校,奉玉田周知县(号沁甫,也是张维兰的座师)委派赴日,一面入弘文学院听讲,一面在日本各处参观游历。张维兰在日时间有五个月之久,但他的《乙巳东游日记》比较浮光掠影,与他出国前的知识储备不足与问题意识淡薄有关。

光绪三十三年二月廿四日(1907年4月6日),杨芾从上海出发,开始了他一百余日的东瀛之行。归国后撰《扶桑十旬记》。

在《扶桑十旬记》的开篇,杨芾称自己在日本"频频憩游,察人情,瞻物品,流连风景,颇会于心",因为"素行质实,不愿剽陈说以自夸","虽心得之毫无,却唾余之耻拾"。杨芾显然不愿意泛泛地引述与印证前人的游日感受,而是要记录自己的亲身体会。他一再对自己"不通东语"表示遗憾,抵日未及一月,便为同行来日留学的儿子请了一位家庭教师,每天学两小时日语。

诚如商务印书馆编辑徐珂为《甲辰考察日本商务日记》作叙时所言:中国商民遍布各国,然其知识学问有限,所见所闻,"无以自贡于祖国",而清廷派使出外,亦有三十年,"每一使馆,且必有参随若干人,其驻期自三年以至六年或九年不等……然其著书行世者，卒寥寥可数，而其中翔实精核者、不涉琐屑敷衍之弊者，尤寥寥焉"。以上数种日记，算是1903—1907年游日日记中之佼佼者，我把这四种日记收集到一起，希望能管窥其时官绅群起考察日本的情形。

综观1903年后各种东游日记，对教育、商务的兴趣是一致的，如王景禧"主小学教育之普及，而辅以急兴实业"，许炳榛则指出"能辟天下之利源者，非农工商乎？能承天下之仔肩者，非留学生乎？"因此各种日记，无不致力于观察、记录日本的教育制度、商业运作方式，而这些东渡能员心中，其实时有"中国"的问题在。

甲午之战（1894）、庚子之乱（1900）、日俄战争（1904），日本军队的铁蹄三次踏足中国本土。按说，中国官绅当对日本怀有仇恨之心，但是遍索1902—1907年的中国官绅旅日笔记，却几乎找不到这种仇恨的记录，他们在马关、在东京看到中日谈判的旧址、从中国抢掠来的珍物，悲愤之情，自是难抑，但是笔锋一触到日本政治、经济、社会各方面，几乎是一面倒的称颂夸奖。

尽管也有着种种的遮蔽与误读，但百年后回顾，仍然不能不承认，自近代以来，1900年代是中日交往大体平等，也是中国最热心向日本学习的阶段。这个时代，日本新政强国的效应已经全面展现，而近代化不彻底的弊端尚未暴露，对于急欲从甲午与庚子的挫败中重振人心、改良制度的中国而言，日本确乎是值得效仿的对象。

昔别君未婚，儿女忽成行

前不久，我在社科书店接受中国社科网的采访，谈张艺谋的新片《归来》。一位中年人向我走来，似乎是这里的店员："您是杨早老师吧？我们这儿卖过您的《野史记》，销路挺好的。"

九年前由中国社会科学出版社出版的《野史记：传说中的近代中国》，从头至尾找不到"杨早"二字，封面署的是"《南方周末》专栏作者 高芾"。我拿这书送朋友，送亲戚，他们拿去读完，然后很狐疑地问我：为啥送我这书？这谁写的？

因此我不知道这位可敬的读者是怎样将我与《野史记》作者对上号的。不过一本书出版九年，还有人记得，心上平添小小的虚荣。

这本书源于我 2002 年开始在《南方周末》文化版上连载的专栏"夕花朝拾"，每周一篇，写了 50 多篇后，编辑离任，专栏还续了几期，物是人非，两方也都索然。后来又转而为《南方人物周刊》写"报人逸史"，忘了什么时候，大约也是因为换了编辑，也停了。

此时我也将博士毕业。2004年底，导师陈平原先生乔迁新居，众弟子前往围观。其间手机响起，我走到阳台上接。对方自我介绍是中国社科出版社的编辑。他就是《野史记》社科版的责编耿华军。

耿华军是北大新闻系毕业，算来也是我的师弟。当时我说正在忙毕业论文，而且文章的字数也还不够一本书。华军说没关系，我们等好了。

后来就是忙乱的答辩，毕业，照相，搬家，入职……其间倒也没断了帮《野史记》找图片，写说明，分专辑。那个夏天闷热的记忆，就这样嵌进了这些图文之中。

去过两次鼓楼西大街的中国社科出版社。那时我已定了去社科院文学所，但这书明显不是走学术书的路子，所以也没什么归属感。与华军的合作颇愉快，唯一的冲突却差点断送了《野史记》性命。

那次接到华军电话，是在中国传媒大学的教师宿舍里。中午，朦胧中被铃声惊醒，华军很抱歉地说，领导的意思，《野史记》是不是换个书名？

之前我和华军讨论过，是否还叫"夕花朝拾"？他说这个名字太文艺，不看南周专栏的人不免模糊。我觉得有道理，就改名叫《野史记》。现在要改成啥?

领导觉得余世存编的《非常道》现在很火,能不能改名叫《非常史》?

一口气涌到喉咙,又咽了回去。按平原师的说法,刚毕业的博士还没有和出版社较劲的资本。我嗯了几声,大概是说考虑考虑。

在小屋里走了几圈,越想越窝火。终于下定决心,回拨电话,告诉华军:如果要改名,那就算了,这书我不出了。

华军默然良久,然后说我再争取争取吧。

也不知他怎么争取的,反正书名还叫回了《野史记》。

封面也往返了几次。一开始的方案把我吓坏了:近景是硕大的故宫前铜狮子,远景是中南海的红墙。直接打了回票。

他们是外请的设计师。后来就改,最后的定案,设计师用打火机烧一张纸,残纸的背后,露出梁启超袁世凯苏曼殊等人照片。"野史记"三个大字,虽说是集帖,但总觉得太霸气。不过比第一方案已经好太多了。

书出了,华军忽然说设计师要请我吃饭。咦,哪有这个道理?见了面才知道,设计师是以前三陌的小伙伴。三陌是我一位朋友开的设计工作室。我写硕士论文时,借了他们办公室一角,每天跟员工们一起吃午饭,冲壳子(吹牛),准有两三月之久。这可真是缘分了。

总的来说，跟华军合作愉快，书出后销得也还行，重印过两次。他就和我讨论再合作的可能性。我那时很想出一套丛书，每一本写一个城市，一个年份，比如1905年的北京，1912年的上海，1927年的广州，等等，二十世纪可以选出十几个年份，主要材料要用报纸、日记，从舆论与个人的视角出发，关注社会史与生活史，这也是我写博士论文时萌发的想法。

记得那时约了萨支山、施爱东、颜浩、凌云岚、何浩等，一起吃了两三次饭。后来华军从中国社科出版社离职，此事遂中辍。但是——就因为这一场讨论，光荣的1217俱乐部诞生了，伟大的《话题2005》启动了，我的人生也被拖入了这漫长的与中国社会精神生活较劲的十年。这些事，参看《话题2005》的《缘起》。

而我这"地域／年份／舆论／个人"的理想，也并未就此寝灭。2011年写《民国了》，劈头第一章写《三位北京客的辛亥年》，2012年我逐日抄写1912年《申报》材料百余万字，都还是在想着从这一条路往下推进。

这样回想起来，真有"一饮一啄，莫非前定"的感喟。

至于《野史记》，它出世后，也是要直面惨淡人生。《夕花朝拾》的责编风端,这个互联网的早年玩家,现在电子书的出版人,电话里劝我开个当时尚属新鲜的博客,用来卖书。我听了觉得很有道理,于是在2005年11月16日,发出了我的第一篇博文《开栏卖书》:

> 大学时代,有个女生说,高莽是一个聪明的俗人。
>
> 十年过去,高莽聪明日减,俗气依旧。他写了几年专栏,自己以为已经出名,于是每天在新浪网的名人博客栏里找自己的名字。结果当然是没有。
>
> 高莽委委屈屈地向老婆诉说,却遭来劈头盖脑一顿痛斥:
>
> "你算什么名人!?名人怎么没人请你去做形象代言?怎么出了书西单图书大厦不请你去签售?还天天写博客,你有什么出息啊你?名人,名你个头!"
>
> 然后罚他去烧开水,晚上洗脚用。
>
> 高莽更委屈了。然而他不死心,最近有出版社猪油蒙了心,将他的专栏文章结集出版。高莽心又活络起来,天天在新浪的读书频道,看有没自己书的选载版。

看久了显示屏眼会累，于是高莽自言自语：

"不登？不登算哒，老子自己登。"

于是高莽在新浪上又注了一个博客，预备把书中的得意篇什放上去，顺便吆喝吆喝，希望走过路过的朋友有钱的帮个钱场，没钱的帮个人场，多卖个十本八本，过年回老婆家时也好有几分颜色。

想是想得好，高莽又有点怕，觉得自己大小是个知识分子，沿街叫卖会不会有辱斯文。后来有人告诉他：当年小说《活着》再版的时候，余作家天天往地铁站跑，一到就问书摊老板"今天走了几本？"老板说，走了十本，于是余华高高兴兴回家吃饭。

高莽心里很是安慰，大家都是一样的嘛，没有物质文明哪来的精神文明呢？两个都要硬嘛。

高莽有一位老师，叫钱理群。钱老师说过：人的物质欲望和精神欲望之和是恒量的。高莽觉得自己精神欲望已经通过写书得到了满足，下面该通过卖书得到物质欲望的满足了。

于是，高莽来到了新浪博客，开始卖他的《野史记——传说中的近代中国》。

从博客，到微博，再到微信公共账号，一有什么新鲜玩意儿，我虽不是冲在前面的第一方阵，但总是勇于尝试，不懈奋斗，主要目的，就是卖书。为此与许多陌生人相吵相骂，拉黑一片。

如果《野史记》有知，它问世九年来，看过多少兄弟从我手下杀向残酷的图书市场：《沈从文集》《汪曾祺集》《话题2005》《话题2006》《话题2007》《话题2008》《话题2009》《话题2010》《话题2011》《话题2012》《话题2013》《合肥四姊妹》《清末民初北京舆论环境与新文化的登场》《民国了》……坦白说，就销量而言，还没有超过《野史记》的。原因大约正如某报所言，《野史记》篇幅"体贴的短小"，佐饭如厕，马上床上，咸宜通吃。

师兄郑勇，一早向我要了这本书的再版权，一直放着，他说"找个最适宜的时机推"。这么些年下来，如果要等到我像易中天那么出名，很难，倒是他自己进步不小，这本小书就转给了师弟卫纯责编。

关于这本书内容的想法，初版后记已经交代详尽。此刻重读，如对旧影，哭笑两难。倒是书出来后，本着"杀熟"的原则，逼着爱东、颜浩、林逸、张林荫、马懿（何浩代约）

诸友帮我写书评,重看他们在命题作文里抓耳挠腮地找话夸我,夸这书,莞尔之余,倍感温暖。

《野史记》快将九岁,我也过了四十。它如果像辣子一样会长会说话,或许已经会对我背老杜诗"昔别君未婚,儿女忽成行"。现在我携着它的手,添酒回灯重见客,修订了若干细节,替换了三分之一的篇目(爱东在书评里或私下,埋怨《野史记》没有做到"全书有趣",这回我听他的话,努着劲儿有趣),愿故友新知,都来看看,这孩子长成啥样儿了,俊点没?

用小说法,而以记史

一

鲁迅在《中国小说史略》中评《聊斋志异》是"用传奇法,而以志怪",意思是蒲松龄是用唐传奇的写法,来叙写六朝志怪的题材。同书评唐传奇云:"叙述宛转,文辞华艳,与六朝之粗陈梗概者较,演进之迹甚明"。倘以"叙述宛转,文辞华艳"八字来评《聊斋志异》,确实也很贴切。纪晓岚看不惯蒲松龄的地方,怕也在这里:蒲松龄把子虚乌有的事写得太细密太逼真,不可能是从乡野村老那里听来的故事转述,里面灌注了作者自己无限的想象力。

莫言说他继承了蒲松龄的传统,论者多集中研究两人同致力于民间故事的挖掘,而忽略了"叙述宛转,文辞华艳"的一脉相承。其实再溯源头,就该是"无韵之离骚"《史记》,司马迁写鸿门宴,写荆轲刺秦,三翻四叠,动人心魄,实开唐传奇之先河。王小波重写唐人故事,从《甘泽谣》《无双传》《虬髯客传》抓取情节人物,更是将古今熔为一炉。

二

前面的帽子很大，罗列名家，好像他们跟《说史记》有什么关连。其实没有。我只是想说，有时"故事"（story）和小说（novel）的区别，或许就在于细节之多寡，进程之平曲，想象力之有无。

曾自况《野史记》是"用新闻法，以写掌故"，古今笔记掌故，多是千篇一律的第三人称全知视角，像纪晓岚这种自命严谨的作者，恨不得每则笔记都道明出处，会不自觉地使用有限视角，也就会留下供读者想象的空白。这是《阅微草堂笔记》的好处。而我有意识地改用一些新闻的写法，因为新闻可以选择不同在场者的视角进入一个故事，也可以用口述实录的形式，这就让掌故的写法丰富起来。

到了《说史记》，我就在想：要不要有意识地再往前跨一步？掌故还是短小，适合一个截面或片断，有时不得不用"快进"的方式，也很难有细节的描写。如果写得再长一些，耐下心来慢慢进入人物与故事，或许能获得更多元的表达，更现场的感觉。

可是这样一来，难度何止倍增。因为这些故事本已经过了史书的锤炼与浓缩，仿佛一片新鲜的牛羊肉，已经风干日晒成可卷可藏费牙费劲的肉纸，再要将它泡在水里，想复原成能炒能炸的肉片肉丁,且不说能做到多高的还原度,水从何来?无非就是各种史料的拼合剔取,再就是作者的"历史想象力"了。

三

历史需不需要想象力?人言人殊。常常需要给别人讲一个道理:史料不是历史,对史料的阐述才是历史。一堆断烂朝报,要连缀拼接成一段看似完整的历史,想象力必然要参与其间。人们常说追寻历史真相,其实得到的只是某种对历史的解释,当然有高下精粗之别,但"真实"只是,用章太炎的话说,"古人之虚言"。

从这个角度上说,历史与小说,同属叙事,之间并没有一道不可跨越的藩篱。《史记》就是兼二者之美——这也是纪传体的特色,要写活人物,就不可能不运用文学的手法。即使是编年体,一字之择,片语之炼,写者的倾向自然就在其中,也就引导着读者看向他心中的历史图景。

但总有人很执着地要厘清历史与小说之间的分野。2011年我写《民国了》,先交一个样章《让子弹飞》给出版社,用的是参与武昌事变的一个士兵的视角。被编辑否定,说"读者会分不清是历史还是小说"。我只好放弃这种写法,但没改干净,有几个句子还是主观视角。讽刺的是,《民国了》的版权页上,新闻出版总署给出的分类并不是"通俗历史",而是"长篇历史小说"……

还有这本书里的《抢米》,投给某报历史版,编辑也是说"太像历史小说"而婉拒。在某刊发表,编辑不管你是什么分类,总之噼里啪啦发出来,会怎么样呢?莫非能改变读者三观?

四

读者可以只看文章好坏,管你历史还是小说。作者心中,不能没有原则。蝙蝠似禽似兽,但生物学上总会给它个定性。如果你来问我,我会说,我写的还是历史,只不过"用小说法,而以记史"。

《说史记》诸篇的叙事者大都是伪托的,但不等于书里的细节是编造的,可是我也不敢说每一个细节都经得起严格的推敲。我给自己定的原则大抵是:不编情节,对话和场景可以想象,但事件与情节必须有史料记述。

其实要分清叙事者是否伪托,非常容易,如果实有其人,他会有实在的姓名与身份,否则叙事者只是一个功能性的符号,代表着一种视角,亲历者,旁观者,听闻者……我想追寻的并非清晰的历史阐述，而恰恰是混沌难言的历史现场感，每个人都像瞎子摸象，只了解一部分事实——即使我们这些后世的人，又何尝知晓全部信息？所以这些篇什的目标，就是将近代史这个庞然大物放在一具单筒望远镜里观察，求其偏不求其全，求其细不求其宏。

出于这个目的，我选择的叙事者，往往会是一些小人物，门房，丫鬟，学徒，闲人……最好用的，还是职在录事的记者。为了追寻鲜活的历史场景，我不惮于在想象中化身穿越者，用这种另类的方式贴近历史，再贴近一点。

前些年，有一部相声剧对我启发很大，深有共鸣。那是台湾相声瓦舍2006年的作品《蒋先生，你干什么》。剧的第一段落，是两个演员，扮演草船借箭那夜，守在岸边的两名曹兵。当草船还未抵达江北，一切平静。两名曹兵困守长夜，闲聊打发时光。南方冬季的夜晚湿冷难捱，两名曹兵怀念许昌老家的田地与房屋，饮食风土，唏嘘无语。就这一个片断，终结于一名曹兵"快看，有船来了"的惊呼。在我看来，这一个无凭无稽的片断，比吴宇森宏片巨制的《赤壁》更接近历史，而比几回书烧死八十三万曹兵的《三国演义》更传神。历史镜头不必总是聚焦在大人物大事件身上，平凡人的悲欢喜乐，更能让我们产生共鸣。

五

如果你将《说史记》与超级畅销书《明朝那些事儿》或易中天《品三国》相提并论,我不会感到被恭维,相反会很不高兴。

说到语言活泼,意识灵动,甚或打通古今,破除历史叙事的枯燥感,大家的追求也没什么太大区别,道不远人,史也不该远人。供于庙堂,置之高阁,自以为可传万世,有时难免像个笑话。民族的记忆会以不同的方式流传下去,着急上火也没用。

只是从个人趣味出发,我不喜欢坊间流行的通俗说史那种"将历史拉入当下"的手法。比如你觉得历史里的名物典章,风俗制度都很陌生,我就直接用一个现世的熟悉名称代替就是。诸葛亮就是CEO,朱棣是个好总理,这样做,诚然可以让历史变得易入口好消化,但也就消解了"知所从来"必需的一些门槛。淆乱词与物之间的对应,用现代思维直接代言古人,那读者得到的无非是包裹着古装的当代故事。不是不行,意义不大。

我喜欢与追求的,是"回到现场",不是古代的人与物为你驱策,而是你通过想象与叙事融入前世。这种回到过去的渴望,有时候就是一种本能。最近多看穿越小说,有些作者,会花很大精力,用一两章来写穿越者在古代的一场婚礼,或考订风土人情,力求各种细节必有出处,影响可读性与情节推进,也在所不惜。我看到这些地方,往往有所会心,觉得吾道不孤。

六

《说史记》这样的文体,可以帮助读者贴近历史,那它对作者的益处何在?一位学者写这样的文字,算不算不务正业?我经常会面对这样的质疑,或"何不干脆去写小说"的揶揄。

这事我也常常反躬自省。写什么,怎么写,往往都是一种冲动。有无益,有何益,则是事后的总结。我觉得这样写写,探索历史写作的可能性,至少可以让自己增强"历史感",近年读一些比我年轻的学者之著述,理论精深,立意宏大,但总感到跟历史"隔"得厉害。古为今用,六经注我,不是说不行,但以论带史太过,最后往往论归论,史归史,看看近现代学术史,历经淘洗,这样的论著往往最先过时,连旧书都卖不起价。

当然我也不觉得《说史记》是多么了不起的书,它只是兼顾"趣味"与"感觉"的尝试之作。散碎了几年后,我倒是有心慢慢搭建自己对近代某些时段的解释框架。这个就不是感觉和细节加上想象就能完成的了。不过这些写作尝试肯定不是虚掷光阴，尤其对于一个文学研究者来说，自己尝试一下叙事写作，对于理解研究对象，也会有所帮助，信不？

《说史记》的编辑成书，与《野史记》的再版同期，因此做了一些篇目调整，有些篇什，从旧版《野史记》中移到本书中，自然，新版《野史记》也增补了一些别的文字，特此说明。

谢谢三联书店，谢谢郑勇师兄与卫纯师弟对这两本小书的眷顾与投入。感谢本书插画作者、当时《万科周刊》的美编季蕾女士。还有发表过书中作品的报刊，经手的编辑朋友，不能一一表达谢意，但咱们一起散播文字、传递趣味的往事，都会留在我自己的"史记"之中。

2014年7月10日于京东豆各庄

好书很多贪过眼

A

《阿勒泰的角落》

李娟 著

新星出版社 2013 年 8 月版

因为李娟的写作,阿勒泰从偏远到不能再偏远的角落成为很多人熟悉亲切的名词,这恰恰是文字的魅力所在。《阿勒泰的角落》的再版,可以把伴随李娟走过羊道、熬过冬牧场生活的读者带回到李娟写作的源头。这部散文集所收是李娟在十余年前的一些旧作,也是她获得出版机会的第一部散文集。

和阿勒泰一样,李娟散文写作的独特性在于其原生态。她的文字将一种我们几乎都要遗忘的"天真、纯净"的美感重新唤起。和很多经过努力才能使自己的文字返璞归真的作家不同,李娟的写作从一开始就是简单自然的,恰如她自己所说,她的写作只与她自己的生活有关。这让人想起沈从文初登文坛之时,徐志摩对他的散文的评论:"这般作品不是写成的,是'想成'的。给这类的作者,批评是多余的,因为他自己的想象就是最不放松的不出声的批评者。奖励也是多余的，因为春草的发青，云雀的放歌，都是用不着人们的奖励的。"

李娟的写作成于阿勒泰，到目前为止也"囿于"阿勒泰，这几乎是每一个以某个"地域"作为自己写作对象的作家必须面对的问题。李娟坦承她暂时搁置了这个问题，因为她对阿勒泰和阿勒泰的生活仍然充满了表达的意愿。至于是否会走出阿勒泰，如何走出阿勒泰，也许都有待她下一部作品提供答案。

《暧昧的日本人》

李兆忠　著

金城出版社 2005 年 9 月版

日本文化大约确是迷人，外来者也常常沉醉其中。小泉八云、周作人自不必说，鲁迅、丰子恺亦屡有赞美之辞，直至好莱坞《最后的武士》，对日本文化都投射为一种纯净、片面的想象。在浩如烟海的日本描述中，本书作者独赏其中两种：旅居日本有年的戴季陶所撰《日本论》，从未到过日本的本尼迪克特所著《菊与刀》。两种书都指明了日本文化的暧昧、模糊、矛盾。自川端康成的"美丽"到大江健三郎的"暧昧"，日本文化在国际空间的自我表述似乎也印证着这一洞见。

《暧昧的日本人》并非要与这两部经典竞雄，而是从"暧昧"的大前提出发，于细微处入手，将个人体验与资料记传参照发明，往往从熟悉的材料中发现出人意表的结论。如开篇即讲到：中国的英雄传说模式，总是妖魔为祸人间，英雄除暴安良。而日本民间故事中最出名的桃太郎，打败海岛上的恶鬼，并非为了拯救人民，而是将恶鬼的财宝搬回了家。而不管是桃太郎、五分次郎，还是皱太郎、一寸法师，日本传说中的英雄都是很小的身材,却能以小搏大。熟悉日本近代对外史的读者,读到这里,想必已发出了会心的微笑。

这类细微处的分析与比较,全书在在皆是,举凡传说、器物、饮食、语言、娱乐、礼仪,无所不包。对于不了解日本的普通人而言,这些细致入理的文化观察,应该能够帮助他们构建更接近事实的日本想象。

B

《北京,1912》

穆儒丐 著,陈均 编订

北京联合出版公司 2015 年 10 月版

我问你:老舍是谁?

这难不倒你。"老舍,原名舒庆春,字舍予,北京满族正红旗人……"

"还有呢?""老舍在 1930 年代便已名满天下,抗战期间更是当选中华全国文艺界抗敌协会常务理事兼总务部主任……"

可是你知不知道,整个民国期间,很少有人知道老舍是满人?包括他的好朋友费孝通。

为什么?

让我们回到 1912 年。

不夸张地说,1912 年 3 月,整个世界的眼光都集中在北京。中国六岁的大皇帝刚刚发布了逊位诏书,他的全权代表袁世凯被南京的参议院选为临时大总统。但就在邀请袁南下就职的专使抵京的第三天,北京发生了兵变。袁世凯顺势留在了北京。

这时,《北京,1912》的主人公宁伯雍(作者自况)从山居先骑驴,又坐洋车,来到了北京的宣南。从清末起,这里就是报馆的聚集地。他成了一名报纸编辑。

为什么宁伯雍要进城谋职?他可是"受过良好教育"的旗人,而且还被资送到东洋学了几年法政。

因为他"房无一间,地无半亩"。

那此前他怎样过活?大概是靠旗人的"铁杆儿庄稼"吧。现在,铁杆儿庄稼倒了,旗人没有钱粮可领了。

他不是留过洋?可是,民国以后,做官不讲资格,"洋进士"不钻营也没用。

就这样,一个满族的精英人物,就这样猝不及防地被扔进了乱象纷呈的民元北京,成了一个不尴不尬的"多余人"。

比起同族来,伯雍还算好的呢。没了钱粮,又没有谋生技能的旗人,最常见的出路只有两条:男的去拉洋车(如祥子),女的去胡同卖身。

尽管民国的建立基于清廷的妥协"逊位",民国政府也打出了"五族共和"的旗帜,并且在《清室优待条件》中还载明"先筹八旗生计,于未筹定之前八旗兵弁俸饷仍旧支放",然而民国初年多事之秋,政府筹款发放不力,旗族又一时无法从旧的生活轨道骤然转型变易，排满思潮的余绪同样也影响着他们（旗人大批改汉姓即是一种规避歧视的手段），旗族尤其是下层旗人的生活充满着悲情。

虽然穆儒丐自己并未沦落到生计艰难的地步，但辛亥以后北京旗人的悲惨境遇被他写进了以《北京》（《北京，1912》原名）为代表的小说之中。

伯雍回答被迫为娼的旗人女性秀卿"咱们北京好几十万人，好几十里的面积，有一个地方能养活穷人吗"的疑问，将原因归结为"政治不良，社会腐败"，同时极其愤慨地指出："你看着吧！北京完了。已过去的北京，我们看不见了，他几经摧残，他的灵魂早已没有了""现在和未来的北京，不必拿他当人的世界，是魔窟，是盗薮，是一所惨不忍闻见的地狱。"

《北平怀旧》

齐如山 著

辽宁教育出版社 2006 年 11 月版

喜欢京剧？喜欢梅派？那你对齐如山这个名字应该不会陌生。这个曾经浸淫于传统文化中的文人，后来终老台湾。在挥之不去的怀旧和思乡之情中，他为我们提供了无数幅剪影，用以拼凑出一个并不遥远却已陌生的年代。与一般的旧式文人不一样，齐如山留过洋也经过商，他相信经史和社会并不可分，却恰可互证，即所谓"欲研读经史，不能离开社会"。因此齐如山对风俗习惯、人情世故、娱乐、饮食、工艺、技术，都有兴趣考察了解，并一一记录。《北平怀旧》

由他的五本书,《北平》《北平怀旧》《北平小掌故》《谈平剧》和《北平百戏图考》汇成。齐如山对北平历史氛围的还原,同样是借助点滴掌故来完成,他提供了这个城市的细节,鲜活而真实,穿越历史而来。

C

《采访本上的城市》

王军 著

生活·读书·新知三联书店 2008年6月版

一本《城记》，让大家知道了王军。与《城记》主要关注北京城的整改历史不同，《采访本上的城市》虽然立足北京，着眼却不尽在北京，北京只是中国城市的一个典型样本。王军追索的仍然是这样一些"老"问题：城市之建造，究竟该为了汽车还是为了人？遗产之保护，是改天换地还是萧规曹随？中心之规划，应该遵循何种概念？建筑之构想，应该体现何种城市精神？此书有两个基点，一是北京的首都属性与大都市色彩，放在一起对比是波士顿、巴黎、纽约等"世界城市"，思考它们在规划与改建中的成败功过；二是在奥运的大背景下，地标性建筑、拆迁运作与城市规划孰得孰失，与之相提并论的同样则是雅典、悉尼的前车之鉴。王军称自己的书为"非虚构作品"，兼有新闻记者的翔实全面与历史学人的眼光深远。前者为写读之间搭建了可靠的交流平台，后者则让我们与他一起思考"城市"的前世今生。

《茶人茶话》

陈平原、凌云岚 编

生活·读书·新知三联书店 2007 年 5 月版

陈平原先生曾言:"酒和茶不止是两种性质不同的饮料,它对人的身体,对人的气质,对人的情感,对想象力的驰骋,都会有所影响。"这是写进书的话。现场接下来还有一句:以此谈论中国文学,唐的精神属酒,宋的意绪近茶,我嗜茶不能酒,所以难于将唐宋打通,只能期待茶酒双稔的后生云云。虽是戏言,不能说没有道理。

此书选民国以来谈茶文字凡70篇,分"茶雅""茶俗""茶话""茶事"四辑排列。这当然是便利分类检索阅读的"科学精神"。如果换一种编排法,以文章写作年代为序,逐一读下来,也自有别样的况味。民国文人多喜欢从大处着眼,如《说茶》《中国人与茶》《外国人与茶》这样的题目,非有"世界眼光"与"天下胸襟"莫办,隐隐中总把茶事与人世暗相勾连,说是关连到知识分子对自身处境、生活态度的重新定位,怕也有几分是实。当代作家则多喜欢谈具体的茶道与际遇，知识性更强，终归格局是小了许多。或许只能怨从前的好作手太多，该说的，都让他们说得差不多了。

《吵闹村的孩子》

〔瑞典〕林格伦　著，李之义　译

中国少年儿童出版社2007年7月版

这位女作家的作品，发行量已经达到一亿三千万册。据说，这个数字意味着把她的书摞起来有175个埃菲尔铁塔那么高，铺开来可以围着地球绕三圈。不过和她笔下的人物比起来，这些数字太过枯燥。记得小飞人吗？一个胖乎乎却觉得自己英俊无比的男孩，把我们带到屋顶上神秘的烟囱小屋中；还有神气活现的长袜子皮皮，她不用上学，无拘无束，让每一个孩子羡慕，却不明白这个疯疯癫癫的小丫头为什么成了大人们眼中"自由人类的象征"。相较而言，《吵闹村的孩子》里的主人公们就太过普通了，他们是瑞典乡下一个小村庄里的六个好朋友。春夏秋冬，这几个七八岁的孩子们和我们一样，上学、过节、游戏、帮做家务，当然还有必不可少的调皮捣蛋。这是林格伦现实生活气息最浓的作品之一，细腻、生动、自然，还有她最打动人心的法宝：童趣，一样不缺。2007年，林格伦诞辰一百周年，书里的那些孩子们还和从前一样，唧唧喳喳，吵吵闹闹，享受着永远过不完的童年时光。让我们惊喜，也让我们怅惘。

《传统语文教育教材论——暨蒙学书目和书影》

张志公 著

中华书局2013年10月版

前段时间关于《弟子规》的讨论掀起轩然大波。据我观察，无论支持或反对，大部分人都是凭感觉说话，一会儿传统经典，一会儿封建糟粕，人云亦云，更多的是情绪而非实见。

其实语文之所以为语文，从民国一直到共和国，都是在各种讨论与比较中成型的。所谓语文界"三老"：叶圣陶、吕叔湘、张志公功不可没。当然他们也会有偏见，有妥协。但至少他们了解过去的蒙学之损益利弊。

张志公这本书，全面梳理了传统语文教育与教材，从各种分类教材，到不同年龄适用的读物，都有爬梳缕析。比如《弟子规》，张志公列入《儿童守则》一节，这一节首举传说为管子所作的《弟子职》，再列传说为蔡邕所作的《劝学》，最后说明《弟子规》是"清代中叶以后流行最广,影响最大的一种(尤其在北方)"(这可以说明为什么南方如绍兴周家不用《弟子规》,也少见于各种清代小说)。

对这一类书的总评大致是"总之,是要把儿童训练成一个小大人"。全书有将近一半是民国以前的蒙学书目与书影。我觉得作为家长,如果想独立思考独立判断,此书必不可少。看了此书,再来谈要不要让孩子读《弟子规》,至少有些底气,心中也有个谱系。

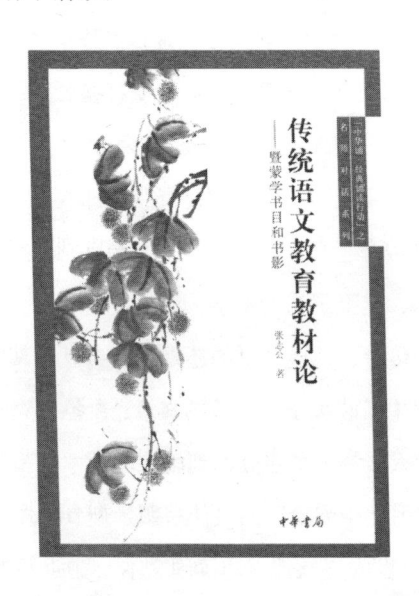

D

《到底是张爱玲》

刘绍铭　著

上海书店出版社 2007 年 3 月版

和二十余年前不一样（那时，即便是一个现代文学专业的研究生也未必知道张爱玲的名字），"张学"已成"显学"。在众多"张迷"之中，刘绍铭无疑是老资格的一批。说起资格老，并非因为他和张爱玲还有过交往接触——这固然是值得炫耀的资本，但还不到吸引人去买书的程度。刘说很多人是因为读到张爱玲经历中的"传奇"（即八卦），才有兴趣进入她的"传奇"文本。他自己则恰相反，在对其人一无所知的前提下，迷上了张的文字。所以，不管读者期待读到什么样的张氏传奇，他能提供的还是只有自己从其文字所得的"感悟"。集中所收关于张爱玲的文章，在各个侧面"看张"，从张爱玲待人接物细微之处，到她在国外"落难"时的种种表现，是"另类张爱玲"的最佳写照。趣事虽多，但总不忘从"软"到"硬"，以软传奇诱读硬文本。最别致的几篇文字，是对比张爱玲中英文写作的不同，所用材料包括张氏对自己作品的英文翻译,为别书所少见。言说张爱玲既成时尚,同类读物自然不在少数,此书能让人起重温张氏文本的兴趣,已属难得。

《典型文坛》

李洁非　著

湖北人民出版社 2008 年 8 月版

一恍眼间,"当代文学"已经有了六十个年头,比研究者麇集的现代文学三十年整整多了一倍。即使排除掉距离尚近难以入史的近二十年,仍有四十年供人评说。在多种言述方式中,李洁非选择了最拿手的"人物系列",十一位名家,当然不是全部,却已足以提供看穿时代的"样本":丁玲、周扬、胡风、老舍、姚文元、张光年、浩然、张恨水、夏衍、郭小川、赵树理。作者兼顾了当年的主流与边缘,精心选择他们生命中最华彩的乐章,如作协秘书长郭小川的 1957 年,张恨水的晚年,赵树理的"进城"与"离城"……那个年代的关键词是"体制",在体制的笼罩下,他们的悲喜交织在一起,勾勒出文坛"大"时代的轮廓。

E

《2007 中国小说（北大选本）》

曹文轩、邵燕君　主编

北京大学出版社 2008 年 1 月版

中国当代文学已经进入了数量爆炸期，任你大罗金仙，也没有地毯式扫描的本事。不说每年超过 1000 种的长篇小说单行本，便是那些纯文学期刊里的小说，也难以依靠评论家个人力量，快速、准确地作出反应。常有国外的研究者问起当代文学的现状，我也只能管中窥豹般乱扯一通，往往到后来就说：实在不行，你们去看《小说选刊》《小说月报》，或是《中国小说（北大选本）》吧。

这本书的好处，是动用了集团作战力量，先以选修课、讨论会的形式将当代文学专业的研究生（应该还有部分本科生）聚集起来，让他们分别追踪某种文学期刊，在教师指导下，及时作出概述与评点，将这些成果在杂志与网站上发表。到得年终，吸收了读者的反馈，再加以遴选，形成这本中国小说的年度选本。所以此书的第一特点，是"全"，的确是全方位扫描后的选择；第二个特点，是"偏"，评点者师出同门，眼光、笔触都有相似处，这就有了自己的风格。它不是什么"权威选本"，往往有着过分鲜明的立场与斩钉截铁的褒贬，但于作者们，是很好的训练，于读者们，则至少是有趣的文学对话与分享。

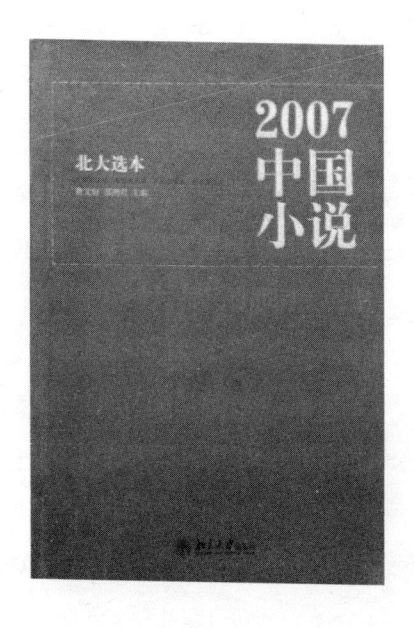

F

《费孝通在2003》

费孝通 著

中国社会科学出版社2005年11月版

自从读了《江村经济》和《乡土中国》后,费孝通就成了当世我最佩服的学人。《费孝通在2003》没有翔实的田野调查和个案访谈,却在随意挥洒中完成了这位大师生命的最后一次学述。在"社会学还能做什么"里面,费孝通强调社会学一直没有好好研究古人看重的"心",实际上,研究的本真在于"态度"而非"关系",态度决定关系。费孝通说,"心"一点都不玄奥,"它就是切切实实生活中的工作方法"。至于人类文化的最高理想,费孝通道是"美美与共",不管你同不同意,这都是一个值得好好想想的问题。

G

《改良与革命——辛亥革命在两湖》

〔美〕周锡瑞 著，杨慎之 译

江苏人民出版社 2007 年 10 月版

美国历史学家周锡瑞在 1971 年完成的博士论文。近现代史分省研究成果很多，周锡瑞此书无疑相当有代表性。区域研究经常碰到的问题之一，便是如何从地域上来划定研究对象的范围。周锡瑞在该书中，根据自己的研究对象——辛亥革命，确定了他所要探讨的东西，包括可能与革命的爆发相关的各种因素，诸如教育、政治、军事、新闻、会党、学生等等。周锡瑞大量利用档案资料，却并不将眼光局限在辛亥革命事件自身。他对各种诱发革命因素的探讨，共同建构起革命产生的历史"氛围"。为了在社会和历史分析中达到一定深度，周锡瑞选择了牺牲地域范围的宽度，而把注意力集中在湖南湖北。周锡瑞的选择标准在于："选择一个这些运动和设施似乎都具有重要性并且文献记录完整的地区"；而两湖地区在中国近现代史上的特殊性，也是这种研究范围划分的重要依据。其区域研究的视角和具体方法的示范性使用，使得这本书在当下仍具有相当的启示效用。从"大而全"的宏观研究，转向细部的区域研究，视角的转变背后是学术风气的悄然变化。单从这一点看，重版这本颇为经典的学术著作，无疑是"功德"一件。

《公正》

〔美〕迈克尔·桑德尔 著，朱慧玲 译

中信出版社 2012 年 11 月版

桑德尔被誉为哈佛大学多年来最受欢迎的教授之一，《公正》作为哈佛公开课视频曾在中国引发观看热潮。然而视频观看不能替代文字阅读，桑德尔在《公正》一书中将伦理史上的"公正"讨论与现实案例结合，梳理得非常清晰，尤其是对康德、罗尔斯与亚里士多德公正观的条分缕析，甚见功力。

《广风月谈》

胡文辉 著

花城出版社 2011 年 8 月版

作者在《后记》里说"一直以来，我的兴趣和目标是在做学问方面，但八卦之心，人皆有之"。只读过《陈寅恪诗笺释》与《现代学林点将录》的朋友,或许将疑心胡文辉是一个皓首穷经的学术宅男,其实不是的,历史可以很有趣,宅男也可以很风骚。

当年江湖上只知道"胡一刀"而不知道胡文辉时,他就是一个踢踢踏踏姜蒜不忌的作者。他评书,也评乐,关注古人的八卦,也了解当下的绯闻。白天他是报社的娱乐版文摘版编辑,晚上他变成了某些文化古刹的守夜人,而这守夜人手里,常常握着IPAD。

胡一刀与胡文辉的读者,正不妨是两拨人,但两拨人又何妨串一下联?他说:"人的心灵不可能只用书来填塞,总需要一些趣味和癖好,苟未免有情,亦复谁能遣此?"知他的人,能从《陈寅恪》与《点将录》里读出"有情"的血肉,又能从《广风月谈》里读出无涯的思辨。艰涩吗?轻薄吗?一条鱼只吃中段,或划水,只是富贵之行,并非老饕之道。

《广风月谈》所写题材,与京沪穗(不是粗鄙的"北上广")报刊所有专栏无异,无非饮食男女,情欲言行。只是胡文辉谈来,自有他的况味。记得初识时,他对我喜欢侯孝贤《好男好女》大惑不解,直到听闻我也热爱周星驰,才放下心来。

一个讨厌侯孝贤而喜欢周星驰的学者。他的读者是谁,想必众位都清楚了。

《河童杂记本》

〔日〕妹尾河童 著,陶振教 译

生活・读书・新知三联书店 2006 年 12 月版

这是河童系列的第四本,读过前面几本(《窥视印度》《窥视日本》《河童旅行素描本》),应该对河童的文风和画风都已相当熟稔。因此这本书在这两方面不会带给我们什么惊喜,河童还是那样,转着好奇的眼睛,将他觉得有趣的人生和旅途风景用笔呈现,且一如既往地,对再现细微末节不厌其烦。不过喜欢河童的人看这本书,自有另外的收获,虽然聪明人总说爱吃鸡蛋不用认识母鸡,但还是会对藏在自己着迷的书背后的作者有浓烈的好奇。河童在杂记本中展现了自己的经历和生活,故乡、家庭、工作和种种兴趣,包括他的奇怪名字"河童"的由来。最后的惊喜来自河童的"秘诀公开",他一步一步展示出著名的"河童俯视图"的画法,有足够耐心的人不妨自己一试。失败了也不妨,最起码,在看了秘诀之后,我们可以相信,河童不会像蝙蝠一样在房间里飞来飞去,他看似不可思议的构图和视角原来是如此诞生的。

《侯宝林旧藏珍本民国笑话选》

侯鑫 编

中华书局 2008 年 1 月版

2007年是相声界大师侯宝林诞辰90周年，图书出版界在纪念风盛行的时机推出大量和侯宝林相关的书籍，并不让人奇怪。追忆大师生平或为人，分析其相声艺术和成就，在类似选题中都属应有之义，这本《侯宝林旧藏珍本民国笑话选》却颇有些出人意料。本书以侯宝林收集的各种民国笑话集为本，从中选取一千余段笑话，配以方成、丁聪等大家的漫画四百余幅，让对相声艺术感兴趣的读者了解，在侯宝林开始相声创作的那个时代，流传着哪些段子，又是怎样被侯宝林应用到他的相声艺术之中。更重要的是，通过这些原汁原味的笑话，我们看到，那个年代的人，究竟怎样理解"幽默"。据侯宝林的女儿，本书的编者侯鑫所说，这些笑话集在历史的动荡中原已散佚，侯家留存的只有一份书目，她根据这份书目，从各处重新收集起这些笑话，汇编成册。在"相声"重新成为焦点话题的今天，这本书及它的成书过程，至少可以帮助我们了解，经典相声的创作背后，需要一种怎样的坚持。

《沪上名刊〈论语〉谈往》

林达祖、林锡旦 著

上海书店出版社 2008 年 6 月版

1930 年代，中国文坛曾经有过一个"散文年"，那是散文小品文刊物最为畅销的年代，而引领这股阅读热潮的，恰是沪上名刊《论语》。《论语》创刊于 1932 年，终刊于

1949年，在当时的同类刊物中，大概要算寿命最长的一个。时移世迁，有资格就这份民国期刊谈往的人，实已不多。确切地说，当时名列主编的七人之中，只有林达祖一人还来得及留下自己的回忆。围绕着《论语》，林达祖回忆的主要是论语社同人和主要撰稿人，当然还有杂志的经营和兴衰。这份在中国首倡"幽默"文学的刊物，曾经集结起现代文学史上大批擅长性灵文字的高手，周作人、丰子恺、老舍、刘半农、俞平伯……当然，除此之外，林达祖的回忆中，更引人注目的是那些曾经被文学史"遗忘"的名字，其中，对曾被鲁迅讥为有着"阔太太"的邵洵美的书写最为细致真切。这位诗人、交际家和出版家，曾经是上海文坛的一位中心人物，通过林达祖的回忆，邵洵美和《论语》同人的交游及文学活动逐渐呈现，为我们还原1930年代的上海文坛，提供了不可或缺的一块拼图。

《教我如何不想她：语音的故事》

朱晓农、焦磊 著

商务印书馆 2013 年 10 月版

在推荐会之前，没有人——无论是领导、评委，还是责编，想得到《教我如何不想她》会进入"商务印书馆 2013 人文社科十大好书"之列，与《神学大全》《乡村与城市》《洪业传》并肩而立。

这本谈语音学的小书，虽然通俗，毕竟小众。好在，代言人@阿紫的幸福生活，一位中国传媒大学的语言学博士，用她脱俗的推荐，引起了众多根本没看过此书的评委的兴趣。

要说阿紫有多好的口才，也不见得。只是，这么高大上又竞争激烈的场合，推荐书的都是各部门的领导，意义与价值满天飞舞。只有阿紫，讲了两个书里的细节。

齐桓公与管仲密谋伐莒（这个字念"居"三声），事未行已满城风雨。君臣排查泄密原因，发现商议现场只有个佣人东郭邮，在远远地看着他们。一问，果然是他泄密。那么你怎么知道我们在谈伐莒？"你们那天手脚动作表明是在谈军事行动。而攻打对象，我看到您二位说话，'口开而不合'，所以我猜是莒国。"

这个故事说明什么？说明在春秋时，"莒"不会念"居"，而韵母是"a"，所以才会"口开而不合"，发音时能看见舌头。

另一个细节，是"孔夫子怎样念诗经？"这也是书里一则小故事，而且标出了《诗经》首章的注音。比如"关关雎鸠"是"kroon kroon sha ku"。阿紫为大家念了几句，满座轻轻的笑声。所有人都明白了这本书的精要：语音学的故事。这也是《教我如何不想她》的副题。

我不仅将手里的一票投给了这本书，还跑去向阿紫要了一本，回家慢慢看。现在我又在DIAO计划里推荐这本书的签名本，不仅仅是希望买书的人了解一下我们天天说的汉语，渊源何自，也想让大家围观一下，怎样将枯燥的知识讲出趣味。

《旧年人物》

夏晓虹　著

文汇出版社2008年8月版

同名旧版1997年出版，以作者的严谨，决不会简单地重印旧作，果然各辑都有抽补修订，大致是为了避免与其他集子重复,但确乎比十年前的旧版更能凸显作者的学术思路。不同于学术论文,钩沉史事的随笔,对焦的是"性情"的点染,作者认可的书评题为《发黄的相片与崭新的情感》,不妨看作夫子自道——并不是说今人要以新情感重读古人,而是体味"历史中的人",他们的言说、行径、心绪后面,自有时代的印迹与时代背面的文脉在。例如,探讨王韬心目中的"标准妻子"为何是"旧家女子,粗通诗律,薄能饮酒",不单对应了"晚清文人妇女观"的大课题,更直接命中近代中国女性社会形象的"变"与"常"。

《窥视日本》

〔日〕妹尾河童 著，陶振孝 译
三联书店 2005 年 11 月版

今年因为中日关系转冷，许多写日本的书又变得热销起来。照我看来，与其奢谈日本的民族性格之类，不如实实在在借助阅读管窥日本。三联的"妹尾河童作品系列"之前已经推出了《窥视印度》和《妹尾河童旅行素描本》两种，近期的《窥视日本》则将眼光收回了日本本土。从大处说，妹尾是日本著名的设计师，从小处说，他是一个喜欢到处乱跑的人。这两者熔铸成了妹尾作品系列的特色：用画图代替笔触，传达旅行中的目睹景象。妹尾有着日本人特有的认真和执着，每一件物体，每一个场所，都要用尺子度量之后，才用工笔细描出来。这带给读者一种完全不同于笔墨和摄影的效果。这个日本人笔下，有着笨笨的有趣，让人时时有忍俊不禁之感。

1.

《老北京》

罗哲文、李江树　编著

河北教育出版社 2007 年 5 月版

"老北京"这个词,沉甸甸的,本身就带着历史的味道。那个城市,迈着它迟迟的步伐,在时空的另一头静默,引得我们时时反顾。除了文字,能够为我们记录这历史风情的,自属影像。《老北京》一书,正是以大量历史照片的收集为特色。知名摄影家李江树的收藏与八十年代有意识的留影,让一片片已经或正在消逝的风景,以另一种方式在书页上存活;古建筑专家罗哲文的解说梳理,则为本书的学术性做了背书。中英文对照的编法似乎又带了一抹全球化的色彩,对读之下,也颇有意味。(插一句:定价 39.8 元,在同类书籍中算得便宜)个人最感兴趣的,是一组老北京人生活的照片,从民国的街头即景到七八十年代的胡同生活,照片中的老北京人和我们对视,让我们更鲜活地感受、触摸这个城市,并提醒我们关于"城与人"的思考,还远不到停止的时候。

《老北京的穿戴》

常人春 著

北京燕山出版社 2007 年 6 月版

梁实秋形容老北京人处世的条件，有四句话："一团和气，两句歪诗，三斤黄酒，四季衣裳。"前三句好想象，只有这"四季衣裳"随时代更替，今昔大有不同，要还原一个世纪之前的时装款式，实在是个难题。民俗学家常人春的这本书，是对清末民初老北京人的穿着打扮的历史梳理。所写内容从旗袍马褂到西服工装，从童装戏装到礼服寿衣，包括老北京人的鞋帽发型，饰物包具，总之，就是俗语所说的"身命要齐，脸目要壮"中的全副"身命"。在以往的大历史叙述中，普通人的日常生活总是缺失的一角，近来史学界的热点之一，便是日常生活史的钩沉。对城市生活史的研究，使得原来离我们颇为遥远的历史，在这类细节的呈现中显得真实可触。选择"生活"这个洞口来进入一座城市和一段历史，无疑具有相当的难度，而在这一类题材的书籍中，大约是源于材料的稀缺,关于"服饰"的描写更为少见。张爱玲的《更衣记》已明白展示，服饰变更的背后其实包含着时代心理和文化心态的变迁。《老北京的穿戴》虽然缺少华丽的张氏笔调,但确能为我们近距离观察那段城市历史提供又一个窗口。

《立宪时刻:论〈清帝逊位诏书〉》

高全喜 著

北京大学出版社 2011 年 7 月版

从对辛亥革命既有研究结构的冲击而言,以《立宪时刻》为代表的一批书和论文无疑是最有力的。强调清帝逊位诏书的法理意义,确实有助于重新审视辛亥造成的合法性延续的问题。虽然书本身还不够完整,但角度与结论都提供了思考辛亥革命的另一种进路。

《恋恋红尘:中国的城市、欲望和生活》

李孝悌 著

上海人民出版社 2007 年 3 月版

本书是一本严肃的学术论文集,但比大多数严肃的学术著作都"好读"。原因很简单,和此书的研究对象和研究方法有关。《恋恋红尘》体现出一种新的文化史研究方向,从最初的研究通俗／大众文化出发，过渡到对"物质文化史"的专题研究。简单地说，这本书以中国近世的城市、日常生活和明清江南为题，展示出一个更加"丰腴"的历史场景。对宏大的历史叙述产生厌倦和质疑之后，凸现"细节"和"日常性"的文化史研究,无疑会让人耳目一新。比如书中以戏曲、歌曲集、文学作品和通俗读物、色情小说等资料，对士大夫阶层和一般民众阶层以及妇女的感情、情欲等感观领域，作出大胆的描述和复原；又或以三种画报作为线索，探讨上海近代城市文化中传统和现代的"纠结"。对内行来说，本书提供的可能是一种开拓性的研究思路和方法；对外行来说，书中描摹的自明末以来的中国城市（扬州、南京、上海……）以及这些城市中热闹、世俗、真实的市民生活，每一笔勾勒都在丰富着我们对历史、文明的想象，并为这种想象增添新的乐趣。

《刘伯温与哪吒城：北京建城的传说》

陈学霖　著

生活·读书·新知三联书店 2007 年 8 月版

由奥运带动的"北京出版热"中，这本由香港学者撰写的著作并非跟风之作，早在12年前，我已读过台湾版。当时已赞叹作者的巧思，而今大陆版推出，较诸当年的阅读语境又有不同，更能看出作者的先见之明。

除了必要的介绍"北京城建置的沿革"外，作者的主要关注点在于自元至清"北京（大都）建造的传说"，梳理在这一传说谱系中，建城主人公如何从刘秉忠到刘伯温，建城型态如何从"三头六臂"到"八臂哪吒城"，传说的层积生成，又是如何从民间说唱流传，到秘密会党寄托排满理想，再到民初传教士的撷要记录，终于落到了金受申等民俗史家的翔实记录，并论述这段传奇后"所蕴藏着代表以儒家为基础、天人合一的人伦社会价值观念"。至此，史家的任务似乎已经了结，然而作者尚有"余论"，论及新中国民俗整理者对建城传说的"变形"，将刘伯温看作"设计建筑北京城的许多无名英雄的总代表"，从而让建城传说在新的意识形态下取得新的合法性——虽然没有详细的论述，我却以为可算得上一条"豹尾"。至于书后附的"资料"，蒐集各类传说文本，更是提供了读者与作者对话的平台。

《留学北京：我在二十世纪七十年代中国的经历》

〔英〕吴芳思 著，王侃 译

广西师范大学出版社 2015 年 5 月版

1975 年，英国女孩吴芳思和其他八名英国学生一起，到北京学习了一年。这是一次"没有什么明确目的"的学习，主要是完成对等交换的任务。

我师母夏晓虹教授在"文革"后上北大，曾经当过外国留学生的"陪读"，跟一个外国女生住在一起。这段经历她没有讲过，只能揣想。70 年代陪读经历的文字，我也没有见过。

一个老牌资本主义国家的学生，在"文革"后期破天荒地来到中国，在身边的人看来，大概和今天去非洲差不多（或许更糟）。

他们的一年中有半年时间在工厂或农田里，和中国学生一样学工学农，也学马列主义毛泽东思想，体育课还要扔手榴弹。唯一的享受是周末英国使馆会用车接他们去住一晚，享受一下英国式生活。

总之这是一段很奇特的经历，不仅条件简陋，也饱受"种族歧视"——去到任何地方都被围观，坐火车离开北京要经受各种检查。

书里充满着各种各样有趣或古怪的事件，有一部分我们可以想象（毕竟也赶上了那个年代的尾巴），但是外人的目光是无可替代。吴芳思这本回忆录，在近代以来长长的"外国人看中国"系列里，又增添了一环，很重要的一环，因为当时的中国处于史无前例的封闭状态。

与吴芳思同学的法国留学生特别不适应军事化管理和繁重的劳动，总是说"这是法西斯！""这不是希特勒青年团吗？"我估计当时陪同人员里没有懂法语的，要么他们装聋作哑。至少这些法国人可以大发感慨，而当时同一片土地上的几亿中国人，还噤若寒蝉，人人都在虚无地做戏，或做戏般地虚无着。

这样一个时代有没有远去？就物质而言，当然无复当年。以精神而论，只恐暧昧难言。

《鲁迅·革命·历史》

〔日〕丸山升 著，王俊文 译

北京大学出版社 2005 年 11 月版

另一本与鲁迅有关，也同样"迟到"的书是《鲁迅·革命·历史——丸山升现代中国文学论集》。丸山升是日本鲁迅研究界的代表人物之一，也是日文版《鲁迅全集》的主要注释者。他的研究风格，是典型的日本传统学风，极踏实地自小处入手，稳稳地推进，也并不求结论的骇人或架构的宏大，而这些研究成果因了其实在，反倒是一块块夯实的砖瓦。即使将这本书当作而今研究界的一面借镜，也并非过分的说法。对于非学界的读者而言，知道在冰冷的政治和狂热的情绪之外，日本也有这样的学人在默默地关注着中国，关注着中国的历史，也未尝不是一种有益的知识。

《吕著中国通史》

吕思勉　著

华东师范大学出版社 2005 年 12 月版

这部书好在对历史结构与历史事实，都有独到的见解。一般写通史的学者，往往拘泥于一个"通"字，流水账般写将下来，却是一支笔顾得短线（重大事件）顾不得长线（长时段历史形态），倒不如吕思勉那样索性分成"中国政治史"与"中国文化史"两部分，前者大体采编年史的形态，以见历史的火尽薪传，后者则分门类，计婚姻、政体、财产、官制、住行、学术等十八章，读上去纬络分明，章节之间却又血脉相连，真正不枉了叫作"通史"。

《玛法达》

〔阿根廷〕季诺 著，王立、杨楠 译

当代世界出版社 2007 年 11 月版

一套很难说清其中妙处的书，直到你被半哄半骗地翻开第一页……玛法达和她的朋友们，最早是由三毛介绍到中国的，书名是《娃娃看天下》。这几个娃娃，是土生土长的阿根廷小孩，和儿时的我们一样，他们讨厌上学，喜欢聚在一起玩耍，有自己的偶像——披头士和各类动画明星，遇到不愉快的事，也会任性地嚷嚷或大哭。从 1964 到 1973 年，漫画家季诺将娃娃们的日常生活，一点一滴都记录在纸上。每一个娃娃都是"小大人"，他们代替季诺，对政治、国家和世界尽力嘲讽。充满正义感的玛法达永远为人类的命运操心，不明白哪来那么多战争、饥饿和不平；善良软弱的菲力普总在作业和漫画书之间挣扎；马诺林是家里杂货店的"小掌柜"，笨拙的脑子里满是生意经；苏珊娜是你我班上都会有的小女生，虚荣而爱漂亮，一心要成为贤妻良母……这是娃娃们的世界，充满欢笑和天真，也有辛酸和无奈。这次新版的《玛法达》，修订了最早的三毛译本中疏漏错误之处，虽然在语言的风趣上不及前者，但完整性和对原著的忠实度还是使得这一译本颇具价值。记住，如果你有一位懂幽默、有童心的好朋友，《玛法达》是送给 TA 的最好礼物。

麦格雷探案集第一辑（四种）

〔比〕乔治·西姆农　著，王振孙等　译

译林出版社 2006 年 12 月版

和他的同行福尔摩斯、波洛这些大名鼎鼎的侦探不同，麦格雷和优雅、细腻、神秘、敏捷这些词语无关，他体格粗壮，在很多人眼中性情粗暴，行动笨拙迟钝，外表颇为土气，唯一符合我们对大侦探的想象的是他老叼着个烟斗，不过和福尔摩斯那个细长的烟斗不同，他的烟斗和他风格相近，粗粗大大。作者西姆农是二十世纪最多产的作家，其中以麦格雷为主角的七十余部小说，被视为侦探文学的又一高峰。麦格雷以探长的身份，出没在二十世纪二三十年代法国巴黎的大街小巷，西姆农借助这个人物，将咖啡馆、小酒店、餐馆、车站、码头、公寓、形形色色的人等……简言之，将那个时代的俗世生活带入书页，也因此被誉为"不拖泥带水的巴尔扎克"。与寻找罪犯相比，麦格雷探长更关心的是犯罪者的心理和所处的环境，也因此开创出侦探文学的另一传统，引导读者在侦讯推理的最终发现人性的本来面目。

《漫读经典》

吴晓东　著

生活·读书·新知三联书店 2008 年 7 月版

什么是现代主义名著？有人开玩笑地定义：所谓现代主义名著就是那些大家都说应该去读，但谁也没有读过的作品。然而吴晓东固执地认为，想要了解二十世纪人类的生存世界，认识二十世纪人类的心灵境况，读二十世纪的现代主义文学经典是最为可行的途径。因此，在这个趣味上崇尚大众和平庸，流行轻松和消解的文化时代，他坚持不懈地做着自己想做的事情——细读经典。从西方的卡夫卡、昆德拉到中国的废名、张爱玲、卞之琳，吴晓东选择了在自己的阅读经历中无法忘却，也曾经影响整个八十年代知识界的现代经典。选择的标准，显然一是文学性的体现；一是文学对人的处境的揭示和对生存世界批判的深度。对文本的细读，使得那些在宏大叙述中被遗忘的，诸如智慧、感性、经验、个性、想象力……所有经典的文本共同具备的东西，在作者富于诗意的语言中重新被点亮，也再一次提醒我们，文学的本质和阅读的趣味所在。

《孟心史学记——孟森的生平和学术》

何龄修　编

生活·读书·新知三联书店 2008 年 5 月版

孟心史是谁？我们对他了解多少？清史专家？董小宛非董鄂妃的考证者？近年清史阅读热极一时，孟森先生却一如既往地冷淡在大众认识的边缘。以致后学如何龄修，得到编选《孟心史学记》的邀请，竟然"颇觉意外"。其实，不去说学术考证的精辟与严谨，单以生平而论，孟心史已颇有可传可记之处。他出身郑孝胥幕府，以君主立宪主张从政，入民国后转治史学。这也是那批"当年游侠人"大体相似的经历。易代之际，谣诼横行，真伪混杂，孟心史选择清史作为研究对象，当属别有情怀。他主采官书而不尽信官书，重视其主线之外透露的枝节，按弟子商鸿逵的说法，"多本中国传统方法"，以欧阳文忠、司马温公为标准，独力厘清有清开国以来诸疑案，方法上虽然没有多少西方学术影响（大概也是名声清淡的主要缘故），却堪称清季治史之殿军。在"留学生铺天塞地"的民国，这无疑是主旋律之外的一曲清韵。

《幕后政治家——约瑟夫·富歇传》

〔奥〕茨威格 著，侯焕闳 译

辽宁教育出版社 2006 年 1 月版

奥地利作家茨威格的传记作品久负盛名，我于其中独赏《幕后政治家——约瑟夫·富歇传》。比较于新版的书名，我更喜欢旧版书名《一个政治家的肖像》。富歇在法国大革命时期发家，一直做到拿破仑大帝的公安部长，他是那个天翻地覆时代中的东厂总管、大内密探。几乎没有任何上流人士喜欢富歇的阴险和狡诈，可是他却在政治风潮中屹立不倒。每一位统治者都需要这种人，有狐狸的头脑和狼的心。

N

《你好，汪曾祺》

段春娟、张秋红　编

山东画报出版社 2007 年 5 月版

这本书是赶着 5 月 16 日汪曾祺逝世十周年之际出版的。收入 45 篇亲人、朋友、后辈的纪念文章，老中青三代俱全，有称"曾祺"的，有称"先生"的，有称"汪老"的，还有叫"老头儿"的，煞是热闹。

廿余年来汪曾祺的传播与研究，大多数集中在他八十年代的一批小说，不及前后，让人以为这老猴儿是石头里蹦出来的。将汪曾祺的一生放在整个二十世纪中国文学史里看，"昆明八年"和"北京头八年"是异常重要的阶段，前者使汪曾祺在"沈从文军团"里异军突起，成为四十年代现代文学的殿军，后者则经由老舍、赵树理，以及编《说说唱唱》等经历，让民间成为汪曾祺的重要写作资源。从汪曾祺身上，可以折射出二十世纪中国文学有可能达致的路向与高度。这些研究文字里看不到的内容，从各路人马的回忆录中，倒可以窥见若干。至于林斤澜等人强调的"中国作协应该反思对汪曾祺的态度",似乎又让这本回忆录带上了一丝现实情怀。

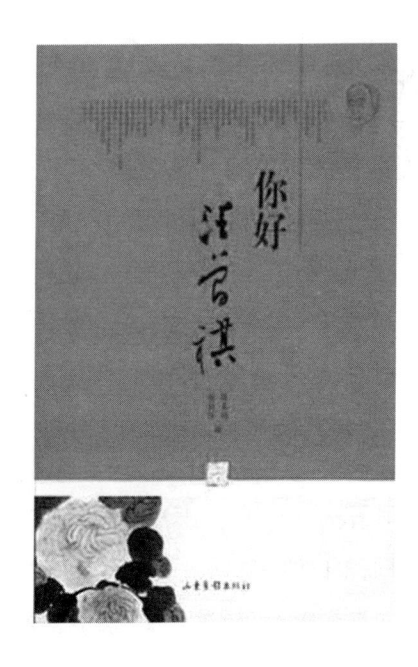

Q

《桥滩记》

龚静染 著

四川文艺出版社 2015 年 8 月版

今之社会，盐已不再是容易引起重视的物事。除了日本核泄漏谣言引起的抢购，近年来生活中提到盐的时候都很少。

今人很难想象，古时的盐，与铁并称，在庶民生活与经济往来占了多大的分量。想想清代扬州盐商的豪富与淮扬的繁华，或能得其万一。

我生在富顺，自小便听得民谚说"金犍为，银富顺"，很是自豪。自贡被称为盐都，也让人骄傲。只是不曾深究，其中的关系。

犍为、富顺，都是靠盐起家。两地先后产盐量，都达到过四川全省的五分之一以上。太平天国祸乱江南，但由此派生的"川盐济楚"，"四川人是天下的盐"那时可不是一个比喻性的说法。

有盐斯有财。而今说起四川吃食，五通桥常常排在前列，花样之多,制作之精,颇不作第二地想。富顺盐帮菜,亦未尝逊色,更有"富顺才子内江官"一说,明清多少才子,其实是用盐水灌溉出来的?(乐山人旁白:吾们那儿还有郭沫若,也是大才子!这个,好吧……)

龚静染著《桥滩记》,细述犍厂、乐厂种种,不仅仅是乐山盐业历史,更是一部浮华世事彩绘。他又有长篇小说《浮华若盐》,看完《桥滩记》,我立即下单。

《桥滩记》看上去只是文史文章合集,然而其中有行政史,有经济史,有社会史,有人物记,有物价单。虽只书写一地,颇容万千风物。不同兴趣的人可以从中看出不同的东西。如冉云飞关心抗战:

> 抗日之艰苦卓绝,已经有种种研究与描述,但从盐的角度来谈的著述却不多。抗战四川出兵三百五十万,死伤六十四万,赋税为全国三分之一,均为全国之最,都算大贡献。但大量的机构及人员内迁到四川,在比较充足的物产里,如果没有自贡、五通桥丰厚的盐业基础,那是不可想象的。关于自贡盐业对抗战的贡献,有学者孙明经等著的《遍地盐井的都市——抗战时期一座城市的诞生》,生动记叙了食盐对抗战的伟大贡献。但五通桥的杰出贡

献,至今只有龚静染的《桥滩记》来当此任了。(《一座用生命之盐来抗战的小城》)

我则更关注同为盐业中心,五通桥与自流井的历史、现实区别。表姐夫是犍为人,从前相见,未尝及此,下次,跟他好好聊聊,或者一起回趟五通桥。家父母在彼处结婚,我还没有去过。

《日本大众传媒史》（增补版）

〔日〕山本文雄　编著，诸葛蔚东　译

广西师范大学出版社2007年5月版

各国的传媒史中，中国新闻学界最关注的是美国新闻史与英国新闻史，一方面它们是现代新闻的发源地，另一方面两国的研究也较为完备。其实考察中国现代传媒的养成，日本新闻学的转口输入至关重要。如梁启超称"报纸、学堂、演讲"为"传播文明三利器"的著名论调，也是引自日人著述。而文化界留英美派与留日派的分歧，也分明烙着两种舆论环境的影响与浸润。

日本大众传媒史，有着与中国大众传媒史几乎是同构的发展历程。其最大特质即东方近代化的共同性"压缩时空"，即将西方长达数百年的行业发展压缩到数十年内急速完成，因之同一时空内，不同发展阶段会重叠共生，如政党报纸（高级报纸）与商业报纸（低级报纸）同时存在，政治新闻学的异常兴盛等等。报业的发展在政治与资本的双重压力中艰难成长的过程，其实也是东亚近代史的一个缩影。

《日本电影导论》

〔法〕马克思·泰西埃 著，谢阶明 译
江苏教育出版社2007年3月版

焦雄屏主编的"电影馆丛书"当中的一本。对于喜欢日本电影的读者来说，这是一本不错的入门书。从日本默片时代电影的起源谈起，穿越我们熟悉的大师辈出的黄金时代，到新浪潮引领的试验风潮，停步于九十年代的艺术危机，作者用简明清晰的叙述带领我们完成了在日本电影史中的旅行。在"史"的叙述中，小小的亮点是对某个导演或某部影片的特别点评。对于读者而言，如果想对日本电影作进一步了解，那么书后的附录，包括日本历史及电影发展一览表、和电影相关的重要统计数据、主要制片公司、术语汇编等都是颇有用处的资料。以西方人的眼光看日本电影，对于中国的读者来说，是"他者"对"他者"的凝视。不过书中西方人对东方电影的解读方式，亦未尝不可帮助我们理解他者眼中的中国电影。另一重耐人寻味的问题在于，日本电影的发展过程中，所面临的某些问题和困境，似正可与当下中国电影的历史处境产生"对话"。

《日边瞻日本》

李长声 著
中央编译出版社 2007 年 8 月版

1935 年，周作人作文谈论日本的衣食住等习俗，感叹日本与中国在文化的关系上"本犹罗马之与希腊，及今乃成为东方之德法"；并断言这两个恩怨纠缠的国家毕竟同是亚细亚人，未来的命运终将一致。因此，我们读日本文化种种，所读者，其实也还是自身。《日边瞻日本》的作者对日本文化的研究颇有独到之处，使得本书不同于一般走马观花之作，能从日本人平常生活方方面面，进入日本文化精神的深层面，且时时有一"他者"——中国作为参照，例如日本广泛引入中国的制度文物，独独不引入宦官制度，看似不起眼的小事一桩，作者却能从中透视两国文化异同。该书属于"知日文丛"系列，丛书总序中特别提到，公元九世纪时，《日本国见在书目》中存录的汉籍就有 1568 部，17209 卷之多。一千多年过去，日本对中国文化的关注从未停止。也许对我们来说，学会"看"日本，也是必不可少且迫在眉睫的任务。

S

《上海春秋》《山水·思想·人物》《文事新语》

曹聚仁 著

生活·读书·新知三联书店 2007 年 1 月版

在我的印象中，曹聚仁是一个"时代的观看者"。历史总是给予某些人以良好的位置，让他们能够目睹远较他人为多的面相与片断。这个人或许是记者，或许是官员，或许是热心交际的名人。可气的是，有些人独占了这份天赋，却只管闭目养气，打死他也不说，说也是吞吞吐吐，别别扭扭。

让他们在曹聚仁面前惭愧吧！因为他的勤快，"他从 1921 年来到上海时起，到 1972 年他临终前一个月，他手中的笔就未曾放下过。他几乎每天都写，有时一日要写三四千字。他曾为自己统计过，自称一生写了不下四千万字"；也因为他的自由——任教、交游于上海，采访于前线，奔走于海峡两岸之间，养天年于香港澳门，与时代的中心若即若离，终于是不离不弃。要在 20 世纪的中国划出一条读书人的最佳生活曲线，其惟曹聚仁乎！

三联书店这次发了狠，要把此人的四千万字打包配售。

先出了三本，陆续有到。其中《上海春秋》是上海版的修订本，后两种大陆首次出版。

《上海闲话交关》

薛理勇　著

上海辞书出版社 2007 年 10 月版

以历史资料多寡论，以受关注度大小论，上海都算得上被福佑的都市。此地开埠之前，藉藉无名，开埠之后，立时变身中西文化遭逢的最前线，随处灵光一闪，便是中西比较、都市研究、文化书写的大好题目。

薛理勇这本书，好在其"碎"，从沪语百年演变的一鳞半爪，或沿袭至今的风习土俗，看出一座都市融汇中西的血脉与肌理。上海史独树一帜的好，还在于上海人做事，学了西方的踏实，加上惯有的精明，《上海闲话交关》不仅题目有趣，如《嗲和作》《呆人看鲜秤》《"江北人"为"法国人"的来由》《一百年前上海中西菜的价位》《解读一份民国元年的租房契约》，更有《上海话水平测试题》《上海城市问答题》提供。当然，作者非身历旧朝的人物，"持之有故"是必须的，所引材料大抵新鲜而少见，既足开智，复能解颐。

《书衣翩翩》

孙艳、童翠萍 编

生活·读书·新知三联书店 2006 年 9 月版

谁不知道人靠衣裳马靠鞍？大家却往往忘了书给人的第一印象，也是全靠装帧。所以需要这样一册书，如选美的广告，旅游的手册，教你用另一种方式观察书，了解书，亲近书。就像佛家说的第二境界，要看山不是山，看水不是水，索性将架上千百旧书，都看作一种新产品、新饰物、新宠物，仿佛徽州的传统大屋，从小居住已惯，却要建筑专家的指点，才看出柱间梁上，都是一点点的匠心与法式。为我们设计书装的高手，鲁迅丰子恺自不必说，陶元庆钱君匋曹辛之，那也是早被读书人记诵的名字，还有张守义、张慈中、柳成荫、速泰熙、陶雪华……我们吃了许多道好菜，不宜只感激菜农，厨师也该是顶礼的对象呀。

《童年的消逝》

〔美〕尼尔·波兹曼 著，吴燕莛 译

中信出版社 2015 年 4 月版

在去年初的长春盗车杀婴案发生之后，腾讯网刊登了一篇分析文章，探讨人们为什么会爱护儿童。作者指出，婴儿有着明显的体貌体征，如皮肤嫩白、身体肥软、喜欢笑。在远古，由于喜爱婴儿的人会用更多精力来照顾婴儿，因此他们的婴儿更容易存活下来。进化的选择，让爱护儿童成为人类社会的共识。

数千年来，"爱护儿童"这一社会共识并未消逝，比如在好莱坞 A 级电影中，"儿童死亡"悬为厉禁——这让我在看《西游降魔篇》中女童被鱼怪吞食那一刻，立即认识到这又是中国电影不分级犯下的罪：周边全是合家欢的观影者，无数小孩在童年就被迫目睹这一残酷的画面。当然他们早已在家里的电视机里看过太多抗日神剧的杀戮，再过几年又会在网吧里电脑上亲手干掉一个又一个的怪兽或对手，发出开心的笑声。

胡适说过:"你要看一个国家的文明,只消考察三种事:第一,看他们怎样待小孩子;第二,看他们怎样待女人;第三,看他们怎样利用闲暇的时间。"(《慈幼的问题》)亟欲成为文明国家的现代中国就此迎来了一场"儿童的发现",新文化诸子为儿童的命运、儿童的委屈振臂疾呼,声响回荡至今。

然而,"童年的消逝"以另一种方式重回当下。它不再表现为普遍的童工、儿童对家务的承担、社会普遍忽视儿童,相反,它以一种全社会对儿童极度重视的形式回归。家长渴望自己的孩子尽早出人头地,社会化教育的时间点不断提前,学英语、学国学、学艺能,成人世界的规则全面下放,教育演变成一场战争,信息无远弗届,人们惊异于现在的小孩"懂得真多",好像完全意识不到他们正在用养鸡场的催熟方式在培养儿童。当我看到媒体上的潮品推荐里出了自带IPAD架的婴儿车,心里实在很不舒服。

那些洋洋得意的父母,似乎忘了他们年轻时听过、喜欢过一首歌,里面唱道:"别以为我们的孩子们太小他们什么都不懂,我听到无言的抗议在他们悄悄的睡梦中,我们不要一个被科学游戏污染的天空,我们不要被你们发明变成电脑儿童。"罗大佑老了,这首歌没老,而是变成一个预言。

《统一与分裂：中国历史的启示》

葛剑雄 著

中华书局 2008 年 7 月版

又是一本新版的旧书。作者加了增订版序言与十五余万字的内容，大体框架仍如其旧，沿承谭其骧等前贤的历史地理学方法，从"中国"疆域内部的分合过程寻找历史的真相。中国历史以汉族记录为主，但其中融入了许多少数民族与汉族的互动与互通，因此"中国"不是最初那个中国，"天下"也不是最初那个天下，这是吕思勉、钱穆、金克木等学者都多次强调过的观点。葛剑雄此书的好处，在于能深入，能浅出，通俗晓畅，稍具历史知识者即能阅读无碍，二十年后犹能再版，可算学术普及读物中的经典。而作者当初选择"统一与分裂"为题，字里行间，自然有他的用意，而今重版，也未必不是对当下局势的回应。一本学术书能兼顾通俗与喻今两种功能，当然允称好书，值得一再推荐。

《晚清女子国民常识的建构》

夏晓虹 著

北京大学出版社 2016 年 1 月版

什么是国民常识？

三年前我们做沈阳"启蒙之光图书馆"，选书的时候，强调的便是"常识的拼图"，希望一个人可以在这个图书馆里获得足够的"常识"。常识即一般知识，有完整的常识，人才能成为一个没有明显知识结构缺陷之人。

然而常识的内涵是什么？夏晓虹师引梁任公的说法，给"国民常识"一个定义：国民常识，以"今日欧美日本诸国中流以上之社会所尽人同具之智识"为基础，再益以"各国本国之特别常识"，各职业人又再加上"本职业之常识"，就是国民常识。

这里点出了一个有点残酷又不得不承认的现实：我们今日之常识，根柢是从西方来的，现在嚷嚷的国学（"所谓国学，就是国将不国之学"），中国传统，其实是加之于上的"本国之特别常识"。

常识并非不证自明，它需要建构。当大家处于常识已经建构成型的稳定期，往往感觉不到它是一步步搭建起来的大厦。关于《弟子规》的争论是最明显的例子，晚清以前，根本没人承认这本书的蒙学经典地位。它现在被指认为"传统经典"，背后其实有商业与价值观的双重驱动。

那么晚清女子的"国民常识"是怎么建构起来的？我们都知道晚清是三千年未有之大变局，是一个颠覆与重建的大启蒙时代。用梁任公的话说，就是要"新民"。拿什么来新民？尤其是启蒙千百年来受教育最少的"三绺梳头，两截穿衣"的无知妇人？

《晚清女子国民常识的建构》涉及这一建构过程的方方面面。比如，借用班大家的《女诫》这种传统经典，对内容加以改写与重叙，又比如，用日本人编纂的西方杰出妇女的传记，根据中国社会需要加之选择与改易，这些他山之石，都被利用来传播女性现代价值观。而有意思的是借用"乐歌"这一同样来自西方但威力巨大的传播形式，让启蒙者认定的女性国民常识在声声传唱中响彻神州大地。

这其间，如何改换，如何变易，如何传播，有很多意味深长的细节。夏晓虹师"上穷碧落下黄泉，动手动脚找东西"的资料搜集能力，论述清晰又细密绵长的学术风格在这些论题的深入当中展露无遗。如果能静下心来慢慢体味，恰如醇酒一杯，中人欲醉。

今年是夏师的退休年。赵爽师姐要求我们每人录几段话，指定要用一句话概括"晚清的魅力"。我只说了四个字："知所从来"。

学｜术｜史｜丛｜书

夏晓虹 著

晚清女子国民
常识的建构

我一向认定，我们现在的几乎一切，思维，风俗，伦理关系，社会结构，都是从晚清推衍而出。如果你对当前中国女性现状有兴趣，对于女权，女性意识，女性在社会中的角色，女性怎样对抗男性中心的压迫……这些问题，在《晚清女子国民常识的建构》这本书都能找到最初的回响。很多地方，我们还在原地踏步，一百年何其短暂，忧如昨日。

《文艺评论的实验》

〔英〕C.S.路易斯　著，徐文晓　译
华东师范大学出版社 2008 年 4 月版

据说波士顿的经济学家们总在业余时间读小说作为消遣，那么剑桥的文学教授大概是以创作小说打发时间的？C.S.路易斯不仅是中世纪英语文学教授，他还是《纳尼亚传奇》的作者，事实上，他在剑桥的同事们都不太同意出版这部日后风靡一时的儿童小说，其中包括《魔戒》作者托尔金。——如果一位小说作者精通文学史和文学理论，或一位教授能写出精彩的小说，他的话是值得倾听的。果然，路易斯不像纯批评家那么粗鲁，他认为文学应该为了愉悦读者而存在，反过来，他又不像一般畅销书作者那么骄横，他认为评论文艺的方式还是应该取决于"它们引发的阅读类型":是一次性的消费,还是反复地阅读?是只要惊觉哪怕在多年前翻过一遍就弃书不观,还是早已烂熟于心却总能从中发掘新意?希望上述两种人能读过这本书后,修正一下自己狭隘的、浮躁的读书观。

《我的兄弟王小波》

王小平　著

江苏文艺出版社 2012 年 5 月版

对于王小波的生平、思想与创作,兄长王小平的记录与阐释无疑有着很高的权威性。然而《我的兄弟王小波》并非只是攀附于高大乔木的一条藤萝,相反,它精致、冷静、平和的叙述,为读者熟知的王小波文学世界,提供了另一面镜子。它补足了《三十而立》《似水流年》的记忆,也见证着一位浪漫骑士的成长。即使我们忘掉王小波为何许人也,《我的兄弟王小波》仍是对一位弟弟,也是对一个时代清醒而生动的记忆。

《我们为什么要谈东亚——状况中的政治与历史》

孙歌 著

生活·读书·新知三联书店 2011 年 12 月版

我给学生们布置阅读作业，读这本书。大家的反馈都是叫苦连天，说难读得紧。也在跟着他们一起读，我承认这是一本费劲的书，读几句就要停下来想想，而且有些章节会反复读。孙歌著作逻辑非常紧密，层层推进，容不得你走神喘息，也就催着你思考。我们身处东亚，这块地域的历史、现实以至未来，都深深地影响着我们的生活与认知。你也许躲得了一本坚硬的书，但你躲不开身处东亚的事实。

《西洋铜版画与中法战争》
《西洋铜版画与近代中国》

秦风　编

福建教育出版社 2008 年 4 月版

在 20 世纪到来之前，不是老照片，而是铜版画，记录了当时的新闻，现在的历史。在台湾收藏家秦风的眼里，一千余幅来自 1860 年到 1900 年出版的英法报刊的铜版画，记录了明清以来西方对遥远古老中国的想象，也帮助我们借助异邦人的眼光回到自己的历史情境。2002 年，上海古籍出版社曾出版《大清帝国城市印象——19 世纪英国铜版画》，介绍英国铜版画泰斗阿罗姆与中国相关的作品，是同类书籍的代表。不过图画由外国书籍直接翻印，而且黑白色无法展现原件精美的彩色印制效果。秦风的这两本书从印刷质量来说，无疑弥补了这一缺憾。铜版画中的近代中国，有的出自西洋画家的想象，有的依据现场素描或照片复制而成，精致、细腻的笔触是其共有的特性。在西洋画家的笔下，神秘的紫禁城被染上了希腊建筑风格；熙攘的中国街市里的石头狮子多少显得诡异，可以想见，当时这些版画的流传，曾怎样的影响了整个西方世界对中国的想象和看法。这其中，有对未知国度的向往和热情，也有对近代中国的妖魔化眼光。这两本书所试图搭建的，用秦风自己的话来说，正是了解自己历史所需要的一个参照系。

《香港光影百年》

钟宝贤　著

北京大学出版社 2007 年 7 月版

香港电影是全球华人的共同记忆。论起上世纪八九十年代港片的威水史，众多拥趸皆可如数家珍，而邵氏老片重新发行，似乎可以让我们触摸到当年港片的生长血脉。但香港电影毕竟是一个行业，在万花筒般光怪陆离的浮世风光之后，是谁为它撰写剧本？是谁铺设片场？是谁射出那些光影和字幕？一个地域的电影与一部电影一样，有它自己内在的结构与逻辑，钟宝贤说，香港电影为自己拣选的最爱剧本，是《伤逝》，电影与戏院的相分相合，宛似浮生男女的情缘离合。确立这一条叙述线索，便跳脱了老板发家史、港星成名史、电影票房史等等的羁绊，写出了一部独特的港片戏院罗曼史。

香港电影的成名、普及、卖埠，哪一步能离开院线制度的完善？但好景不长，横逆正多，不但有政治风波与经济环境的干扰，电影与戏院间的第三者第四者也层出不穷：电视、影碟、DV、网络……时至今日，既不香港也不电影的香港电影，兀自踽踽独行，回看百年荣光，感慨身世万千。

《向隅而笑》

黄永 著

DIAO 计划自印本

我推荐的书是：《向隅而笑》，黄永著，1217/阅读邻居自印本。

这是黄永在1992年写成的一部小说，不长，六万多字。都说小说是作者的假面舞会，黄永这人不太会虚构，他的化妆术也就是仗着光头装少林寺和尚，他的面具只能遮住鼻子。

排除个人情感因素，我认真地从三个方面来推荐黄永这部小说。

（一）社会层面。我发过一些段落给朋友看，有人马上就说：哦，世相小说。那里面有着1990年代初北京的吃食、物价、娱乐、地理、交通、人情。那时候黄永还没有当上记者，但这部小说证明他当记者确实胜于写小说。很少看到那时的小说里可以撷取出这么多的类社会学材料。

（二）历史层面。小说里充斥着黄永的个人史，对照我们在读易洞2012年底对黄永作的访谈，若合符节。但如果你并不认识黄永，也并不影响这书历史层面的价值。整部小说弥漫着一种特殊的情绪。当时我在外省，听说北京高校与社会上的颓废、无力的情绪，知识分子在传阅哈维尔《无权者的权力》，社会青年酗酒、谈恋爱、游荡，有些转身快的就投身商海——这在王朔小说《顽主》（及米家山同名电影）、《大喘气》里有很好的反映。黄永在小说里反复提及的昆德拉《生活在别处》，也是当时苦闷青年的共同精神食粮，希望借助同样状况来反思中国的出路。

（三）语言层面。黄永曾明确说他当时学王朔，所以小说里充满着不标点不断句一口气憋死人的长句。初读可能不习惯，不过放在北京话的语境里也没什么不能理解的。直到《梦想照进现实》，王朔的对话（或独白）仍充满着这种话痨式的言语狂欢。黄永在叙事时用的是略带文艺腔的长句，但人物对话都是地道的北京声口。这又给了他的小说一种社会语言学上的价值。

最最关键的一点是，这书如果不入选 DIAO 计划，谁也读不到，没出版，纯民间。难得啊。

《辛壬日记·一九一二年中国之政党结社》

〔日〕宗方小太郎　著，冯正宝　译
中华书局 2007 年 4 月版

中华书局的"史料笔记丛刊"为人熟知，其中一大遗憾，是"近代史料笔记丛刊"出版未久即归入"清代史料笔记丛刊"，体例虽无不合，却有意无意矮化了近代史料的地位。如今"近代史料笔记丛刊"恢复出版，自是一大快事。

一旦独立，容量与种类顿然扩张，除笔记之外，随笔、日记、年谱及其他原始资料，都可以选入。已出的三十余种中，宗方小太郎此书尤为重要。近代以来，近邻日本出于本国利益的考量，对中国的观察、研究极为重视，政治、经济、军事、文化、社会无所不窥，而日本人做事特别认真，每闻必录，特别是个人日记与发往国内的报道，若非有意造谣，少有不实之言。这与中国文人政客撰写笔记随心所欲、恣意粉饰大不相同。中国传媒很早就注意到这一点，晚清以来，报刊往往译载日本报章上的评述文字，作为观察局势、判断走向的借镜。宗方小太郎对民初政局的观察,对日人在华活动的纪录,是研究民初政治史难得的第一手资料,价值不问可知。

《"新文化"的崛起与流播》

陈平原 著

北京大学出版社2015年5月版

我得承认,7月没读什么新书,轮到DIAO推荐,就有一点心虚。DIAO这个东西,不能太小众太过时,否则配书都是问题,但也不能太大众太趋时,不然看书评榜就好,哪用得着你推呢?小石有进书的便利,绿茶更是千书丛中过的主儿,我就只能体验生活。

打开数据库,把这俩月进的书一本本过了一遍,"感觉应该不错"的书有不少,但是,没有读一过,还是不太有底气推荐。近年痛感人的精力时间有限,浪费自己的,也就算了,再浪费别人的,还要乘50,岂不是擅造杀孽(鲁夫子有云:浪费别人时间等于谋财害命)?

思来想去,还是保守一点,宁愿被KO。推荐的是俺导师陈平原教授的《"新文化"的崛起与流播》。先抄一段夫子自道:"这不是一部体系完整、首尾呼应的专著,而是作者二十年间某一专题的文章结集——选择从'报刊'及'出版'的角度,谈论中国现代文学及文化。"

不知是不是学的平原师,我自己也喜欢在颇长一段时期内,开几块战场,用不同的文体去攻打之。于平原师,这几块战场是"传播文明三利器":报章、演讲、学堂。报章是致力最早的,因为北大现代文学的治学传统,便是多读期刊。前几年吴福辉先生撰《插图本中国现代文学发展史》,其实也是多从报刊角度入手讨论现代文学。关注报刊,重要的是关注"文学"或"知识"的生产机制。这种生产机制,如果只读文集或选集,是看不到的。即如我现在研究网络小说,如果看的是出版成册的作品,也看不出写作过程中的挣扎、纠结与互动,所以必得读每日更新的追文,才能体会即写即发的现场感。

倘要说"现代文学"与"古代文学"的分野,生产机制绝对是关键之一。曹雪芹式的"批阅十载,增删五次"是传统的写作方式,当然路遥写《平凡的世界》也还是这样的写法。然而更多的作品,常常需要受报刊出版时间与篇幅的限制。这就好比现在也有人穿汉服,但主流一定是"两截穿衣"(古代说"三绺梳头,两截穿衣"那是指女人)。时间,篇幅，拟想读者，这几种关键元素的改变，此"新文化"之所以新也。

挑一篇全书中我最喜欢的，那大概是《在"文学史著"与"出版工程"之间》。好的论文，会将作者的生活体验与所思所悟"藏在纸背"。《新文学大系》因为时间巧，编者阵容强大，在文学史上早已封神，然而用"破虚妄"的眼光看，它最初不过是一桩商业化的"出版工程"。平原师说，并不是因为"主编"赵家璧有多牛才能约到如许名家，厥成其功，恰恰相反，是因为赵家璧乃无名小卒，承担只是召集功能，才有可能聚集这许多各领域的大牛。而郭沫若未能出参选，又是政治原因所致。这种种述评，如果自家没有主编多套丛书，与出版社反复博弈的成败经验，评断很难如此老辣到位。

"新星·鲁迅书系"

新星出版社 2006 年 1 月版

"周作人编辑专家"止庵据说到了新星出版社当副总编辑，立竿见影的效果便是新星出版社推出了一套"新星·鲁迅书系"，共计六册，包括：《域外小说集》《现代小说译丛·第一集》《现代日本小说集》《红星佚史》《孙氏兄弟谈鲁迅》《惜别》。前三册均为周氏兄弟合译，《红星佚史》由周作人主译，鲁迅亦有参与。其中鲁迅所译部分曾编入 1938 年版《鲁迅全集》和 1958 年版《鲁迅译文集》，《域外小说集》曾于 1986 年收入岳麓书社"旧译重刊"（该书尚收入巴金、汝龙等新译），其余各书则绝版多年。如今重新出现在架上，似乎提醒着我们一个世纪前北京文化圈内"兄弟怡怡"的神话，及两位文化重镇终阋于墙的惆怅。

《惜别》也值得一提。这是1945年日本学者、作家太宰治受日本官方机构委托而创作的以鲁迅为主人公的长篇小说。那一段时期的日本鲁迅研究，如今公认成就最大的无疑是竹内好。而"太宰鲁迅"与"竹内鲁迅"似乎构成了某种意义上的对立。无论如何，《惜别》是鲁迅在日本的接受史上的一部重要作品。

《寻找·苏慧廉》

沈迦 著

新星出版社 2013 年 3 月版

传教士与近代中国的关系，一直有人在做，但叙述与理解总脱不开某种既有的框架，尤其像苏慧廉这种非常重要，但又与政治拉扯不多的传教士，在母邦与中国都不会太为人所知。本书应用国内外的大量资料表明，苏慧廉是中国近代史的一部分，对苏慧廉的寻找，就是对我们自身过往的寻找。

《叶浅予画旅笔记》

叶浅予 著
中国社会科学出版社 2006 年 10 月版

对画家叶浅予的信任并不能直接移植到"作家"叶浅予身上,在这方面,我们上过的当并不少。不过,叶浅予给出的《画旅笔记》基本让人满意,他的文笔有自己的风格,平实的白描手法,其简单、洗练、幽默处也许得益于作画技法的启发。如果觉得《画旅笔记》的文字力度还不够,那么叶浅予的"画"也足以弥补这种小小的欠缺。《画旅笔记》中收录了大量画家旅途中的速写、素描和其他画作,以"图"证文,是近年来的一种流行。叶浅予的旅途"绘本",将文与画结合,给予读者更大的想象空间:身为瘾君子的滑竿夫、威风凛凛的藏獒、宽面大耳的活佛,姿态曼妙的民族舞蹈、极尽线条流动之美的"飞天"壁画……文字所不能传达的,叶浅予借助另一支笔带到我们面前。

《业余书店》

邱小石 著

中央编译出版社 2011 年 10 月版

"独立书店"如今举步维艰,其困境一是如何建立营利模式,二是如何体现其社会溢出价值。读易洞作为 2010 年"全国最佳民营小书店",通过办店的"业余化"规避了营利问题,而在社会溢出价值方面堪称社区书店的范例。而且,《业余书店》中体现出的对生活的热爱、对趣味的执着,使之不限于"如何做书店"这种行业话题,而是一本优秀的"生活之书"。

《一户侯说：侯宝林的自传和逸事》

侯鑫 主编

五洲传播出版社 2007 年 8 月版

此书 2004 年曾作为"侯宝林研究丛书之一"由北京燕山出版社出版，印量不大。而今重出（似乎删去年表一类的学术成分），有点儿借光的意思。

但不管如何，侯宝林是很重要的。王朔说"相声就是要饭的"，这话搁侯宝林中年之前说，大体没错，就好比你说"写武侠的都是卖钱的文丐"，搁金庸修订作品十年之前说，也过得去。侯宝林之于相声，就如同金庸之于武侠小说，几乎凭一己之力，将一门通俗文艺提高了一个档次。

老时评北京相声界，有"怪""乖""卖"等说法，侯宝林占了一个"帅"字，他的相声听上去干净利索，清健沉郁，而且他通过与老舍、吴晓铃等人合作，将相声这样一门地域艺术，以雅补俗，改变了撂地时代过于偏狭、格局太小的毛病，甚至变成保存民俗的"活文物"。然而这种改变，需要不世出的人物方能担当，后世子弟不争气，空学其高蹈，自然难以为继。这方面郭德纲算是侯宝林的一个反题。总之，通过侯宝林的生平事迹,可以见出五十年通俗文艺改造的遗产与债务。

《1949:中国社会》

张仁善 著

中国社会科学文献出版社 2005 年 11 月版

事实上,中国社会学的推进是明显的,中国社科文献出版社今年的出版,似乎特别关注那些个体的、边缘的、从前隐而不显的个案,从思路上说,与《江村经济》开辟的道路一脉相承。如 7 月的《北京城区角落调查》、8 月的《屯堡乡民社会》、10 月的《中国近代小报史》都为读者展示了许多不为人知的面相。而《1949:中国社会》虽是全景式的描述,却将注意力更多地放在了"人心""众生相""城市风貌""社会问题"等方面,自然,政界、工商界、教育界和知识分子同样是组成大时代转折点不可或缺的部件。与早前金冲及对于1949 年的叙述相比,该书的视野更为广阔,笔触也更为深入。说到底,历史不应只是政治的起居注,精英的遗情书,往昔谷底的沉积物中,理应包含每个人的悲欢和记忆。

《忆往谈旧录》

梁漱溟 著
金城出版社 2006 年 2 月版

梁漱溟以强项著称于中国现代思想史，而这份强项因何而来？我虽然已经无数次翻阅这本《忆往谈旧录》，仍然无法得出确定的结论。但是如《我的自学小史》《记彭翼仲先生》等篇章中提到的，因为梁漱溟父亲梁济对清末启蒙运动的热衷，梁漱溟从未进过私塾，而是在彭翼仲的蒙养学堂中接受现代化的初级教育。他后来选据儒家思想作为自己安身立命的依据，不是教育灌输的后果，而是自己独立阅读思考的结论。单凭这一点，此书已值得一读再读。

《亦摇亦点头》

刀尔登 著
中国文史出版社 2015 年 8 月版

有一位 90 后读者评论本书"我们的父辈都该写这样一本书"。《亦摇亦点头》是一本对作者自我阅读史的梳理，也是关于阅读方法的总结。阅读并非一成不变，而是随物赋形。面对经典，作者有着谦卑中的骄傲，在不断反思自身短板与弱项的同时，又针刺着浮浅傲娇的流行阅读风气。作者对于文字有着很好的掌控力，娓娓道来，绝不滞重，又不能一目十行随意快览。某种意义上，刀尔登树立了一种写作的标杆：与时代保持着适当的距离，又时时用自己的文字内嵌入这个时代的肌理。图书是他的武器，阅读是他的践行，而结集的文字，是他向世间传递经验的义务。

《银元时代生活史》

陈存仁　著

广西师范大学出版社 2007 年 5 月版

这个小孩，出身于商人家庭，他八岁那年，家庭破产，接着父亲过世。在亲友的接济下，他才得以完成学业。二十岁时，这个勤奋精明的年轻人拥有了自己的诊所，后来更成为上海的名中医。不过，陈存仁没有把自己的回忆录《银元时代生活史》写成一部励志类传记，却以大量的生活细节，充实了我们对民国历史的想象。这些细节，"细"至他儿时的臭豆腐干、粽子糖、各品牌香烟、熏鱼、火腿一类零食的价格;一册当年的畅销书——林琴南翻译的小说售价大洋四角,对于一个小孩是何等奢侈;上海的高级餐馆,一桌酒菜又要多少洋钿,一块银元又能购得多少物事,如非当时留心,事后记录,难以想象数十年后还能如数家珍。作为一个"老上海",再加上职业关系,陈存仁的交游范围从达官贵人到三教九流,对这些名人轶事的叙述,又丰富扩大了他的个人生活史。《银元时代生活史》和随后的《抗战时代生活史》以札记的"小"形式,记录民国"大"历史。其珍贵之处,在以"过来人"身份,对常常为正史忽略的"生活史"的展示。最靠得住的,或许是"过来人"沈昌文的评语:"这样的书,让我这个当年上海的'小瘪三',大开眼界!"

Z

《张力与限界：中央苏区的革命 1933—1934》

黄道炫 著

社科文献出版社 2011 年 11 月版

中共党史研究近年有"大""小"两种倾向。"大"是宏大叙事，"小"是个案研究。《中央苏区的革命》恰恰处于"大""小"之间。研究对象仅限数省地域、两年时间，但探讨方面却囊括了政治、军事、经济、文化各方面，材料扎实，叙述精当，尤为难得的是作者"不带火气"，不将现实感情带入研究之中。

《哲学家死亡录》

〔英〕西蒙·克里切利 著，王志超、黄超 译

商务印书馆 2015 年 3 月版

我推荐出版的《哲学家死亡录》，英国一个叫克里切利的哲学家写的。这是三辉/商务今年的一本重点书。

这两年历经身边友朋的故去，对"死亡"这个题目比较

敏感。于我们而言，死亡其实有两个层面，一是医学上的，我们如何抵御、延缓死亡的到来；一是哲学上的，我们如何面对死亡的降临。

三联书店1993年"德国文化丛书"里出过一本《哲言集：向死而生》，收罗了许多德国哲学家关于生死的思考隽语。我曾经用"向死而生"作过网名，怕吓到人时会叫"老向"。后来我妈加了我QQ，她不喜欢这个名字，我就改名叫"沉吟至今"。

哲学家们思考死亡，他们自己如何面对死亡？《哲学家死亡录》第一篇就赢得我的好感，这篇叫《学习怎么死——苏格拉底》，苏格拉底死于民主的审判，这是一件非常吊诡的事。大多数人投票，将自身社会不可多得的智者送给死神，所以作者说"哲学肇始于苏格拉底的受审和死亡"。

不从哲学史的角度说，苏格拉底的死亡仍然极为震撼。被判死刑后，苏格拉底说了一段话：

> 现在分手的时候到了，我去死，你们活着；究竟谁过得更幸福，只有神知道。

作者说"这句话浓缩了古典哲学对待死亡的态度：死，

完全不值得恐惧；相反，死还是生之所依"。然后我们迎来了"人类第一位哲学家"泰勒斯的发言：

> 他坚持认为生与死之间没有差别。有人问："那你为什么不去死呢？"他答道："因为没有差别。"

作者于是说"要成为哲学家，就得学习如何对待死亡；培养对待死亡的合适态度就是成为哲学家的开端"。第二篇他写了《笑着去死》，这也很符合我一直以来的想法。

这本书不是《西藏生死书》那样的著作。哲学家们自身也有着各种各样稀奇古怪光怪陆离的死法。但是自古以来的哲学家（其实不仅是西方，也包括东方，我们应该从Philosopher原始的意义"爱智者"去理解这个词）对生死有着相似的态度，承认人类贪生恶死的软弱，再用智慧和理性去尝试超越生死，至少抚慰伤痛。

作者说，因为现在是一个"反启蒙时代"，所以哲学式的死亡理想难以实现，虽然它有着"让人清醒的力量"。"如今人们所相信的唯一形而上之物是金钱，同时医学与长寿仍作为一种毫无疑问的善被赞美着"。我们不应当轻视生死,但实在没有必要镇日处在养生与脱贫的世俗焦虑之中。当他们说阅读邻居过于"高大上"时,其实就是在放弃某一条逃离的小路。

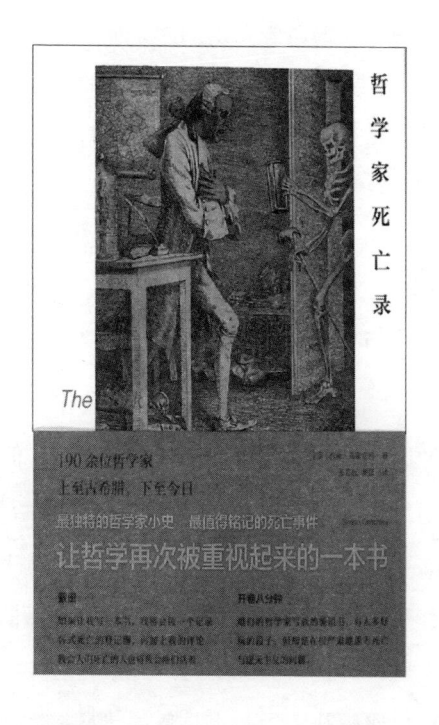

最打动我的,是作者提到了"最难于接受的一种死亡",那不是我们自己的死,而是那些我们所爱的人。"正是那

些我们深爱的人的死，伤害了我们，拆开了为自我精心缝制的心灵外套，破坏了我们曾经拥有的意义"。作者承认，哲学很难为这样一种死亡提供疗效，不过他认为，"只有感到悲痛时，我们才能变成最真实的自己"。最难的地方，在于"一旦想到我们所爱之人的死，愉快与平静如何成为可能"。我们还要迎接陆续的死亡，他人的与自己的，所以，现时的思考，虽然不能保证达成这一目标，却是必须从事的工作。

《知识分子与人民币时代》

陈明远 著

文汇出版社 2006 年 2 月版

陈明远继《文化人与钱》（百花文艺出版社 2001 年 1 月版）和《文化人的经济生活》（文汇出版社 2005 年 2 月）之后，又推出了第三本讨论文人经济生活的著作《知识分子与人民币时代》。陈明远这一系列著作，胜在选题独特，资料也比较扎实，初步具备了"日常生活史"的写作形态。不过他选择了"著名知识分子"这一群体作为研究对象，其实在某种意义上削弱了研究对象的个案意义。事实上，成名成家的知识分子，只有在抗战至新中国成立十二年，和计划经济三十年内，收入基本与中下层民众持平。在其他时期，这些有多重收入来源的知名文人的经济状况，提供的更多是逸事趣闻，而非对过往社会的贴近感知。当然，陈明远在每一时期的研究中也提供了同时代民众收入指数作为比照，不过分量偏少，用微观史学家的观点来看，他在"眼光向下"方面还做得不够。

如果想了解上世纪的社会经济生活，我觉得陈存仁的《银元时代生活史》（上海人民出版社2000年6月版）、《抗战时代生活史》（上海人民出版社2001年8月版）虽不如陈明远的著作全面，但深入与贴近却大为过之，尤其是《银元时代生活史》，对币制、物价、购买力、家庭收支，都有详细的叙述和实例，虽非史著，却有着史著代替不了的作用。而邓云乡的《文化古城旧事》（中华书局1997年12月版，河北教育出版社2004年1月版），也是随笔形式写经济生活的翘楚之作，也更具可读性。

《制造中国：消费文化与民族国家的创建》

〔美〕葛凯 著，黄振萍 译

北京大学出版社 2007 年 12 月版

在本书的开头，葛凯引用了中国人相当熟悉的《林家铺子》中抵制日货的情节，来引出他要探讨的核心问题：民族主义和消费主义怎样并且为什么会交织在一起？虽然对于《林家铺子》中的细节叙述与原文有些差异，但和很多汉学家一样，文本不过是一个引子，这小小的疏漏并不会影响到全书所具备的启发性和理论深度。在葛凯看来，20 世纪初期的中国，消费主义和民族主义先后滋生，且互相影响对方，通过消费主义来研究民族国家的形成，使得葛凯能够将中国社会各个阶层都联系在一起，为民族国家的形成提供了一个更为广阔和复杂的背景。他探讨了国货运动和反帝抵货运动、发型和服装、商品展览会、爱国企业家形象的塑造等消费文化的诸多方面，显示出民族主义怎样将商品区分成"中国的"和"外国的"，消费者又是怎样被提倡"买中国货"的，从而将消费文化转变成民族性概念加以表达。大量第一手资料，包括档案、报刊和图片的使用，是本书的一大特色。当然，更重要的是，通过梳理消费主义和民族主义之间的历史纽带，葛凯为我们解析当代中国的某些问题提供了启发。

《中国的 1948 年：两种命运的决战》

刘统　著

生活·读书·新知三联书店 2006 年 1 月版

本书不知道算不算金冲及《转折年代：中国的 1947 年》（三联书店 2002 年 10 月版）的续篇。两书的选点、结构、写法都颇为类似。与传统的历史写作比较，两书都选择了设定年份的形式，并尽可能地利用已有的材料，这使该时段的细节描述大为增加，信息含量有明显的提升。

就整体史观而言，两书仍然采用了主流的"总体史观"，从政治、经济、军事、文化方方面面出发，对研究时段进行总体性的把握和叙述，实则尝试在当时史实和日后结果之间建立一种牢不可破的因果联系。虽然材料翔实丰富，但其采撷标准明显是服务于一个结论，即"共产党如何能够打败国民党成为中国的领导者"。从对象和写法来说，两书并没有提供太多的新鲜。

《中国农民工调查》

魏城 编著

法律出版社 2008 年 1 月版

很多外来打工者都拒绝"农民工"这个称号，但他们没法拒绝他们置身其中的城市化进程。当无数打工者从边缘地区向中心城市浩浩荡荡地集中，并随时准备扎根下来，这种碰撞与融合带来数不清的问题与对策：物资、居住、治安、娱乐、交通、伦理……这些是每一个人，无论本地居民或外来人口，都无法回避的问题，却因其细碎、多变与隐蔽，难以获得学理上有效的讨论。本书取巧而无奈的做法，是"尽量利用中国境内专家、学者的深邃洞察力，来解读这场举世罕见的人口迁徙潮的经济、社会和政治含义"，比起以往的个案研究来，无疑更能满足读者"一揽子"描述与解释的企盼，同时也留下了无数差异与质疑的裂隙。推荐与《当代中国农民工文化生活状况》（中国社会科学出版社 2007 年 10 月版）等调查报告比照阅读，当能有更深入的思考。

《中国人德行》

〔美〕史密斯著,张梦阳、王丽娟译
新世界出版社 2005 年 11 月版

史密斯的《中国人德行》是再次出版。之前的敦煌文艺版名叫《中国人的气质》。鲁迅生前非常关注这本书,希望中国能有好的译本。而张梦阳等的译本在 1985 年就已杀青。不知道为什么,出版维艰,也很少引起国内学界的注意。即使是刘禾根据此书指出"鲁迅关于国民性的看法来自传教士的发现",继而在鲁研学界激起轩然大波之后,这本原典的阅读仍然处于沉寂的状态。其中原由,颇值得玩味。

《中国现代文学与电影中的城市》

张英进 著,秦立彦 译
江苏人民出版社 2007 年 4 月版

本书的英文版 1996 年于美国付梓,作者当时还是美国斯坦福的在读博士。那时,"中国现代文学中的城市形象"尚属冷门课题,十余年后,这本书的中文版面世之时,"都市"这一课题已经成为文学和文化研究的主流。虽然如此,这本书探讨文学与城市关系的论著，无论在方法还是理论建构方面，还是自有其借鉴意义。张英进以现代小说、电影、话剧和诗歌等不同文本类型为对象，挖掘其中的"城市心态"和"都市体验"。从晚清到民国后期，中国近现代作家对城市的想象和书写在不断变化之中，他们或以传统的乡土观念对现代都市进行文化批判；或以先锋姿态捕捉再现城市文化的各个侧面。"城乡对比"因此构成现代文学史乃至文化史中最为复杂多义的话题之一。虽属学术论著，但大量的文本分析使得本书并不显晦涩，作者带我们进入的，是由文学和影像共同呈现的城市。这个城市，由无数的文本片断拼贴而成，虽属虚构，但有时候，你会发觉，它比真实的城市更有滋味，更具魅力。

《终朝采蓝》

扬之水　著

生活·读书·新知三联书店 2008 年 11 月版

《终朝采蓝》还有个副名——"古名物寻微"，顾名思义，此书所收篇章均以古诗文中的名物为考证对象。从先秦到明清，那些在古诗文中时时闪现的名词终于不再陌生，在作者的细密描摹中落在了"实处"。图像、文献、实物，三者共同复原出历史深处的场景，宋代文人的雅趣是如何体现在花器之中；明代妇女的日常生活中必不可少的用具如熏笼、手炉是什么样子；甚至是古代人如何解决"如厕"的问题……这些历史细节看似琐碎，却是我们真正与古人"相知"所不可或缺的基础。文物、典章与制度中蕴涵着古人的观念和生活的艺术，然而名与物在漫长的历史时空中逐渐分离，终于变成一个个不知所指的"名词"。扬之水对这些平凡细物的"打捞"，使得某些东西——或者说某种精神，终于从历史中复活。

《追随她的旅程》

路内 著

中信出版社 2009 年 1 月版

这是作者的第二个长篇，第一部叫《少年巴比伦》，第三部大概还在作者的酝酿中，三者合而为"追随三部曲"。作者路内，常常让人想起电影界的贾樟柯，因为两者都将目光锁定自己成长的"小城"，不同的是贾樟柯的故事总有山西某个市县的影子，而路内的故事都发生在一个叫"戴城"

的江南小城。两者相同的是，展示小城中的某段青春岁月，让人无奈也无法忘记，大量的时代细节，使得二十世纪八十到九十年代之际的现实生活在他们的书写中得以重现。同样，路内也让人期待，当他不得不走出这座"小城"时，他的故事还会不会如此精彩。路内的文字有自己独特的味道，他有中国当代作家身上少见的幽默感和想象力，这两者使得他的小说颇具阅读的趣味。青春的故事有多种讲法，残酷的、唯美的、忧伤的或者绝望的，路内的书写也许会在此之外，提供给你一段相当独特的"个人心灵史"。